职业教育“十三五”财经系列规划教材

U0954810

# 税法

# SHUI FA

谭治宇　乔梦虎◎主　编
林　磊　白　鸥◎副主编
张　娜　田长生◎参　编

電子工業出版社
Publishing House of Electronics Industry
北京 · BEIJING

未经许可，不得以任何方式复制或抄袭本书之部分或全部内容。
版权所有，侵权必究。

**图书在版编目（CIP）数据**

税法 / 谭治宇，乔梦虎主编 . —北京：电子工业出版社，2019.8
ISBN 978-7-121-36824-0

Ⅰ . ①税… Ⅱ . ①谭… ②乔… Ⅲ . ①税法－中国－高等学校－教材 Ⅳ . ① D922.22

中国版本图书馆 CIP 数据核字 (2019) 第 115845 号

责任编辑：刘　殊
印　　刷：涿州市般润文化传播有限公司
装　　订：涿州市般润文化传播有限公司
出版发行：电子工业出版社
　　　　　北京市海淀区万寿路 173 信箱　邮编 100036
开　　本：787×1092　1/16　印张：17.25　字数：414 千字
版　　次：2019 年 8 月第 1 版
印　　次：2023 年 1 月第 3 次印刷
定　　价：49.80 元

凡所购买电子工业出版社图书有缺损问题，请向购买书店调换。若书店售缺，请与本社发行部联系，联系及邮购电话：（010）88254888，88258888。
质量投诉请发邮件至 zlts@phei.com.cn，盗版侵权举报请发邮件至 dbqq@phei.com.cn。
本书咨询联系方式：（010）88254199，sjb@phei.com.cn。

# 前言

“税法”是高职会计专业的一门专业核心课程，对培养高职会计专业学生的职业能力和实践技能较为重要，对于提高在职会计工作人员的专业水平和职业素养都必不可少。近年来，随着财税制改革的不断深入，各种税制法律、法规、政策不断更新、颁布，已有的教材无法适应新税制教学的需要，基于此，我们编写了本教材。

本教材与其他同类教材相比，具有以下特点：

（1）紧密贴近高职会计专业的人才培养目标，注重学生职业能力的培养。会计专业的学生除了具备会计相关知识的专业素养，还应具备一定的涉税处理能力，为自身未来的职业发展奠定基础。在教材的编写上，理论以够用为度，注重对学生实践能力及综合职业能力的培养。

（2）实用性强，通俗易懂，便于学生自学。教材中所列的知识点实用性强，语言通俗易懂，便于学生掌握理论知识，案例贴近学生的生活及未来的岗位实际。

（3）内容的选取与会计专业技术资格考试的内容相匹配。在会计类的相关的技术资格考试中，税法是重要的组成部分，选取与会计专业技术资格考试相关的内容，并在涉及考试内容的章的最后设有“职考链接”栏目，体现出本教材与会计专业及相关考试的契合性。

（4）内容新、体例新。教材内容整合了最新发布的财税相关法律法规，秉承“必需、够用、实用”的原则，贴近学生未来的会计工作岗位需要，将最新的法律法规融入教材的编写中。在编写体例上，设置“导入案例”，该案例的选取具有一定的综合性，培养学生从一个整体事件的角度进行思考并综合运用所学知识的能力；“知识窗”的设置帮助学生拓展知识范围;每章的最后，设有“本章小结”“基础知识测评”“岗位能力测评”，部分章设置“职考链接”。

本教材体现了会计专业人才的培养目标，突出学生的知识目标和素养目标，具有内容新、体例新、实用性强、与会计专业契合度高等特点。本教材既可作为高职院校会计专业的首选教材，也可作为高等教育自学考试、成人高等教育以及会计专业技术资格考试的辅导书，还适用于工商企事业单位从业人员的在职岗位培训。

本教材由谭治宇和乔梦虎主编。具体编写分工为：第一章由乔梦虎编写，第二、三章由谭治宇编写，第四、七章由林磊编写，第五章由白鸥编写，第六章由谭治宇、张娜、田长生共同编写，全书由谭治宇统稿。

在本书编写过程中，我们参阅了国家近年颁布实施的相关税法、政策法规、管理制度，借鉴了国内有关税法的最新书刊资料，收集了大量具有实用价值的典型案例，并得到业界专家教授的具体指导，在此一并致谢。由于作者水平有限，书中难免存在疏漏和不足，恳请同行和读者批评指正。

编者

2019 年 6 月

# 目录


第一章　税法基本原理 ......001

第一节　税法概述 ......004

第二节　税收法律关系 ......010

第三节　税收实体法与税收程序法 ......013

第四节　我国税制及税收分类 ......020

本章小结 ......023

基础知识测评 ......024

岗位能力测评 ......024

第二章　增值税法律制度 ......025

第一节　增值税概述 ......026

第二节　增值税纳税人与扣缴义务人 ......029

第三节　增值税征税范围 ......030

第四节　增值税税率与征收率 ......041

第五节　一般计税方法应纳税额的计算 ......044

第六节　简易计税方法应纳税额的计算 ......057

第七节　进口货物应纳税额的计算 ......060

第八节　出口货物或者劳务、服务的增值税政策 ......061

第九节　增值税的税收优惠 ......065

第十节　增值税的征收管理 ......071

本章小结 ......075

基础知识测评 ......076

岗位能力测评 ......077

职考链接 ......077

第三章　消费税法律制度 ......079

第一节　消费税概述 ......080
第二节　消费税纳税人与征税范围 ......082
第三节　消费税税目与税率 ......084
第四节　消费税应纳税额的计算 ......090
第五节　消费税的征收管理 ......099
本章小结 ......101
基础知识测评 ......101
岗位能力测评 ......102

第四章　企业所得税法律制度 ......103

第一节　企业所得税概述 ......104
第二节　企业所得税纳税人、征税范围及税率 ......105
第三节　企业所得税应纳税所得额的确定 ......107
第四节　资产的税务处理 ......120
第五节　企业所得税应纳税额的计算 ......124
第六节　企业所得税的税收优惠 ......126
第七节　企业所得税的源泉扣缴 ......135
第八节　企业所得税的征收管理 ......138
本章小结 ......143
基础知识测评 ......145
岗位能力测评 ......145
职考链接 ......146

第五章　个人所得税法律制度 ......148

第一节　个人所得税概述 ......149
第二节　个人所得税的纳税人、征税对象及税率 ......151
第三节　个人所得税应纳税额的计算 ......157
第四节　个人所得税的税收优惠 ......171
第五节　个人所得税的征收管理 ......174
本章小结 ......177
基础知识测评 ......178
岗位能力测评 ......179

第六章　其他税收法律制度……180

第一节　关税法律制度……181
第二节　房产税法律制度……187
第三节　契税法律制度……193
第四节　土地增值税法律制度……196
第五节　城镇土地使用税法律制度……207
第六节　车船税法律制度……213
第七节　印花税法律制度……219
第八节　资源税法律制度……225
第九节　其他相关税收法律制度……229
本章小结……242
基础知识测评……244
岗位能力测评……244

第七章　税收征收管理法律制度……246

第一节　税务管理……248
第二节　税款征收与税务检查……254
第三节　税务行政复议……259
第四节　税收法律责任……264
本章小结……267
基础知识测评……267
岗位能力测评……268

# 第一章
# 税法基本原理

## 岗位要求

### 知识目标

- 了解税收的含义和作用，税法的概念，税收法律关系的构成要素及我国现行税制的内容。
- 理解税收的特征，税法的效力范围，税收程序法的主要制度及内容。
- 掌握税法原则的含义，税收实体法的构成要素及我国现行税种的分类。

### 能力目标

- 能理解税收的含义及对我国经济运行的作用。
- 能说明税法在制定、运行、效力等方面与其他法律的区别。
- 会判断税收法律关系中的主体、客体及相关权利义务，判断有关行为是否有违法之处。
- 能理解纳税人、征税对象、税率等构成要素对税制设定的意义。
- 会判断税收行政行为的合法性。
- 会判断每个税种的征税对象、支配权限、计税标准及税负是否可以转嫁。

## 关键词

税收 强制性 无偿性 固定性 税收法定 实质课税 纳税义务人 负税人 征税对象 计税依据 税目 税源 税率 减税 免税 纳税环节 纳税期限 纳税地点 听证制度 税款征收 税收稽查 货物和劳务税 所得税 财产税 行为税 资源税 特定目的税 中央税 地方税 共享税 从价税 从量税 复合税 直接税 间接税

导入案例

## 中国税制改革历程

1978年年底中国共产党第十一届中央委员会第三次全体会议召开以后，随着国家政治、经济的不断发展和改革的逐步深入，中国的税制改革也在不断前进，取得了一系列重大成果。第一个阶段是1978—1993年，即经济转轨时期，这是中国改革开放以后税制改革的起步阶段，以建立涉外税收制度为起点，继而实行了国营企业"利改税"和工商税收制度的全面改革。第二个阶段是1994—2013年，即建立社会主义市场经济体制时期，这是中国改革开放以后税制改革深化的阶段，逐步建立了适应社会主义市场经济体制需要的新税制。第三个阶段从2013年至今，即全面深化改革时期，这是中国改革开放以后税制改革完善的阶段，改革的目标是建立适应新时代要求的现代税收制度。

**第一个阶段（1978—1993年）：经济转轨时期的税制改革**

为配合经济转轨时期的制度改革，这一阶段主要制定和颁布的税收法律、法规有：自1980年至1981年，第五届全国人民代表大会先后公布了《中华人民共和国中外合资经营企业所得税法》《中华人民共和国个人所得税法》《中华人民共和国外国企业所得税法》。1984年9月，经全国人民代表大会批准和全国人民代表大会常务委员会授权，国务院决定自当年10月起在全国实施国营企业"利改税"的改革和税收制度的全面改革，发布了《中华人民共和国产品税条例（草案）》《中华人民共和国增值税条例（草案）》《中华人民共和国盐税条例（草案）》《中华人民共和国营业税条例（草案）》《中华人民共和国资源税条例（草案）》《中华人民共和国国营企业所得税条例（草案）》《国营企业调节税征收办法》。至此，中国的税制一共设有37种税收，即产品税、增值税、盐税、特别消费税、烧油特别税、营业税、工商统一税、关税、国营企业所得税、国营企业调节税、集体企业所得税、私营企业所得税、外商投资企业和外国企业所得税、个人所得税、城乡个体工商业户所得税、个人收入调节税、国营企业奖金税、集体企业奖金税、事业单位奖金税、国营企业工资调节税、房产税、城市房地产税、城镇土地使用税、耕地占用税、契税、资源税、车船使用税、车船使用牌照税、印花税、城市维护建设税、固定资产投资方向调节税、屠宰税、筵席税、牲畜交易税、集市交易税、农业税和牧业税。另外，船舶吨税自1986年起转为预算外收入项目。

**第二个阶段（1994—2013年）：建立社会主义市场经济体制时期的税制改革**

1992年以后，中国进入了建立社会主义市场经济体制时期，社会主义经济理论和实践取得了重大进展，税制改革随之深化，这一阶段取得的主要成果有：1993年年底，税制改革的有关法律、行政法规陆续公布，包括《中华人民共和国增值税暂行条例》《中华人民共和国消费税暂行条例》《中华人民共和国营业税暂行条例》《中华人民共和国企业所得税暂行条例》《中华人民共和国土地增值税暂行条例》《中华人民共和国资源税暂行条例》《全国人民代表大会常务委员会关于外商投资企业和外国企业适用增值税、消费税、营业税等税收暂行条例的决定》《中华人民共和国个人所得税法》（修订），均自

1994年起实施。至2013年，中国的税制一共设有18种税收，即增值税、消费税、车辆购置税、营业税、关税、企业所得税、个人所得税、土地增值税、房产税、城镇土地使用税、耕地占用税、契税、资源税、车船税、船舶吨税、印花税、城市维护建设税和烟叶税。1994年以后的税制改革是新中国成立以来规模最大、范围最广泛和内容最深刻的一次税制改革，改革的方案经过多年的理论研究和实践探索，总体上取得了很大的成功。

**第三个阶段（2013年至今）：全面深化改革时期的税制改革**

2013年以后，中国进入了全面深化改革时期，税制改革随之全面深化，并取得了一系列重要进展。这一时期深化税制改革已经采取的主要措施有完善货物和劳务税制、完善所得税制、完善财产税制等。2013年11月，中国共产党第十八届中央委员会第三次全体会议通过了《中共中央关于全面深化改革若干重大问题的决定》；2017年10月，中共中央总书记习近平在中国共产党第十九次全国代表大会上所做的报告中提出了深化税制改革的要求；2018年9月公布的十三届全国人大常委会立法规划，提出了增值税、消费税和房地产税等10个税种的立法和修改税收征管法等规划。自2013年起，经国务院批准，财政部、国家税务总局逐步实施了营业税改征增值税的试点。其中，自2016年5月1日起全面推行此项试点；2017年废止了营业税暂行条例，修改了增值税暂行条例。此外，调整了增值税的税率、征收率，统一了小规模纳税人的标准。在消费税方面，经国务院批准，财政部、国家税务总局陆续调整了部分税目、税率。在关税方面，进口关税的税率逐渐降低。2016年，全国人民代表大会常务委员会通过了《中华人民共和国环境保护税法》，自2018年起施行。2017年，全国人民代表大会常务委员会通过了《中华人民共和国烟叶税法》《中华人民共和国船舶吨税法》，均自2018年7月起施行。至2018年，中国的税制一共设有18种税收，即增值税、消费税、车辆购置税、关税、企业所得税、个人所得税、土地增值税、房产税、城镇土地使用税、耕地占用税、契税、资源税、车船税、船舶吨税、印花税、城市维护建设税、烟叶税和环境保护税。

展望未来，中国将继续全面深化税制改革，不断完善税制，主要内容应当包括落实税收法定原则、合理调整宏观税负、优化税制结构和完善各个税种。在完善税种方面，主要内容应当包括完善增值税制度，调整消费税的征收范围、税负和征收环节，完善综合征收与分类征收相结合的个人所得税制度，改革房地产税收制度，社会保险费改税，等等。

资料来源：《中国财经报》

# 第一节　税法概述

## 一、税收与税法

### （一）税收

#### 1. 税收的概念

税收是国家为了满足社会公共需要，凭借政治权力，按照法定标准和程序，参与国民收入的分配，强制、固定、无偿取得财政收入的一种分配形式。它体现了国家与纳税人在征税、纳税利益分配上的一种特殊关系。税收收入是国家财政收入最主要的来源。

税收的概念可以从以下几个方面来理解：

（1）征税的主体是国家。税是由国家征收的，由谁代表国家征，征多少，怎么征都是由国家规定的。除国家之外，任何机构和团体都无权征税。

（2）征税的依据是国家的政治权力。政治权力，即公共权力，通常表现为国家权力，这种政治权力凌驾于财产权力之上，没有国家的政治权力作为依托，征税就无法实现。

（3）征税的目的是提供公共产品，满足社会公共需要。公共产品是指具有消费或使用上的非竞争性和受益上的非排他性的产品，能为绝大多数人所共同消费或享用，如国防、公安司法等方面所具有的财物和劳务，以及义务教育、公共福利事业等。社会公共需要是指满足社会公共利益的需要，诸如社会公共秩序的维护、防治水旱灾害、环境保护、国防建设等。这种需要不是个别需要的总和，而是共同利益，具有不可分割性。因此，公共产品必须且只能通过国家集中配置，但国家本身不直接创造社会财富，所以国家本身消耗的物质资料和需要提供的公共产品要通过财政的分配来筹集。税收就是国家取得财政收入后，通过财政支出，提供公共产品，满足社会公共需要的一种手段。

（4）税收属于分配范畴。社会再生产过程是由生产、分配、交换和消费四个环节组成的有机整体。分配是将社会产品分成若干份额，并决定每个社会成员占有多少的一个环节。税收是这个分配环节的一种分配形式，国家征税的结果使一部分私人产品转化为公共产品，必然改变社会成员占有社会产品的数量和比例，因此税收属于分配范畴。

（5）税收是国家取得财政收入的主要形式。国家取得财政收入有多种形式，如税收收入、企业收入、债务收入、其他收入（事业收入、规费收入、罚没收入、国家资源管理收入、公产收入、专项收入等）等，税收是其中的主要形式，目前，我国财政收入的90%左右是税收收入。税收本身的特征和职能也决定了税收必然成为我国财政收入的主要形式。

### 2. 税收的特征

税收是财政收入的主要形式，与其他财政收入形式相比，具有以下特征：

（1）强制性。税收的强制性是指国家以社会管理者的身份，凭借政治权力，通过颁布法律、法规、规章，按照一定的标准进行强制征税。税法作为国家法律的组成部分，要求任何单位和个人都必须遵守，必须依法纳税，否则就要受到法律制裁。《中华人民共和国宪法》（简称《宪法》）明确规定，我国公民“有依法纳税的义务”。正因为税收具有强制性的特点，所以它是国家取得财政收入最普遍、最可靠的一种形式。

（2）无偿性。税收的无偿性是指国家征税后，税款即为国家所有，不再直接归还给纳税人，也不付出任何形式的报酬，成为一种无偿征税。税收的无偿性是相对于具体的纳税人而言的。从财政活动的整体来看，税收最终通过政府提供公共产品等方式用于纳税人，体现税收“取之于民，用之于民”的本质。就某一具体的纳税人来说，其所缴纳的税款与其消费的公共产品中的价格并不一定是相等的。

（3）固定性。税收的固定性是指国家征税必须通过法律形式先规定征税范围和征税比例，以便征纳双方共同遵守，任何单位和个人都不能随意改变。税收固定性的含义包括两个层次，即征收时间上的连续性和征收比例上的限定性。税收是按照国家规定的标准征收的，在发生应税行为前，征收对象、征收比例就已规定，发生应税行为后按事先规定的标准征收，并且在一定时间内保持相对稳定，未经立法程序批准，双方不得随意变更。

税收的三个特征互相联系、缺一不可。无偿性是税收这种特殊分配手段本质的体现，强制性是实现税收无偿征收的保证，固定性是无偿性和强制性的必然要求。税收的无偿性决定了税收的强制性，税收的无偿性和强制性又决定了税收的固定性。税收的三个特征是税收区别于其他财政收入形式的基本标志，三者相互配合，保证了政府财政收入的稳定。

### 3. 税收的职能

税收的职能是指税收所具有的内在功能。税收的职能是由税收的本质决定的，我国税收的本质是“取之于民、用之于民”。因此，税收的职能主表现在以下几个方面：

（1）税收是财政收入的主要来源。组织财政收入是税收的基本职能。税收具有强制性、无偿性、固定性的特征，筹集财政收入稳定可靠。税收的这种特征，使其成为世界各国政府组织财政收入的基本形式。

（2）税收是调控经济运行的重要手段。经济是税收的来源，税收对经济也具有调控作用。税收作为经济杠杆，通过增税与减免税等手段来影响社会成员的经济利益，引导企业、个人的经济行为，对资源配置和社会经济发展产生影响，从而达到调控经济运行的目的。政府运用税收手段，既可以调节宏观经济总量，也可以调节经济结构。

（3）税收是调节收入分配的重要工具。总体来说，税收作为国家参与国民收入分配最主要、最规范的形式，能够规范政府、企业和个人之间的分配关系。不同的税种在分配领域发挥着不同的作用，如个人所得税实行超额累进税率，具有高收入者适用高税率、低收入者适用低税率或不征税的特点，有助于调节个人收入分配，促进社会公平。消费税对特定的消费品征税，能达到调节收入分配和引导消费的目的。

（4）税收具有监督经济活动的作用。税收涉及社会生产、流通、分配、消费各个领域，能够综合反映国家经济运行的质量和效率。国家既可以通过税收收入的增减及税源的变化，及时掌握宏观经济的发展变化趋势，也可以在税收征管活动中了解微观经济状况，发现并纠正纳税人在生产经营及财务管理中存在的问题，从而促进国民经济持续健康发展。

此外，税收管辖权是国家主权的组成部分，是国家权益的重要体现，所以，在对外交往中，税收还具有维护国家权益的重要作用。

### （二）税法

#### 1. 税法的概念

税收属于经济学的概念，税法属于法学的概念。税法是指国家制定的，用以调整在税收分配过程中形成的国家与纳税人之间在税收征纳方面的权利义务关系的法律规范的总称。

#### 2. 税法的特征

（1）税法属于制定法。税法都是经过一定的立法程序制定出来的，即税法是由国家制定而不是认可的。税法属于制定法而不属于习惯法，根本原因在于国家征税权凌驾于任何所有权之上，是对纳税人收入的再分配。征纳双方在利益上的对立是显而易见的，离开法律约束的纳税习惯并不存在。同时，制定税法也可以稳定税收收入，提高税收的可预测性。

（2）税法属于义务性法规。义务性法规是指直接要求人们从事或不从事某种行为的法规，即直接规定人们某种义务的法规。义务性法规的显著特点是具有强制性。税法属于义务性法规，并不是指税法没有规定纳税人的权利，而是纳税人的权利建立在其纳税义务的基础上，而且从总体来看，这些权利不是纳税人的实体权利，而是纳税人的程序性权利。这些权利以纳税义务为前提，从根本上讲也是为纳税义务服务的。

（3）税法具有综合性。税法不是单一的法律，而是由实体法、程序法、争讼法等构成的综合性法律体系，其内容涉及课税的基本原则、征纳双方的权利义务、税收管理规则、法律责任、解决税务争议的法律规范等，包括立法、执法、司法各个方面。税法具有综合性，其能够保证国家正确行使课税权力，有效实施税务管理，依法足额取得财政收入，保障纳税人的合法权利，建立合作信赖的税收征纳关系。

## 二、税法的原则

### （一）税收法定原则

税收法定原则，是指税法主体的权利义务必须由法律加以规定，税法的各类构成要素必须且只能由法律予以明确规定，征纳主体的权力（利）义务只以法律规定为依据，没有法律依据，任何主体不得征税或减免税收。税收法定原则的要求是双向的：一方面，要求纳税人必须依法纳税；另一方面，课税只能在法律的授权下进行，超越法律规定的课征是违法和无效的。

从现代社会来看，税收法定原则的功能偏重于保持税法的稳性与可预测性，这对于市场经济的有序性和法治社会的建立与巩固是十分重要的。党的十八届三中全会明确提出"落实税收法定原则"，开启了税收法律制度体系建设的新阶段，重申了严格落实《中华人民共和国立法法》提出的税收基本制度属于全国人民代表大会的专属立法权限，也为未来税制改革提供了法治方向，具有十分重要的现实意义。

### （二）税收公平原则

税收公平原则是近代法的平等性原则在课税思想上的具体体现，与其他税法原则相比，税收公平原则渗入了更多的社会要求。一般认为，税收公平最基本的含义是：税收负担必须根据纳税人的负担能力分配，负担能力相等，税负相同；负担能力不等，税负不同。当纳税人的负担能力相等时，以其获得收入的能力为确定负担能力的基本标准，但收入指标不完备时，财产或消费水平可作为补充指标；当人们的负担能力不等时，应当根据其从政府活动中期望得到的利益大小缴税或使社会牺牲最小。

由于税收公平原则来源于法律上的平等性原则，所以许多国家的税法在贯彻税收公平原则时，都特别强调"禁止不平等对待"的法理，禁止对特定纳税人给予歧视性对待，也禁止在没有正当理由的情况下对特定纳税人给予特别优惠；对一部分纳税人的特别优惠，很可能就是对其他纳税人的歧视。

### （三）税收合作信赖原则

税收合作信赖原则，也称公众信任原则。它在很大程度上汲取了民法"诚实信用"原则的思想，认为税收征纳双方的关系主要是相互信赖、相互合作的，而不是对抗性的。一方面，纳税人应按照税务机关的决定及时缴纳税款，税务机关有责任向纳税人提供完整的税收信息资料，征纳双方应建立密切的税收信息联系和沟通渠道。税务机关用行政处罚手段强制征税也是基于双方合作关系的，目的是提醒纳税人与税务机关合作，自觉纳税。另一方面，没有充足的依据，税务机关不能对纳税人是否依法纳税有所怀疑，纳税人有权利要求税务机关予以信任，纳税人也应信赖税务机关的决定是公正和准确的，税务机关做出的行政解释和事先裁定，可以作为纳税人缴税的根据，当这种解释或裁定存在错误时，纳税人并不承担法律责任。

### （四）实质课税原则

实质课税原则，是指应根据纳税人的真实负担能力决定纳税人的税负，不能仅考核其表面上是否符合课税要件。也就是说，在判断某个具体的人或事件是否满足课税要件，是否应承担纳税义务时，不能受其外在形式的蒙蔽，而要深入探求其实质，如果实质条件满足了课税要件，就应按实质条件的指向确认纳税义务。反之，如果仅仅是形式上符合课税要件，而实质上并不满足，则不能确定其负有纳税义务。之所以提出这一原则，是因为纳税人是否满足课税要件，其外在形式与内在事实之间往往因一些客观因素或纳税人的刻意伪装而产生差异。例如，纳税人利用转让定价减少计税所得，若从表面来看，应按其确定的价格计税。但是，这不能反映纳税人的真实所得，因此，税务机关有权根据实质课税原则，重新估定计税价格，并据以计算应纳税额。实质课税原则的意义在于防止纳税人的避税与偷税，增强税法适用的公正性。

## 三、税法的效力

税法的效力是指税法在什么地方、什么时间、对什么人具有法律约束力。税法的效力范围表现为空间效力、时间效力和对人的效力。

### （一）空间效力

税法的空间效力是指税法在特定地域内发生的效力。由一个主权国家制定的税法，原则上必须适用于其主权管辖的全部领域，但是具体情况有所不同。我国税法的空间效力主要包括以下两种情况。

#### 1. 在全国范围内有效

由全国人民代表大会及其常务委员会制定的税收法律，国务院颁布的税收行政法规，财政部、国家税务总局制定的税收行政规章以及具有普遍约束力的税务行政命令，除个别特殊地区以外，在全国范围内有效。“个别特殊地区”主要指我国的香港、澳门、台湾地区和保税区等。

#### 2. 在地方范围内有效

这里包括两种情况：一是由地方立法机关或政府依法制定的地方性税收法规、规章和具有普遍约束力的税收行政命令在其管辖区域内有效；二是由全国人民代表大会及其常务委员会、国务院、财政部、国家税务总局制定的具有特别法性质的税收法律、法规、规章和具有普遍约束力的税收行政命令在特定地区（如经济特区，老、少、边、贫地区等）有效。

### （二）时间效力

税法的时间效力是指税法何时开始生效、何时终止效力和有无溯及力的问题。

#### 1. 税法的生效

在我国，税法的生效主要分为三种情况：一是税法经过一段时间后开始生效。其优点是可以使广大纳税人和执法人员事先了解、熟悉和掌握该税法的具体内容，便于其被准确地贯彻、执行。二是税法自通过发布之日起生效。一般来说，重要税法个别条款的修订和小税种的设置，对于执法人员和纳税人来讲易于理解、掌握，实施前也不需要更多的准备。因此，大多数采用这种生效方式，这样可以兼顾税法实施的及时性与准确性。三是税法公布后授权地方政府自行确定实施日期，这种税法生效方式实质上是将税收管理权限下放给地方政府。

#### 2. 税法的失效

税法的失效表明其法律约束力的终止，其失效通常有三种类型：一是以新税法代替旧税法，这是最常见的宣布税法失效的方式。二是直接宣布废止某项税法。当税法结构调整，需要取消某项税法，又没有新的相关税法设立时，往往需要另外宣布废止的税法。三是税法本身规定废止的日期，即在税法的有关条款中预先确定废止的日期，届时税法自动失效。

#### 3. 溯及力

税法溯及力是指一部新税法实施后，对其实施之前纳税人的行为是否适用。这是涉及税法时间效力非常重要的内容。对法律溯及力的规定，概括起来遵循从旧、从新、从旧兼从轻、从新兼从轻四大基本原则。一般而言，税收实体法多采用从旧原则，禁止其具有溯及既往的效力；税收程序法多采用从新原则，不仅便于税收征管，还对纳税人的实体权利不构成损害。在税法实践活动中往往还坚持“有利溯及”的原则，即在对纳税人有利的情况下，坚持税法适用上的“从轻原则”。

### （三）对人的效力

税法对人的效力是指税法对什么人适用。由于税法的空间效力、时间效力最终都要归结为对人的效力，因此在处理税法对人的效力时，国际上通行的原则有三个：一是属人主义原则，凡是本国的公民或居民，不管其身居国内还是国外，都要受本国税法的管辖。二是属地主义原则，凡是本国领域内的法人和个人，不管其身份如何，都适用本国税法。三是属人、属地相结合的原则，我国税法即采用这一原则。凡我国公民，在我国居住的外籍人员，以及在我国注册登记的法人，或虽未在我国设立机构，但有来源于我国收入的外国企业、公司、经济组织等，均适用我国税法。

# 第二节　税收法律关系

## 一、税收法律关系的概念和特征

### （一）税收法律关系的概念

税收法律关系是税法所确认和调整的，国家与纳税人之间在税收分配过程中形成的权利义务关系。税收法律关系包括：国家与纳税人之间的税收法律关系，征税机关与纳税主体之间的税收征纳关系，相关国家机关之间的税收权限划分法律关系，国际税收权益分配法律关系，税收救济法律关系等。

### （二）税收法律关系的特征

#### 1. 主体的一方只能是国家

税收法律关系中，国家不但以立法者与执法者的身份参与税收法律关系的运行与调整，而且直接以税收法律关系主体的身份出现。这样，构成税收法律关系主体的一方可以是任何负有纳税义务的法人和自然人，但是另一方只能是国家。

#### 2. 体现国家单方面的意志

与普通法律关系体现双方当事人的意志不同，税收法律关系只体现国家单方面的意志，不体现纳税人一方主体的意志。税收法律关系的成立、变更、消灭不以主体双方意思表示一致为要件。税收法律关系之所以只体现国家单方面的意志，是由于税收以无偿占有纳税人的财产或收入为目标，从根本上讲，双方不可能意思表示一致。在这里，国家的意志是通过法律规定表现出来的。只要当事人发生了税法规定的应纳税的行为或事件，就产生了税收法律关系。

#### 3. 权利义务关系具有不对等性

税法作为一种义务性法规，其规定的权利义务是不对等的。在税收法律关系中，国家享有较多的权利，承担较少的义务；纳税人则承担较多的义务，享受较少的权利。这种权利义务关系的不对等性，根源在于税收是国家无偿占有纳税人的财产或收益的，必须采用强制手段才能达到目的。赋予税务机关较多的权利和要求纳税人承担较多的义务是体现税收强制性、实现税收职能的法律保证。

#### 4. 具有财产所有权或支配权单向转移的性质

一般民事法律关系涉及财产和经济利益的，通常是主体双方在平等协商、等价有偿原则基础上进行的，财产或经济利益双向流动，双方当事人互负义务。然而，在税收法律关系中，纳税人履行纳税义务缴纳税款，就意味着将自己拥有或支配的一部分财物无偿地交给国家，成为政府的财政收入，国家不再直接返还给纳税人。所以，税收法律关系中的财产转移，具有无偿、单向、连续等特点。

## 二、税收法律关系的要素

### （一）税收法律关系的主体

税收法律关系的主体，是指税收法律关系中依法享有权利和承担义务的双方当事人，一方为税务机关，另一方为纳税人。

#### 1. 征税主体

征税主体是税收法律关系中享有征税权的当事人。严格意义上讲，只有国家才能享有税收的所有权，因此国家是真正的征税主体。但是，国家通过法律授权的方式赋予具体的国家职能机关代其行使征税权利，税务机关就是通过获得授权成为法律意义上的征税主体。在我国，征税主体包括各级税务机关和海关。

#### 2. 纳税主体

纳税主体是税收法律关系中负有纳税义务的当事人。对于纳税主体，税法有不同的划分方法。按照纳税主体在民法中身份的不同，可以分为自然人、法人、非法人单位；根据征税权行使范围的不同，可以分为居民纳税人和非居民纳税人等。不同种类的纳税主体，在税收法律关系中享受的权利和承担的义务不尽相同。

### （二）税收法律关系的内容

税收法律关系的内容是税收法律关系主体所享有的权利和承担的义务，这是税收法律关系中最实质的东西。它规定权利主体可为或不可为的行为，以及违反了这些规定须承担的法律责任。

#### 1. 征税主体的权利与义务

征税主体包括征税权；税务管理权；税法解释权；估税权；委托代征权；实施税收保全权、强制执行权；税收检查权；行政处罚权；税款追征权；代位权和撤销权；阻止出境权；欠税公告权等。

征税主体的义务包括：宣传、贯彻、执行税收法规，辅导纳税人依法纳税的义务；为检举人保密的义务；为纳税人办理税务登记、发给税务登记证件的义务；受理减税、免税、退税及延期缴纳税款申请的义务；受理税务行政复议申请的义务；保护纳税人合法权益的义务；国家规定的其他义务。

#### 2. 纳税主体的权利与义务

纳税主体的权利包括知情权、保密权；税收监督权；纳税申报方式选择权；申请延期申报权；申请延期缴纳税款权；申请退还多缴税款权；依法享受税收优惠权；委托税务代理权；陈述与申辩权；对未出示税务检查证和税务检查通知书的拒绝检查权；税收法律救济权；依法要求听证的权利；索取有关税收凭证的权利等。

纳税主体的义务包括：依法进行税务登记的义务；依法设置账簿、保管账簿和有关资料的义务；依法开具、使用、取得和保管发票的义务；财务会计制度和会计核算软件备案的义务；按照规定安装、使用税控装置的义务；按时、如实申报的义务；按时缴纳税款的义务；代扣、代收税款的义务；接受依法检查的义务；及时提供信息的义务；报告其他涉税信息的义务等。

### （三）税收法律关系的客体

税收法律关系的客体是指税收法律关系主体的权利和义务所共同指向的对象。税收法律关系的客体与税法上征税对象的含义较接近。税收法律关系客体属于法学范畴，征税对象属于经济学范畴。例如，货物和劳务税税收法律关系客体是纳税人生产、经营的商品、货物或从事的劳务、提供的服务，征税对象则是货物流转额和劳务流转额；所得税法律关系的客体是纳税人生产经营所得和其他所得，征税对象是应纳税所得额；财产税法律关系的客体是财产，征税对象是财产的价值额或数量。

税收法律关系的客体是国家利用税收杠杆调整和控制的目标，国家在一定时期根据客观经济形势发展的需要，通过扩大或缩小征税范围调整征税对象，以达到限制或鼓励国民经济中某些产业、行业发展的目的。

## 三、税收法律关系的产生、变更和终止

### （一）税收法律关系的产生

税收法律关系的产生是指在税收法律关系主体之间形成权利义务关系。能够引起纳税义务产生的法律事实是税收法律关系产生的基础和标志，主要指纳税主体进行的应当课税的行为，如销售货物、取得应税收入等。税收法律关系的产生只能以纳税主体应税行为的出现为标志。

### （二）税收法律关系的变更

税收法律关系的变更是指由于某一法律事实的发生，使税收法律关系的主体、内容和客体发生变化。引起税收法律关系变更的原因是多方面的，主要有：由于纳税人自身的组织状况发生变化；由于纳税人的经营或财产情况发生变化；由于税务机关组织结构或管理方式发生变化；由于税法进行了修订或调整等。

### （三）税收法律关系的终止

税收法律关系的终止是指这一法律关系主体间权利义务关系的终止。税收法律关系终止的原因主要有：纳税人履行了纳税义务；纳税义务因超过期限而消灭；纳税义务的免除；某些税法的废止；纳税主体的消失等。

# 第三节　税收实体法与税收程序法

## 一、税收实体法

### （一）税收实体法的概念

税收实体法是规定税收法律关系主体的权利、义务的法律规范的总称，其主要内容包括纳税主体、征税客体、计税依据、税目、税率、减税、免税等。税收实体法的具体规定是国家向纳税人行使征税权和纳税人负担纳税义务的要件，只有具备了这些要件，纳税人才负有纳税义务，国家才能向纳税人征税。税收实体法直接影响到国家与纳税人之间权利义务的分配，是税法的核心部分。

### （二）税收实体法构成要素

税收实体法的结构具有规范性和统一性的特点，其主要表现在“一税一法”，即税种与税收实体法的一一对应性上。国家一般按单个税种立法，使征税有明确的、可操作的标准和法律依据。另外，虽然各单行税种法的具体内容有别，但就每一部单行税种法而言，税收的基本要素是固定的，也是必须予以规定的。税收实体法的要素主要包括以下内容。

#### 1. 纳税义务人

纳税义务人简称“纳税人”，是税法中规定的直接负有纳税义务的单位和个人，也称“纳税主体”。无论征收什么税，其税负总要由有关的纳税人来承担。每一种税都有关于纳税义务人的规定，通过规定纳税义务人落实税收任务和法律责任。纳税义务人一般分为自然人和法人两种。

自然人指依法享有民事权利，并承担民事义务的公民个人。例如，在我国从事工商业活动的个人，以及工资和劳务报酬的获得者等，都是以个人身份来承担法律规定的民事责任及纳税义务的。

法人指依法成立，能够独立地支配财产，并能以自己的名义享受民事权利和承担民事义务的社会组织。如国有企业、民营企业、合资企业等，都是以其社会组织的名义承担民事责任的法人。法人同自然人一样，负有依法向国家纳税的义务。

知识窗

**纳税人、负税人、代扣代缴义务人和代收代缴义务人**

纳税人是直接向税务机关缴纳税款的单位和个人，负税人是实际负担税款的单位和个人。纳税人如果能够通过一定途径把税款转嫁或转移出去，纳税人就不再是负税人。

否则，纳税人同时也是负税人。代扣代缴义务人是指有义务从持有的纳税人收入中扣除其应纳税款并代为缴纳的企业、单位或个人。对税法规定的扣缴义务人，税务机关应向其颁发代扣代缴证书，明确其代扣代缴义务。代收代缴义务人是指有义务借助与纳税人的经济交往而向纳税人收取应纳税款并代为缴纳的单位。代收代缴义务人不同于代扣代缴义务人。代扣代缴义务人直接持有纳税人的收入，可以从中扣除纳税人的应纳税款；代收代缴义务人不直接持有纳税人的收入，只能在与纳税人的经济往来中收取纳税人的应纳税款并代为缴纳。

### 2. 征税对象

征税对象又称课税对象、征税客体，是税法中规定的征税的目的物，是国家据以征税的依据。征税对象的规定解决了对什么征税的问题，它体现着不同税种征税的基本界限，是一种税区别于另一种税的最主要标志，决定着不同税种名称的由来以及各个税种在性质上的差别，并对税源、税收负担问题产生直接影响。

（1）计税依据。计税依据，又称税基，是指税法中规定的据以计算应征税款的依据或标准。正确确定计税依据，有利于税务机关贯彻执行税收政策、法令，保证国家财政收入的实现，也是纳税人正确履行纳税义务、合理负担税收的重要标志。

不同税种的计税依据是不同的。计税依据在表现形态上一般有两种：一种是价值形态，即以征税对象的价值作为计税依据，在这种情况下，征税对象和计税依据一般是一致的。另一种是实物形态，就是以征税对象的数量、重量、容积、面积等作为计税依据，在这种情况下，征税对象和计税依据一般是不一致的。

征税对象不同于计税依据。征税对象是征税的目的物，计税依据则是在目的物已经确定的前提下，对目的物据以计算税款的依据或标准；征税对象是从质的方面对征税所做的规定，而计税依据则是从量的方面对征税所做的规定，是征税对象量的表现。

（2）税目。税目是征税对象的具体化，反映具体的征税范围，代表征税的广度。

划分税目的主要作用，一是进一步明确征税范围，凡列入税目的都征税，未列入的不征税；二是解决征税对象的归类问题，并根据归类确定税率，体现不同的税收政策。

需要说明的是，并不是每一种税都要划分税目。一般来说，只有通过划分税目才能够明确本税种内部哪些项目征税、哪些项目不征税，并且只有在通过划分税目，才能对征税对象进行归类并按不同类别和项目设计高低不同的税率，平衡纳税人负担的情况下，对这类税种划分税目才有必要。

税目一般可分为列举税目和概括税目。列举税目就是将每一种商品或经营项目采用一一列举的方法，分别规定税目，必要时还可以在税目之下划分若干个细目。概括税目就是按照商品大类或行业采用概括方法设计税目。

（3）税源。税源是指税收收入的最终来源，或者说税收负担的最终归宿。税源归根结底是物质生产部门劳动者创造的国民收入。税收来源于经济，离开经济的发展，税收即无源之水、无本之木。在社会产品价值中，能够成为税源的只能是国民收入分配中形成的各种收入，如工资、奖金、利润、利息等。当某些税种以国民收入分配中形成的各种收入为征税对象时，税源和征税对象就是一致的，如个人所得税、企业所得税。但是，很多税种其征税对象并不是或不完全是国民收入分配中形成的各种收入，如消费税、房产税等。可见，只是在少数情况下，征税对象和税源才是一致的。对于大多数税种来说两者并不一致，税源并不等于征税对象。征税对象是据以征税的依据，税源则表明纳税人的负担能力。

### 3. 税率

税率是应纳税额与征税对象之间的比例，是计算税额的尺度，代表征税的深度，关系着国家的税收收入多少和纳税人的税收负担程度，因而它是税制的中心环节。我国现行税率主要有比例税率、累进税率和定额税率三种形式。

（1）比例税率。比例税率是指对同一征税对象，不论数额大小，只规定一个比例，都按同一比例征税。在具体运用上，比例税率又可分为产品比例税率、行业比例税率、地区差别比例税率、幅度比例税率等。其基本特点是计算简便且税率不随征税对象数额的变动而变动，但对纳税人收入的调节作用不明显。

（2）累进税率。累进税率是指对同一征税对象，随征税对象数额的增大，征收比例也随之提高的税率。其表现为将征税对象按数额大小分为若干等级，不同等级适用由低到高的不同税率，征税对象数额越大，适用税率越高。累进税率可以更有效地调节纳税人的收入。累进税率的具体形式有以下几种：

第一，全额累进税率。全额累进税率是以征税对象的全部数额为基础计算税款的累进税率。它有两个特点：一是对具体纳税人来说，在征税对象确定以后，相当于按照比例税率计征，计算方法简单。二是税收负担不合理，特别是在两个级距的临界点会出现税负的增加量超过征税对象数额的增加量的不合理现象，不利于鼓励纳税人增加收入。

第二，超额累进税率。超额累进税率是将征税对象按大小划分为若干等级，对每个等级分别规定不同的税率并分别计算税额，一个征税对象可同时适用几个等级的税率。超额累进税率征税的特点，一是计算方法比较复杂，征税对象数量越大，适用等级越多，计算步骤也越多；二是累进幅度比较缓和，税收负担较为合理；三是在征税对象级次分界点上下，只就超过部分按高一级税率计算纳税，一般不会发生增加的税额超过增加的征税对象数额的不合理现象，有利于鼓励纳税人增产增收。

第三，全率累进税率。全率累进税率是指将征税对象按相对额划分为若干等级，每个等级规定的税率随征税对象相对额的增大而提高，纳税人的全部征税对象都按与征税对象相对额所对应的税率计算纳税的税率。这种税率形式计算简便，累进急剧，纳税人全部征税对象都适用相应等级的最高税率，在累进级距的临界点会出现税款增加额超过征税对象增加额的不合理现象。全率累进税率在我国尚未使用过。

第四，超率累进税率。超率累进税率是将征税对象按相对率划分为若干等级，对每个等级分别规定不同的税率，分别计算征税，一个征税对象可同时适用几个等级的税率。目前，我国采用这种税率的是土地增值税。

（3）定额税率。定额税率又称固定税额。这种税率是根据征税对象的计量单位直接规定固定的征税数额。征税对象的计量单位可以是重量、数量、面积、体积等自然单位，也可以是专门规定的复合单位。例如，现行税制中的城镇土地使用税和车船税分别以“平方米”和“辆”等自然单位为计量单位。按定额税率征税，税额计算简单，便于征管。税额的多少只与征税对象的数量有关，与价格无关，所以它适用于对价格稳定、质量等级和品种规格单一的大宗产品征税的税种。

4．减税、免税

减税、免税是国家对某些纳税人或征税对象给予鼓励或照顾的一种措施。减税是对应征税款减少一部分征收，免税是对应征税款全部免征。减税、免税规定是为了解决按现行税制规定征税时所不能解决的具体问题而采取的一种补充措施，是在一定时期内给予纳税人的一种税收优惠，同时也是税收的统一性和灵活性相结合的具体体现。减税、免税的基本形式主要有以下几种。

（1）税基式减免，是指通过直接缩小计税依据的方式实现的减税、免税。具体包括起征点、免征额、项目扣除以及跨期结转等。其中，起征点是征税对象达到一定数额开始征税的起点；免征额是在征税对象的全部数额中免予征税的数额。起征点与免征额同为征税与否的界限，对纳税人来说，在其征税对象没有达到起征点或没有超过免征额的情况下，都不征税。但是二者又有明显的区别。其一，当征税对象达到或超过起征点时，就应全额征税；而当征税对象超过免征额时，则只就超过的部分征税。其二，当征税对象恰好达到起征点时，就要全额征税；而当征税对象恰好与免征额相同时，则免予征税。两者相比，享受免征额的纳税人就要比享受同额起征点的纳税人税负轻。项目扣除是指在征税对象中扣除一定项目的数额，以其余额作为计税依据计算纳税。跨期结转是将以前纳税年度的经营亏损等在本纳税年度经营利润中扣除，相应地缩小了计税依据。

（2）税率式减免，是指通过直接降低税率的方式实行的减税、免税，具体包括低税率、零税率等形式。

（3）税额式减免，是指通过直接减少应纳税额的方式实行的减税、免税，具体包括全部免征、减半征收、核定减免率等。

在上述三种形式的减税、免税中，税基式减免使用范围最广泛，一般适用于所有生产经营情况；税率式减免比较适用于对某个行业或某种产品的减免，所以在货物和劳务税中应用最广；税额式减免适用范围最窄，一般仅限于解决个别问题，往往仅在特殊情况下使用。

5．纳税环节

纳税环节是指税法上规定的征税对象从生产到消费的流转过程中应当缴纳税款的环

节。为了更好地发挥税收促进经济发展、保证财政收入的作用，以及便于征收管理，国家针对不同的商品征税往往确定不同的纳税环节。按照纳税环节的多少，将税收课征制度划分为两类：一次课征制和多次课征制。

一次课征制是指同一税种在商品流转的全过程中只选择某一环节课征的制度，如现行的消费税主要实行一次课征制。多次课征制是指同一税种在商品流转全过程中选择两个或两个以上环节课征的制度，如现行增值税实行多次课征制。

#### 6. 纳税期限

纳税期限是纳税人发生纳税义务后应当向国家缴纳税款的法定期限。为保证财政收入的及时、稳定，国家开征的每一种税都有纳税期限的规定，征纳双方必须执行。不同性质的税种以及不同情况的纳税人，纳税期限也不相同。

我国现行税制的税期限有三种形式：①按期纳税，即根据纳税义务的发生时间，通过确定纳税间隔期，实行按期纳税。按期纳税的纳税间隔期分为 1 天、3 天、5 天、10 天、15 天、1 个月和 1 个季度，共 7 种期限。纳税人的具体纳税间隔期限由主管税务机关根据情况分别核定。以 1 个月和 1 个季度为一期纳税的，自期满之日起 15 天内申报纳税；以其他间隔期为纳税期限的，自期满之日起 5 天内预缴税款，于次月 1 日起 15 天内申报纳税并结清上月税款。②按次纳税，即根据纳税行为的发生次数确定纳税期限。③按年计征，分期预缴或缴纳。无论采取哪种形式，如果纳税期限的最后一天是法定节假日，或者期限内有连续 3 天以上是法定节假日，都可以顺延。

#### 7. 纳税地点

纳税地点，是指根据各个税种征税对象的纳税环节和有利于对税款的源泉控制而规定的纳税人的具体纳税地点。

我国一般规定纳税人在其所在地就地申报纳税，同时考虑到某些纳税人生产经营和财务核算的不同情况，对纳税地点也做了不同规定，主要方式有企业所在地纳税、营业行为所在地纳税、集中纳税、口岸纳税等。

#### 8. 法律责任

法律责任是指行为人因违反税收法律规范所应承担的法律后果。税收法律责任依其性质和形式的不同，可分为行政责任和刑事责任。依承担法律责任主体的不同，可分为纳税人责任、扣缴义务人责任、税务机关及其工作人员责任。明确规定税收法律责任，有利于维护正常的税收征纳秩序，确保国家的税收收入及时足额入库，同时也有利于增强税法的威慑力，为预防和打击税收违法犯罪行为提供有力的法律武器。

## 二、税收程序法

### （一）税收程序法的概念

税收程序法是指规范税务机关和税务行政相对人在税收行政程序中权利义务的法律

规范的总称。只要是与税收程序有关的法律规范，不论其存在于哪个法律文件中，都属于税收程序法的范畴。税收程序法对保障实体法的实施、弥补实体法的不足、规范和控制行政权的行使、保障纳税人合法权益等方面都起到了积极的作用。我国现行税法体系中,最重要的税收程序法是《中华人民共和国税收征收管理法》(简称《税收征收管理法》)。

### （二）税收程序法的主要制度

#### 1. 表明身份制度

表明身份制度是指税务机关及其工作人员在进行税务行政行为之始，向税务行政相对人出示履行职权证明的制度。这一制度不仅是为了防止假冒、诈骗，也是为了防止税务机关及其工作人员超越职权、滥用职权。《税收征收管理法》第五十九条规定：“税务机关派出的人员进行税务检查时，应当出示税务检查证和税务检查通知书，并有责任为被检查人保守秘密；未出示税务检查证和税务检查通知书的，被检查人有权拒绝检查。”

#### 2. 回避制度

回避制度是指税务人员同所处理的税务事务有利害关系的，应由税务机关另行指定其他税务人员处理该事务的制度。这是实现公正原则的一项重要制度。《税收征收管理法》第十二条规定：“税务人员征收税款和查处税收违法案件，与纳税人、扣缴义务人或者税收违法案件有利害关系的，应当回避。”

#### 3. 职能分离制度

职能分离制度直接调整的不是税务机关与纳税人的关系，而是税务机关内部机构和人员的关系。该制度要求将税务机关内部的某些相互联系的职能加以分离，使之由分属于不同的机关或不同的工作人员掌管和行使。该制度的法律意义在于保障税务行政的公平公正，加强对税务行政权的制约和监督，保护纳税人的合法权益。《税收征收管理法》第十条规定：“税务机关负责征收、管理、稽查、行政复议的人员的职责应当明确，并相互分离、相互制约。”

#### 4. 听证制度

听证制度是指税务机关在做出影响纳税人合法权益的决定之前，向纳税人告知决定理由和听证权利，纳税人随之向税务机关表达意见，提供证据以及税务机关听取其意见，采纳其证据的程序所构成的一种法律制度。听证制度被公认为现代行政程序法基本制度的核心，对于行政程序的公开、公正和公平起着重要的保障作用。《中华人民共和国行政处罚法》第四十二条规定：“行政机关做出责令停产停业、吊销许可证或者执照、较大数额罚款等行政处罚决定之前，应当告知当事人有要求举行听证的权利；当事人要求听证的，行政机关应当组织听证。”税务机关对纳税人做出较大数额罚款的税务行政处罚时，也应当遵循听证制度的基本要求。

5. 时限制度

时限制度是指税务行政行为的全过程或其中某些阶段受到时间限制的制度。《税收征收管理法》第十五条规定:“企业,企业在外地设立的分支机构和从事生产、经营的场所,个体工商户和从事生产、经营的事业单位(以下统称从事生产、经营的纳税人)自领取营业执照之日起三十日内,持有关证件,向税务机关申报办理税务登记。税务机关应当自收到申报之日起三十日内审核并发给税务登记证件。”

### (三)税收程序法的主要内容

1. 税收确定程序

税收确定程序主要包括税务登记、账簿凭证管理和纳税申报三个方面。税务登记是整个征收管理的首要环节,是税务机关对纳税人的开业、变更、停业以及生产经营范围实行法定登记的一项管理制度。通过凭证的填制和审核,不但可以保证账簿记录的真实、可靠,而且可以检查各项经济业务是否合理、合法,准确反映经营管理水平和经济效益,正确计算应纳税额。纳税申报是纳税人、扣缴义务人按照税法规定的期限和内容向税务机关提交有关书面材料的法律行为,是纳税人、扣缴义务人履行纳税义务、扣缴税款义务的程序,是税务机关确定纳税人、扣缴义务人法律责任的依据,是税务机关依法进行税收征收管理的一个重要环节,是税收管理信息的主要来源和重要的税务管理制度。

2. 税收征收程序

税收征收程序主要包括税款征收及税收保全、强制执行等保障措施。税款征收是指税务机关依据法律、行政法规规定的标准和范围,将纳税人依法应该向国家缴纳的税款,及时足额地征收入库的一系列活动的总和。税款征收是税收征管的目的,在整个税收征管中处于核心环节和关键地位,是税收征管的出发点和归宿。税款征收中的相关制度主要包括应纳税额核定制度、纳税调整制度、代扣代缴税款制度、欠税管理制度、滞纳金征收制度、延期纳税制度、报验征收制度、税款的退还和追征制度、减免税管理制度、税收凭证管理制度。税收保全及强制执行等措施都是为了保证税款及时、足额征收而设立的,税收程序法对这些措施的适用条件、方式、内容等均做出了详细规定。

3. 税收稽查程序

税务稽查是税收征收管理工作的重要步骤和环节,是税务机关代表国家依法对纳税人的纳税情况进行检查监督的一种形式。稽查局查处税收违法案件时,实行选案、检查、审理、执行分工制约原则。稽查局应当通过多种渠道获取案源信息,通过对案源信息采取计算机分析、人工分析、人机结合分析等方法进行筛选,发现有税收违法嫌疑的,应当确定为待查对象。检查部门接到《税务稽查任务通知书》后,应及时组织实施检查。审理部门接到检查部门移交的《税务稽查报告》及有关资料后,应当及时安排人员进行审理。审理人员应依据法律、行政法规、规章及其他规范性文件,对检查部门移交的《税务稽查报告》及相关材料进行逐项审核,提出书面审理意见。税务稽查执行,是税务稽查程序中的最后一个阶段，它是将审理环节做出的各种决定书、告知书等文书送达被执行人，并督促或强制其依法履行的活动。税务稽查机构指定专人负责税务处理决定的执行。

# 第四节　我国税制及税收分类

## 一、我国现行税制的建立与发展

新中国成立以来，我国税法经过了制定、修订、重建、改革、完善与发展等历史性阶段，才形成现在趋于完善的税法体系。尤其是进入21世纪以来，对税收实体法和税收征管法制建设都进行了大力度的改革与完善。

按照中国共产党第十六届中央委员会第三次全体会议的部署，税收实体法制建设进入了崭新阶段。2000年10月22日，国务院公布了《中华人民共和国车辆购置税暂行条例》，实现了费改税历史性突破。2003年10月13日，国务院出台了《关于改革现行出口退税机制的决定》（国发〔2003〕24号），对中国现行的出口退税机制进行了大幅度的改革，坚持"新账不欠，老账要还，完善机制，共同负担，推动改革，促进发展"的改革原则。经国务院批准，财政部、国家税务总局于2004年9月14日发布了《东北地区扩大增值税抵扣范围若干问题的规定》（财税〔2004〕156号），实行消费型增值税的试点，并随后扩大到中部六省和内蒙古以及汶川地震受灾严重地区。2005年12月29日，第十届全国人民代表大会常务委员会第十九次会议通过了废止《中华人民共和国农业税条例》的决定，结束了千年来农民负担皇粮国税的历史。2005年和2007年，第十届全国人民代表大会常务委员会对《中华人民共和国个人所得税法》进行了修正、修改，提高了个人所得税的费用扣除标准。2006年4月28日，国务院公布了《中华人民共和国烟叶税暂行条例》。2006年3月20日，经国务院批准，财政部、国家税务总局发布了《关于调整和完善消费税政策的通知》（财税〔2006〕133号），对消费税税目、税率及相关政策进行了调整。2006年12月30日，国务院发布了《关于修改〈中华人民共和国城镇土地使用税暂行条例〉的决定》（国务院令第483号）。2006年12月27日，国务院公布了《中华人民共和国车船税暂行条例》，废止了1951年9月13日原政务院发布的《车船使用牌照税暂行条例》和1986年9月15日国务院发布的《中华人民共和国车船使用税暂行条例》。2007年3月16日，全国人民代表大会公布了《中华人民共和国企业所得税法》，自2008年1月1日起实施，从而统一了内外资企业所得税制度。2008年11月10日，国务院公布了修订后的《中华人民共和国增值税暂行条例》《中华人民共和国消费税暂行条例》《中华人民共和国营业税暂行条例》，并于2009年1月1日起施行。2011年9月30日，国务院发布《关于修改〈中华人民共和国资源税暂行条例〉的决定》（国务院令第605号），自2011年11月1日起施行新的《中华人民共和国资源税暂行条例》。

2012 年，在原《中华人民共和国车船税暂行条例》的基础上，全国人民代表大会颁布实施了《中华人民共和国车船税法》，标志着我国又一部实体税种完成了立法程序。

经国务院批准，自 2013 年 8 月 1 日起，在原上海市等地进行试点的基础上，在全国范围内开展交通运输业和部分现代服务业营业税改征增值税的试点工作。自2014年起，相继在铁路运输业、邮政电信业推行营改增试点。

2013 年 6 月，中华人民共和国国务院法制办公室向社会公布了《税收征收管理法》修正案草案，公开征求意见，拉开了《税收征收管理法》新一轮修订的序幕。

2013 年 11 月，中国共产党十八届中央委员会第三次全体会议明确提出了未来税制改革的具体任务。2014 年 6 月 30 日中共中央政治局通过《深化财税体制改革总体方案》，主要涉及"六税一法"的改革，即增值税、个人所得税、消费税、资源税、房地产税、环境保护税和税收征收管理法的改革。

自 2016 年 5 月 1 日起，现代服务业、金融业、建筑业、房地产业四个行业全面进入营改增试点，至此，增值税全面开始实施，营业税完成了历史使命。

为促进资源节约集约利用，加快生态文明建设，财政部、国家税务总局于 2016 年 5 月 9 日联合发布《关于全面推进资源税改革的通知》，扩大征税范围，开始征收水资源税。

2016 年 12 月 25 日，第十二届全国人民代表大会常务委员会第二十五次会议通过《中华人民共和国环境保护税法》，于 2018 年 1 月 1 日起实施。

2018 年 3 月，国务院常务会议决定，从 5 月 1 日起，将降低增值税税率，以减轻企业税负。

2018 年 8 月 31 日，第十三届全国人民代表大会常务委员会第五次会议通过《全国人民代表大会常务委员会关于修改〈中华人民共和国个人所得税法〉的决定》，自 2019 年 1 月 1 日起施行。

2018 年 12 月 29 日，第十三届全国人民代表大会常务委员会第七次会议通过《中华人民共和国耕地占用税法》，自 2019 年 9 月 1 日起施行。我国又一部实体税种完成了立法程序。

## 二、税种分类

现阶段，我国有 18 个税种：增值税、消费税、关税、企业所得税、个人所得税、资源税、城镇土地使用税、耕地占用税、房产税、契税、车船税、印花税、土地增值税、城市维护建设税、车辆购置税、船舶吨税、烟叶税、环境保护税。按照不同的标准，可以将税种做如下分类。

### （一）按征税对象分类

#### 1．货物和劳务税类

货物和劳务税以货物或劳务在流通过程中的流转额作为征税对象，包括增值税、消费税和关税。这类税法的特点是与商品生产、流通、消费有密切联系，对什么商品、服务征税，税率多少，对商品经济活动都有直接的影响，易于发挥对经济的宏观调控作用。

#### 2. 所得税类

所得税以各种所得额作为征税对象，包括企业所得税、个人所得税。其特点是可以直接调节纳税人收入，发挥其公平税负、调整分配关系的作用。

#### 3. 财产和行为税类

财产和行为税以财产价值或某种行为作为征税对象，包括房产税、车船税、印花税、契税。其主要对某些财产和行为发挥调节作用。

#### 4. 资源税类

资源税以自然资源和某些社会资源作为征税对象，包括资源税、土地增值税和城镇土地使用税。其主要是为了保护和合理使用国家自然资源而制定的税法，对因开发和利用自然资源而形成的级差收入发挥调节作用。

#### 5. 特定目的税类

特定目的税是为了达到特定目的，对特定对象和特定行为征税，包括城市维护建设税、车辆购置税、耕地占用税、船舶吨税、烟叶税和环境保护税。其目的是对某些特定对象和特定行为发挥特定调节作用。

### （二）按收入支配权限分类

#### 1. 中央税

中央税，是指由中央政府征收和管理使用或由地方政府征收后全部划解中央政府所有并支配使用的一类税收。中央税主要包括消费税、关税、车辆购置税和海关代征的进口环节增值税和消费税。这类税收具有收入较多、征收范围广泛的特点。

#### 2. 地方税

地方税是由地方政府征收、管理和支配的一类税收。地方税主要包括城镇土地使用税、耕地占用税、土地增值税、房产税、车船税、契税等。这类税一般收入稳定，并与地方经济利益关系密切。

#### 3. 中央与地方共享税

中央与地方共享税是指税收由中央和地方政府共同负责征收管理并按比例分享的一类税收。共享税主要包括增值税、企业所得税和个人所得税等。这类税直接涉及中央与地方的共同利益。

### （三）按计税标准分类

#### 1. 从价税

从价税是以征税对象的价值量为计税标准，其应纳税额随价格的变化而变化的一种税。如增值税、企业所得税、个人所得税等税种都属于从价税。从价税实行比例税率和累进税率，直接受价格变动的影响，税收负担比较合理，有利于体现国家的经济政策。

#### 2. 从量税

从量税是以征税对象的重量、件数、容积、面积等实物量作为计税标准征收的一种税。如我国现行的车船税、城镇土地使用税、消费税中的啤酒和黄酒等都属于从量税。从量税实行定额税率，不受征税对象价格变动的影响，税负水平较为固定，计算简便。

#### 3. 复合税

复合税是指对征税对象采用从价和从量相结合的计税方法征收的一种税。我国消费税中的卷烟和白酒就采用复合税。

### （四）按税负是否转嫁分类

#### 1. 直接税

直接税是指纳税人同时也是税收的实际负担人，纳税人不能或不便于把税收负担转嫁给别人的一种税。所得税类、财产税类等都属于直接税。直接税较符合现代税法税负公平和量能纳税的原则，对于社会财富的再分配和社会保障的满足具有特殊的调节职能作用。

#### 2. 间接税

间接税是指纳税人不是税收的实际负担人，纳税人能够用一定的方法把税收负担转嫁出去，最终由消费者负担的一种税。增值税、消费税、关税等都属于间接税。间接税几乎可以对一切商品和劳务征收，征税对象普遍，税源丰富。间接税的计算和征收，无须考虑纳税人的各种复杂情况并采用比例税率，较为简便易行。基于上述特点，间接税在不少国家财政收入中长期占据重要地位。

## 本章小结

税收是国家为了满足社会公共需要，凭借政治权力，按照法定标准和程序，参与国民收入的分配，强制、固定、无偿取得财政收入的一种分配形式。税收是财政收入的主要来源，是调控经济运行的重要手段，是调节收入分配的重要工具，具有监督经济活动的作用。

税法是指国家制定的，用以调整在税收分配过程中形成的国家与纳税人之间在税收征纳方面的权利义务关系的法律规范的总称。税收法定原则、税收公平原则、税收合作信赖原则和实质课税原则是税法的基本原则。税法的效力范围表现为空间效力、时间效力和对人的效力。

税收法律关系是税法所确认和调整的，国家与纳税人之间在税收分配过程中形成的权利义务关系。税收法律关系同样具备主体、内容、客体三个要素，会基于法律事实而引起税收法律关系的产生、变更和终止。

税收实体法是规定税收法律关系主体的权利、义务的法律规范的总称。其构成要素包括：纳税义务人，征税对象，税率，减税、免税，纳税环节，纳税期限，纳税地点和法律责任。

税收程序法是指规范税务机关和税务行政相对人在税收行政程序中权利义务的法律规范的总称。税收程序法的主要制度包括表明身份制度、回避制度、职能分离制度、听证制度和时限制度。税收程序法的主要内容有税收确定程序、税收征收程序和税收稽查程序。

我国现行税制包括18个税种，按征税对象分类可分为货物和劳务税类、所得税类、财产和行为税类、资源税类、特定目的税类；按收入支配权限分类可分为中央税、地方税、中央与地方共享税；按计税标准分类可分为从价税、从量税、复合税；按税负是否转嫁分类可分为直接税和间接税。

## 基础知识测评

1. 什么是税收？税收的三个特征是什么？
2. 税收的职能主要体现在哪些方面？
3. 税法的基本原则是什么？应如何理解？
4. 简要叙述税收实体法的构成要素。
5. 按征税对象不同可将我国税收分为哪几类？分别包括哪些税种？
6. 按收入支配权限不同可将我国税收分为哪几类？分别包括哪些税种？
7. 按计税标准不同可将我国税收分为哪几类？分别包括哪些税种？
8. 按税负是否转嫁不同可将我国税收分为哪几类？分别包括哪些税种？

## 岗位能力测评

在一次税法课上，同学们热烈讨论我国现行税制的改革与发展，并针对我国税制的内容踊跃发言，发言内容如下：

1. 小张说："在税收的特征上，'强制性'是税收本质的体现，国家依据行政权力，强制征税，纳税人根本没有选择的余地。"

2. 小王说："在税法构成要素中，税率是一个非常重要的要素，它代表税负的轻重；其中，累进税率对调节收入分配具有很大的作用。"

3. 小李说："增值税是目前我国税制中占比最重的一个税种，对我国财政收入起到了重要的支撑作用，从性质上说，增值税属于货物与劳务税类、中央税、从价税和间接税。"

4. 小赵说："企业所得税是对生产流通过程中的流转额进行征税的一个税种，与商品、劳务的价格有密切关系，从性质上讲，企业所得税是所得税类、共享税、从价税和直接税。"

请根据上述资料，分析每位同学的发言是否符合我国税法的相关规定，并简要说明理由。

# 第二章 增值税法律制度

## 岗位要求

### 知识目标

○ 了解增值额的概念及增值税的特征，增值税的纳税义务发生时间、纳税期限及纳税地点，增值税专用发票的使用和管理。
○ 理解增值税的概念和类型，混合销售行为、兼营行为的税收规定，出口货物或者劳务、服务的增值税政策，增值税的税收优惠政策。
○ 掌握增值税的纳税人及分类，增值税的征税范围，视同销售行为的税收规定、增值税税率、征收率及适用范围，一般计税方法应纳增值税税额的计算，简易计税方法应纳增值税税额的计算，进口货物应纳增值税税额的计算。

### 能力目标

○ 能准确理解增值税的计税原理。
○ 会根据规定区分一般纳税人和小规模纳税人。
○ 会针对具体经济行为判断其是否征收增值税，按何种税目征收。
○ 能判断一种经济行为是否属于视同销售行为。
○ 会区分混合销售行为和兼营行为，会计算应纳增值税税额。
○ 会计算增值税销项税额，并能解决确定特殊销售方式下销售额的确定问题。
○ 会确定视同销售行为的销售额。
○ 会确定准予抵扣的增值税进项税额和不能抵扣的增值税进项税额的范围。
○ 会计算增值税应纳税额，包括一般计税方法和简易计税方法。
○ 会计算进口货物应纳增值税税额。
○ 能判断一种经济行为是否适用增值税税收优惠政策。
○ 能确定一种经济行为的增值税纳税义务发生时间。
○ 会正确使用增值税专用发票。

## 关键词

增值额 生产型增值税 消费型增值税 收入型增值税 一般纳税人 小规模纳税人 销售额 货物 劳务 服务 无形资产 不动产 视同销售 混合销售 兼营 基本税率 低税率 零税率 征收率 销项税额 进项税额 销售额 含税销售额 价外费用 以旧换新销售 折扣销售 现金折扣 销售折让 包装物押金 包装物租金 组成计税价格 农产品 非正常损失 完税价格 增值税专用发票

导入案例

甲广告公司为增值税一般纳税人，2019 年 8 月发生如下业务：

（1）取得含增值税的广告代理收入 200 万元，因广告效果出色取得奖金 5 万元；

（2）出租摄影设备取得含增值税的租赁收入 50 万元、收取设备磨损赔偿金 8 万元；

（3）出售 2011 年购进的制图设备一台，含增值税售价 0.2 万元；

（4）向广告发布者支付广告发布费，取得的增值税专用发票上注明的税额为 4.8 万元；

（5）购进办公用小汽车 1 辆，取得的增值税专用发票上注明的税额为 5.1 万元；

（6）购进职工集体宿舍用装修材料，取得的增值税专用发票上注明的税额为 0.85 万元；为此，向运输公司支付运输费，取得的增值税专用发票上注明税额为 0.1 万元。后由于管理问题，装修材料被盗 30%。

已知：文化创意服务增值税税率为 6%，有形动产租赁服务增值税税率为 13%。

要求：根据上述资料，分析回答下列问题：

1. 计算甲公司当月取得广告代理收入及奖金的增值税销项税额。

2. 计算甲公司出租摄影设备的增值税销项税额。

3. 计算甲公司出售制图设备应缴纳的增值税税额。

4. 判断哪些进项税额允许抵扣。

5. 装修材料被盗，如何抵扣进项税额？

# 第一节　增值税概述

## 一、增值税、增值额的概念和计税原理

### （一）增值税的概念

增值税是对销售货物、提供劳务或者发生应税行为过程中实现的增值额征收的一种税。增值税是我国现阶段税收收入规模最大的税种。

1993 年 12 月 13 日国务院令第 134 号发布《中华人民共和国增值税暂行条例》（简称《增值税暂行条例》），2008 年 11 月 10 日国务院令第 538 号修订。2008 年 12 月 15 日财政部、国家税务总局令第 50 号发布《中华人民共和国增值税暂行条例实施细则》（简称《增值税暂行条例实施细则》），2011 年 10 月 28 日财政部、国家税务总局令第 65 号修订。为进一步完善增值税制，消除重复征税，促进经济结构优化，自 2012 年 1 月 1 日起，在上海市开展了交通运输业和部分现代服务业营业税改征增值税试点。2016 年 3 月 24 日，财政部、国家税务总局印发《营业税改征增值税试点实施办法》，自 2016 年 5 月 1 日起，在全国范围内全面推开营改增试点，全部营业税纳税人纳入试点范围，由缴纳营业税改为缴纳增值税。

### （二）增值额的概念

从理论上讲，增值额是企业在生产经营过程中新创造的那部分价值。现实经济生活中，对增值额这一概念可以从两个方面来理解：第一，从一个生产经营单位来看，增值额是指该单位销售货物或提供劳务的收入额扣除为生产经营这种货物（包括劳务，下同）而外购的那部分货物价款后的余额；第二，从一项货物来看，增值额是该货物经历的生产和流通的各个环节所创造的增值额之和，也就是该项货物的最终销售价值。

例如，某项货物最终销售价格为260元，这260元是由三个生产经营环节共同创造的，该货物在三个环节中创造的增值额之和就是该货物的全部销售额。该货物在各环节的增值额和销售额的数量及价格关系如表2-1所示。

表2-1　货物在各环节的增值额和销售额的数量及价格关系　　单位：元

| | 制造环节 | 批发环节 | 零售环节 | 合　计 |
|---|---|---|---|---|
| 销售额 | 150 | 200 | 260 | 610 |
| 增值额 | 150 | 50 | 60 | 260 |

该项货物在上述三个环节创造的增值额之和为260元，该项货物的最终销售价格也是260元。这种情况说明，在税率一致的情况下，对每个生产流通环节征收的增值税之和，实际上就是按货物最终销售额征收的增值税。

实行增值税的国家，据以征税的增值额都是一种法定增值额，并非理论上的增值额。所谓法定增值额是指各国政府根据各自的国情、政策要求，在增值税制度中人为确定的增值额。造成法定增值额与理论增值额不一致的一个重要原因是，各国在规定扣除范围时，对外购固定资产的处理办法不同。

各国都是根据法定增值额计算增值税的。但是，实施增值税的国家无论以哪种法定增值额作为课税基数，在实际计算增值税税额时，都不是直接以增值额作为计税依据的。也就是说，各国计算增值税时都不是先求出各生产经营环节的增值额，然后再据此计算增值税，而是采取从销售总额的应纳税款中扣除已纳税款的税款抵扣法。可见，增值额这一概念只有从理论角度看才具有现实意义，实际计税中并不直接发挥作用。不直接通过增值额计算增值税的原因是，确定增值额在实际工作中是一件很困难的事，甚至难以做到。

### （三）增值税的计税原理

增值税的计税原理是通过增值税的计税方法体现出来的。增值税的计税方法是以每个生产经营环节上发生的货物或劳务的销售额为计税依据，然后按规定税率计算出货物或劳务的整体税负，同时通过税款抵扣方式将外购项目在以前环节已纳的税款予以扣除，从而完全避免了重复征税。由此可以看出，增值税以全部流转额为计税销售额，税负具有转嫁性等性质。

## 二、增值税的类型

增值税按对外购固定资产处理方式的不同，可划分为生产型增值税、收入型增值税和消费型增值税。

### （一）生产型增值税

生产型增值税是指计算增值税时，不允许扣除任何外购固定资产的进项税额。此种类型的增值税对固定资产重复征税，虽然不利于鼓励投资，但可以保证财政收入。

### （二）收入型增值税

收入型增值税是指计算增值税时，对外购固定资产进项税额只允许扣除当期计入产品价值的折旧费部分。此种类型的增值税从理论上讲是一种标准的增值税，但由于外购固定资产价款是以计提折旧的方式分期转入产品价值的，并且转入部分没有逐笔对应的外购凭证，故给凭发票扣税的计算方法带来了困难，从面影响了这种方法的广泛应用。

### （三）消费型增值税

消费型增值税是指计算增值税时，允许将当期购入的固定资产进项税额一次性全部扣除。此种类型的增值税在购进固定资产的当期因扣除额大大增加，会减少财政收入，但这种方法最宜规范凭发票扣税的计算方法，便于操作、管理，是三种类型中最简便、最能体现增值税优越性的一种类型。我国自 2009 年 1 月 1 日起，由实行生产型增值税转为实行消费型增值税。

## 三、增值税的特征

### （一）不重复征税

增值税具有中性税收的特征，其对经济行为包括企业生产决策、生产组织形式和消费者的消费选择等不产生影响。

### （二）税负具有转嫁性

增值税逐环节征税，逐环节扣税，税负具有逐环节向前推移的特点，最终消费者是全部税款的承担者。

### （三）税基广阔

增值税具有征收的普遍性和连续性。从生产经营的横向关系看，无论工业、商业或者劳务、服务活动，只要有增值收入就要纳税；从生产经营的纵向关系看，每一货物无论经过多少生产经营环节，都要按各环节上发生的增值额逐次征税。

# 第二节　增值税纳税人与扣缴义务人

## 一、纳税人和扣缴义务人

### （一）纳税人

根据《增值税暂行条例》及《营业税改征增值税试点实施办法》的规定，在中华人民共和国境内销售货物或者提供加工修理修配劳务、进口货物以及销售服务、无形资产或者不动产的单位和个人，为增值税纳税人。

单位，是指企业、行政单位、事业单位、军事单位、社会团体及其他单位。

个人，是指个体工商户和其他个人。

单位以承包、承租、挂靠方式经营的，承包人、承租人、挂靠人（统称承包人）以发包人、出租人、被挂靠人（统称发包人）名义对外经营并由发包人承担相关法律责任的，以该发包人为纳税人。否则，以承包人为纳税人。

### （二）扣缴义务人

中华人民共和国境外单位或者个人在境内发生应税行为，在境内未设有经营机构的，以购买方为增值税扣缴义务人。财政部和国家税务总局另有规定的除外。

## 二、纳税人的分类

根据纳税人的经营规模以及会计核算健全程度的不同，增值税的纳税人可划分为小规模纳税人和一般纳税人。

### （一）小规模纳税人

自 2018 年 5 月 1 日起，年应征增值税销售额 500 万元及以下的增值税纳税人为小规模纳税人。按照《增值税暂行条例实施细则》第二十八条规定的已登记为增值税一般纳税人的单位和个人，在 2018 年 12 月 31 日前，可转登记为小规模纳税人，其未抵扣的进项税额做转出处理。

小规模纳税人会计核算健全，能够提供准确税务资料的，可以向主管税务机关申请登记为一般纳税人，不再作为小规模纳税人。会计核算健全，是指能够按照国家统一的会计制度规定设置账簿，根据合法、有效凭证进行核算。

小规模纳税人实行简易征税办法，并且一般不使用增值税专用发票，但基于增值税征收管理中一般纳税人与小规模纳税人之间客观存在的经济往来的实情，小规模纳税人可以到税务机关代开增值税专用发票。

### （二）一般纳税人

一般纳税人是指年应征增值税销售额超过财政部、国家税务总局规定的小规模纳税人标准的企业和企业性单位。增值税一般纳税人资格实行登记制，登记事项由增值税纳税人向其主管税务机关办理。

下列纳税人不办理一般纳税人资格登记：

（1）个体工商户以外的其他个人；

（2）选择按照小规模纳税人纳税的非企业性单位；

（3）选择按照小规模纳税人纳税的不经常发生应税行为的企业。

除财政部、国家税务总局另有规定外，纳税人自其选择的一般纳税人资格生效之日起，按照增值税一般计税方法计算应纳税额，并按照规定领用增值税专用发票。

# 第三节　增值税征税范围

## 一、征税范围的一般规定

增值税征税范围包括货物的生产、批发、零售和进口四个环节，2016 年 5 月 1 日以后，营业税改征增值税试点行业扩大到销售服务、无形资产或者不动产，增值税的征收范围覆盖第一产业、第二产业和第三产业。

### （一）销售货物

货物是指有形动产，包括电力、热力、气体。销售货物是指有偿转让货物的所有权。有偿是指从购买方取得货币、货物或者其他经济利益。

### （二）销售劳务

劳务是加工和修理修配劳务。“加工”是指接收来料承做货物，加工后的货物所有权仍属于委托者的业务，即通常所说的委托加工业务。“委托加工业务”是指由委托方提供原料及主要材料，受托方按照委托方的要求制造货物并收取加工费的业务。“修理修配”是指受托对损伤和丧失功能的货物进行修复，使其恢复原状和功能的业务。这里的销售劳务都是指有偿提供加工和修理修配劳务。但是，单位或个体工商户聘用的员工为本单位或雇主提供加工修理修配劳务不包括在内。

### （三）销售服务

销售服务是指提供交通运输服务、邮政服务、电信服务、建筑服务、金融服务、现代服务、生活服务。

#### 1. 交通运输服务

交通运输服务是指利用运输工具将货物或者旅客送达目的地，使其空间位置得到转移的业务活动，包括陆路运输服务、水路运输服务、航空运输服务和管道运输服务。

（1）陆路运输服务。陆路运输服务是指通过陆路（地上或者地下）运送货物或者旅客的运输业务活动，包括铁路运输服务和其他陆路运输服务。

①铁路运输服务是指通过铁路运送货物或者旅客的运输业务活动。

②其他陆路运输服务是指铁路运输以外的陆路运输业务活动，包括公路运输、缆车运输、索道运输、地铁运输、城市轻轨运输等。

出租车公司向使用本公司自有出租车的出租车司机收取的管理费用，按陆路运输服务征收增值税。

（2）水路运输服务。水路运输服务是指通过江、河、湖、川等天然、人工水道或者海洋航道运送货物或者旅客的运输业务活动。水路运输的程租、期租业务，属于水路运输服务。

①程租业务是指运输企业为租船人完成某一特定航次的运输任务并收取租赁费的业务。

②期租业务是指运输企业将配备有操作人员的船舶承租给他人使用一定期限，承租期内听候承租方调遣，不论是否经营，均按天向承租方收取租赁费，发生的固定费用均由船东负担的业务。

（3）航空运输服务。航空运输服务是指通过空中航线运送货物或者旅客的运输业务活动。

航空运输的湿租业务属于航空运输服务。湿租业务是指航空运输企业将配备有机组人员的飞机承租给他人使用一定期限，承租期内听候承租方调遣，不论是否经营，均按一定标准向承租方收取租赁费，发生的固定费用均由承租方承担的业务。

航天运输服务按照航空运输服务缴纳增值税。航天运输服务是指利用火箭等载体将卫星、空间探测器等空间飞行器发射到空间轨道的业务活动。

（4）管道运输服务。管道运输服务是指通过管道设施输送气体、液体、固体物质的运输业务活动。

无运输工具承运业务按照交通运输服务缴纳增值税。无运输工具承运业务是指经营者以承运人身份与托运人签订运输服务合同，收取运费并承担承运人责任，然后委托实际承运人完成运输服务的经营活动。

### 2. 邮政服务

邮政服务是指中国邮政集团公司及其所属邮政企业提供邮件寄递、邮政汇兑和机要通信等邮政基本服务的业务活动，包括邮政普遍服务、邮政特殊服务和其他邮政服务。

（1）邮政普遍服务。邮政普遍服务是指函件、包裹等邮件寄递，以及邮票发行、报刊发行和邮政汇兑等业务活动。

（2）邮政特殊服务。邮政特殊服务是指义务兵平常信函、机要通信、盲人读物和革命烈士遗物的寄递等业务活动。

（3）其他邮政服务。其他邮政服务是指邮册等邮品销售、邮政代理等业务活动。

中国邮政速递物流股份有限公司及其子公司（含各级分支机构）不属于中国邮政集团公司所属邮政企业。

### 3. 电信服务

电信服务是指利用有线、无线的电磁系统或者光电系统等各种通信网络资源，提供语音通话服务，传送、发射、接收或者应用图像、短信等电子数据和信息的业务活动，包括基础电信服务和增值电信服务。

（1）基础电信服务。基础电信服务是指利用固网、移动网、卫星、互联网，提供语音通话服务的业务活动，以及出租或者出售带宽、波长等网络元素的业务活动。

（2）增值电信服务。增值电信服务是指利用固网、移动网、卫星、互联网、有线电视网络，提供短信和彩信服务、电子数据和信息的传输及应用服务、互联网接入服务等业务活动。

卫星电视信号落地转接服务，按照增值电信服务缴纳增值税。

### 4. 建筑服务

建筑服务是指各类建筑物、构筑物及其附属设施的建造、修缮、装饰，线路、管道、设备、设施等的安装以及其他工程作业的业务活动，包括工程服务、安装服务、修缮服务、装饰服务和其他建筑服务。

（1）工程服务。工程服务是指新建、改建各种建筑物、构筑物的工程作业，包括与建筑物相连的各种设备或者支柱、操作平台的安装或者装设工程作业，以及各种窑炉和金属结构工程作业。

（2）安装服务。安装服务是指生产设备、动力设备、起重设备、运输设备、传动设备、医疗实验设备以及其他各种设备、设施的装配、安置工程作业，包括与被安装设备相连的工作台、梯子、栏杆的装设工程作业，以及被安装设备的绝缘、防腐、保温、油漆等工程作业。

固定电话、有线电视、宽带、水、电、燃气、暖气等经营者向用户收取的安装费、初装费、开户费、扩容费以及类似收费，按照安装服务缴纳增值税。

（3）修缮服务。修缮服务是指对建筑物、构筑物进行修补、加固、养护、改善，使之恢复原来的使用价值或者延长其使用期限的工程作业。

（4）装饰服务。装饰服务是指对建筑物、构筑物进行修饰装修，使之美观或者具有特定用途的工程作业。

（5）其他建筑服务。其他建筑服务是指上列工程作业之外的各种工程作业服务，如钻井（打井）、拆除建筑物或者构筑物、平整土地、园林绿化、疏浚（不包括航道疏浚）、建筑物平移、搭脚手架、爆破、矿山穿孔、表面附着物（包括岩层、土层、沙层等）剥离和清理等工程作业。

物业服务企业为业主提供的装修服务按照“建筑服务”缴纳增值税。

纳税人将建筑施工设备出租给他人使用并配备操作人员的，按照“建筑服务”缴纳增值税。

### 5. 金融服务

金融服务是指经营金融保险的业务活动，包括贷款服务、直接收费金融服务、保险服务和金融商品转让。

（1）贷款服务。贷款是指将资金贷与他人使用而取得利息收入的业务活动。

各种占用、拆借资金取得的收入，包括金融商品持有期间（含到期）利息（保本收益、报酬、资金占用费、补偿金等）收入、信用卡透支利息收入、买入返售金融商品利息收入、融资融券收取的利息收入，以及融资性售后回租、押汇、罚息、票据贴现、转贷等业务取得的利息及利息性质的收入，按照贷款服务缴纳增值税。

“融资性售后回租”是指承租方以融资为目的，将资产出售给从事融资性售后回租业务的企业后，从事融资性售后回租业务的企业将该资产出租给承租方的业务活动。

“保本收益、报酬、资金占用费、补偿金”是指合同中明确承诺到期本金可以全部收回的投资收益。金融商品持有期间（含到期）取得的非保本的上述收益，不属于利息或利息性质的收入，不征收增值税。

以货币资金投资收取的固定利润或者保底利润按照贷款服务缴纳增值税。

（2）直接收费金融服务。直接收费金融服务是指为货币资金融通及其他金融业务提供相关服务并且收取费用的业务活动，包括提供货币兑换、账户管理、电子银行、信用卡、信用证、财务担保、资产管理、信托管理、基金管理、金融交易场所（平台）管理、资金结算、资金清算、金融支付等服务。

（3）保险服务。保险服务是指投保人根据合同约定，向保险人支付保险费，保险人对于合同约定的可能发生的事故因其发生所造成的财产损失承担赔偿保险金责任，或者当被保险人死亡、伤残、疾病或者达到合同约定的年龄、期限等条件时承担给付保险金责任的商业保险行为，包括人身保险服务和财产保险服务。

①人身保险服务是指以人的寿命和身体为保险标的的保险业务活动。

②财产保险服务是指以财产及其有关利益为保险标的的保险业务活动。

（4）金融商品转让。金融商品转让是指转让外汇、有价证券、非货物期货和其他金融商品所有权的业务活动。其他金融商品转让包括基金、信托、理财产品等各类资产管理产品和各种金融衍生品的转让。纳税人购入基金、信托、理财产品等各类资产管理产品持有至到期，不属于金融商品转让。

### 6. 现代服务

现代服务是指围绕制造业、文化产业、现代物流产业等提供技术性、知识性服务的业务活动。包括研发和技术服务、信息技术服务、文化创意服务、物流辅助服务、租赁服务、鉴证咨询服务、广播影视服务、商务辅助服务和其他现代服务。

（1）研发和技术服务。研发和技术服务包括研发服务、合同能源管理服务、工程勘察勘探服务、专业技术服务。

（2）信息技术服务。信息技术服务是指利用计算机、通信网络等技术对信息进行生产、收集、处理、加工、存储、运输、检索和利用，并提供信息服务的业务活动，包括软件服务、电路设计及测试服务、信息系统服务、业务流程管理服务和信息系统增值服务。

（3）文化创意服务。文化创意服务包括设计服务、知识产权服务、广告服务和会议展览服务。

（4）物流辅助服务。物流辅助服务包括航空服务、港口码头服务、货运客运场站服务、打捞救助服务、装卸搬运服务、仓储服务和收派服务。

（5）租赁服务。租赁服务包括融资租赁服务和经营租赁服务。

①融资租赁服务是指具有融资性质和所有权转移特点的租赁业务活动，即出租人根据承租人所要求的规格、型号、性能等条件购入有形动产或者不动产租赁给承租人，合同期内设备所有权属于出租人，承租人只拥有使用权，合同期满付清租金后，承租人有权按照残值购入租赁物，以拥有其所有权。不论出租人是否将租赁物残值销售给承租人，均属于融资租赁。按照标的物的不同，融资租赁服务可分为有形动产融资租赁服务和不动产融资租赁服务。

融资性售后回租不按照本税目缴纳增值税。

②经营性租赁服务是指在约定时间内将有形动产或者不动产转让他人使用且租赁物所有权不变更的业务活动。按照标的物的不同，经营租赁服务可分为有形动产经营租赁服务和不动产经营租赁服务。

建筑物、构筑物等不动产或者飞机、车辆等有形动产的广告位出租给其他单位或者个人用于发布广告的，按照经营租赁服务缴纳增值税。

车辆停放服务、道路通行服务（包括过路费、过桥费、过闸费等）等按照不动产经营租赁服务缴纳增值税。

水路运输的光租业务、航空运输的干租业务，属于经营性租赁服务。

光租业务是指运输企业将船舶在约定的时间内出租给他人使用，不配备操作人员，不承担运输过程中发生的各项费用，只收取固定租赁费的业务活动。

干租业务是指航空运输企业将飞机在约定的时间内出租给他人使用，不配备机组人员，不承担运输过程中发生的各项费用，只收取固定租赁费的业务活动。

（6）鉴证咨询服务。鉴证咨询服务包括认证服务、鉴证服务和咨询服务。

翻译服务和市场调查务必按照咨询服务缴纳增值税。

（7）广播影视服务。广播影视服务包括广播影视节目（作品）的制作服务、发行服务和播映（含放映）服务。

（8）商务辅助服务。商务辅助服务包括企业管理服务、经纪代理服务、人力资源服务、安全保护服务。

纳税人提供武装守护押运服务，按照安全保护服务缴纳增值税。

（9）其他现代服务。其他现代服务是指除研发和技术服务、信息技术服务、文化创意服务、物流辅助服务、租赁服务、鉴证咨询服务、广播影视服务和商务辅助服务以外的现代服务。

纳税人对安装运行后的电梯提供维护保养服务，按照其他现代服务缴纳增值税。

自 2018 年 1 月 1 日起，纳税人为客户办理退票而向客户收取的退票费、手续费等收入，按照其他现代服务缴纳增值税。

#### 7. 生活服务

生活服务是指为满足城乡居民日常生活需求提供的各类服务活动，包括文化体育服务、教育医疗服务、旅游娱乐服务、餐饮住宿服务、居民日常服务和其他生活服务。

（1）文化体育服务包括文化服务和体育服务。

（2）教育医疗服务包括教育服务和医疗服务。

（3）旅游娱乐服务包括旅游服务和娱乐服务。

（4）餐饮住宿服务包括餐饮服务和住宿服务。

（5）居民日常服务是指主要为满足居民个人及其家庭日常生活需求提供的服务，包括市容市政管理、家政、婚庆、养老、殡葬、照料和护理、救助救济、美容美发、按摩、桑拿、氧吧、足疗、沐浴、洗染、摄影扩印等服务。

（6）其他生活服务是指除文化体育服务、教育医疗服务、旅游娱乐服务、餐饮住宿服务和居民日常服务之外的生活服务。

### （四）销售无形资产

销售无形资产是指有偿转让无形资产所有权或者使用权的业务活动。

无形资产是指不具实物形态，但能带来经济利益的资产，包括技术、商标、著作权、商誉、自然资源使用权和其他权益性无形资产。

技术包括专利技术和非专利技术。

自然资源使用权包括土地使用权、海域使用权、探矿权、采矿权、取水权和其他自然资源使用权。

其他权益性无形资产包括基础设施资产经营权、公共事业特许权、配额、经营权（包括特许经营权、连锁经营权、其他经营权）、经销权、分销权、代理权、会员权、席位权、网络游戏虚拟道具、域名、名称权、肖像权、冠名权、转会费等。

### （五）销售不动产

销售不动产是指有偿转让不动产所有权的业务活动。

有偿是指取得货币、货物或者其他经济利益。

不动产是指不能移动或者移动后会引起性质、形状改变的财产，包括建筑物、构筑物等。建筑物包括住宅、商业营业用房、办公楼等可供居住、工作或者进行其他活动的建造物。构筑物包括道路、桥梁、隧道、水坝等建造物。

转让建筑物有限产权或者永久使用权的，转让在建的建筑物或者构筑物所有权的，以及在转让建筑物或者构筑物时一并转让其所占土地的使用权的，按照销售不动产缴纳增值税。

### （六）进口货物

进口货物是指申报进入中国海关境内的货物。只要是报关进口的应税货物，均属于增值税的征税范围，除享受免税政策外，在进口环节缴纳增值税。

### （七）相关政策

#### 1. 非经营活动的界定

销售服务、无形资产或者不动产是指有偿提供服务、有偿转让无形资产或者不动产。但是，属于下列非经营活动的情形除外。

（1）行政单位收取的同时满足以下条件的政府性基金或者行政事业性收费。

①由国务院或者财政部批准设立的政府性基金，由国务院或者省级人民政府及其财政、价格主管部门批准设立的行政事业性收费；

②收取时开具省级以上（含省级）财政部门监（印）制的财政票据；

③所收款项全额上缴财政。

（2）单位或者个体工商户聘用的员工为本单位或者雇主提供取得工资的服务。

（3）单位或者个体工商户为聘用的员工提供应税服务。

（4）财政部和国家税务总局规定的其他情形。

各党派、共青团、工会、妇联、中科协、青联、台联、侨联收取党费、团费、会费，以及政府间国际组织收取会费，属于非经营活动，不征收增值税。

#### 2. 在境内销售服务或无形资产的界定

在境内销售服务或无形资产是指销售服务或无形资产的提供方或者接收方在境内。

（1）下列情形不属于在境内销售服务或者无形资产：

①境外单位或者个人向境内单位或者个人销售完全在境外发生的服务。

②境外单位或者个人向境内单位或者个人销售完全在境外使用的无形资产。

③境外单位或者个人向境内单位或者个人出租完全在境外使用的有形动产。

④财政部和国家税务总局规定的其他情形。

（2）境外单位或者个人发生的下列行为不属于在境内销售服务或者无形资产：

①为出境的函件、包裹在境外提供的邮政服务、收派服务。

②向境内单位或者个人提供的工程施工地点在境外的建筑服务、工程监理服务。

③向境内单位或者个人提供的工程、矿产资源在境外的工程勘察勘探服务。

④向境内单位或者个人提供的会议展览地点在境外的会议展览服务。

## 二、视同销售货物行为的征税规定

单位或者个体工商户的下列行为，视同销售货物，征收增值税：

（1）将货物交付其他单位或者个人代销。

（2）销售代销货物。

（3）设有两个以上机构并实行统一核算的纳税人，将货物从一个机构移送至其他机构用于销售。

（4）将自产、委托加工的货物用于非增值税应税项目。

（5）将自产、委托加工的货物用于集体福利或者个人消费。

（6）将自产、委托加工或者购进的货物作为投资，提供给其他单位或者个体工商户。

（7）将自产、委托加工或者购进的货物分配给股东或者投资者。

（8）将自产、委托加工或者购进的货物无偿赠送其他单位或者个人。

根据《中华人民共和国营业税改征增值税试点实施办法》的规定，单位或者个人的下列情形视同销售服务、无形资产或者不动产，征收增值税：

（1）单位或者个体工商户向其他单位或者个人无偿提供服务的，征收增值税，但用于公益事业或者以社会公众为对象的除外。

（2）单位或者个人向其他单位或者个人无偿转让无形资产或者不动产的，征收增值税，但用于公益事业或者以社会公众为对象的除外。

（3）财政部和国家税务总局规定的其他情形。

知识窗

对上述行为视同销售货物或提供应税劳务，按规定计算销售额并征收增值税。一是为了防止通过这些行为逃避纳税，造成税款流失；二是为了避免税款抵扣链条的中断，导致各环节间税负的不均衡，形成重复征税。

## 三、混合销售行为的征税规定

一项销售行为如果既涉及货物又涉及服务，为混合销售。从事货物的生产、批发或者零售的单位和个体工商户的混合销售行为，按照销售货物缴纳增值税；其他单位和个体工商户的混合销售行为，按照销售服务缴纳增值税。从事货物的生产、批发或者零售的单位和个体工商户，包括以从事货物的生产、批发或者零售为主，并兼营销售服务的单位和个体工商户。

需要注意的是，纳税人销售活动板房、机器设备、钢结构件等自产货物的同时提供建筑、安装服务，不属于混合销售，应分别核算货物和建筑服务的销售额，分别适用不同的税率或者征收率。

自 2018 年 7 月起，一般纳税人销售自产机器设备的同时提供安装服务，应分别核算机器设备和安装服务的销售额，安装服务可以选择适用简易计税方法计税。一般纳税人销售外购机器设备的同时提供安装服务，如果已经按照兼营的有关规定，分别核算机器设备和安装服务的销售额，安装服务可以选择适用简易计税方法计税。纳税人对安装运行后的机器设备提供的维护保养服务，按照“其他现代服务”缴纳增值税。

## 四、兼营的征税规定

兼营是指纳税人的经营范围中既包括销售货物、加工修理修配劳务，又包括销售服务、无形资产或者不动产。但是，销售货物、加工修理修配劳务、服务、无形资产或者不动产不同时发生在同一项销售行为中。

纳税人发生兼营行为，应当分别核算适用不同税率或征收率的销售额；未分别核算销售额的，按照以下方法适用税率或征收率。

（1）兼有不同税率的销售货物、加工修理修配劳务、服务、无形资产或者不动产，从高适用税率。

（2）兼有不同征收率的销售货物、加工修理修配劳务、服务、无形资产或者不动产，从高适用征收率。

（3）兼有不同税率和征收率的销售货物、加工修理修配劳务、服务、无形资产或者不动产，从高适用税率。

知识窗

### 混合销售与兼营

混合销售与兼营，两者有相同点，又有明显的区别。相同点是两种行为的经营范围都有销售货物和提供劳务这两类经营项目。区别是混合销售强调的是在同一项销售行为中存在着两类经营项目的混合，销售货款及劳务价款是同时从一个购买方取得的；兼营强调的是在同一纳税人的经营活动中存在着两类经营项目，但这两类经营项目不是在同一项销售行为中发生的。混合销售与兼营是两个不同的税收概念，因此，在税务处理上的规定也不同。混合销售的纳税原则是按“经营主业”划分，分别按照“销售货物”或“销售服务”征收增值税。兼营的纳税原则是分别核算、分别按照适用税率征收增值税；对兼营行为不分别核算的，从高适用税率征收增值税。

## 五、征税范围的特殊规定

### 1. 货物性期货

货物期货（包括商品期货和贵金属期货）在期货的实物交割环节纳税。

交割时由期货交易所开具发票的，以期货交易所为纳税人。期货交易所纳增值税按次计算，其进项税额为该货物交割时供货的会员单位开具的增值税专用发票上注明的销项税额，期货交易所发生的各种进项不得抵扣。

交割时由供货的会员单位直接将发票开给购货会员单位的，以供货会员单位为纳税人。

### 2. 执罚部门和单位查处的商品

执罚部门和单位查处属于一般商业部门经营的商品，具备拍卖条件的，由执罚部门或单位商同级财政部门同意后，公开拍卖。其拍卖收入作为罚没收入由执罚部门和单位如数上缴财政，不予征税。对经营单位购入拍卖物品再销售的，应照章征收增值税。

执罚部门和单位查处的属于一般商业部门经营的商品，不具备拍卖条件的，由执罚部门、财政部门、国家指定销售单位会同有关部门按质论价，并由国家指定销售单位纳入正常销售渠道变价处理。执罚部门按商定价格所取得的变价收入作为罚没收入如数上缴财政，不予征税。国家指定销售单位将罚没物品纳入正常销售渠道销售的，应照章征收增值税。

执罚部门和单位查处的属于专管机关管理或专管企业经营的财物，如金银（不包括金银首饰）、外币、有价证券、非禁止出口文物，应交由专管机关或专营企业收兑或收购。执罚部门和单位按收兑或收购价所取得的收入作为罚没收入如数上缴财政，不予征税。专管机关或专营企业经营上述物品中属于应征增值税的货物，应照章征收增值税。

### 3. 电力系统的有关收费

电力公司向发电企业收取的过网费，应当征收增值税。

供电企业利用自身输变电设备对并入电网的企业自备电厂生产的电力产品进行电压调节，属于提供加工劳务。根据《中华人民共和国增值税暂行条例》的有关规定，对于上述供电企业进行电力调压并按照电量向电厂收取的并网服务费，应当征收增值税。

### 4. 印刷企业增值税规定

印刷企业接受出版单位委托，自行购买纸张，印刷有统一刊号（CN）以及采用国际标准书号编序的图书、报纸和杂志，按销售货物征收增值税。

### 5. 单用途商业预付卡的增值税规定

单用途商业预付卡（简称单用途卡），是指发卡企业按照国家有关规定发行的，仅限于在本企业、本企业所属集团或者同一品牌特许经营体系内兑付货物或者服务的预付凭证。

发卡企业是指按照国家有关规定发行单用途卡的企业。售卡企业是指集团发卡企业或者品牌发卡企业指定的，承担单用途卡销售、充值、挂失、换卡、退卡等相关业务的本集团或同一品牌特许经营体系内的企业。

单用途卡发卡企业或者售卡企业销售单用途卡，或者接受单用途卡持卡人充值取得的预收资金，不缴纳增值税。售卡方可按照规定，向购卡人、充值人开具增值税普通发票，不得开具增值税专用发票。

售卡方因发行或销售单用途卡并办理相关资金收付结算业务取得的手续费、结算费、服务费、管理费等收入，应按照现行规定缴纳增值税。

持卡人使用单用途卡购买货物或服务时，货物或者服务的销售方应按照现行规定缴纳增值税，并且不得向持卡人开具增值税发票。

销售方与售卡方不是同一个纳税人的，销售方在收到售卡方结算的销售款时，应向售卡方开具增值税普通发票，并在备注栏注明“收到预付卡结算款”，不得开具增值税专用发票。

售卡方从销售方取得的增值税普通发票，作为其销售单用途卡或接受单用途卡充值取得预收资金不缴纳增值税的凭证，留存备查。

### 6. 支付机构预付卡（多用途预付卡）的增值税规定

支付机构，是指取得中国人民银行核发的《支付业务许可证》，获准办理“预付卡发行与受理”业务的发卡机构和获准办理“预付卡受理”业务的受理机构。

多用途预付卡，是由发卡机构以特定载体和形式发行的，可在发卡机构之外购买货物或服务的预付价值。

支付机构销售多用途预付卡取得的等值人民币资金，或者接受多用途预付卡持卡人充值取得的充值资金，不缴纳增值税。支付机构可按照规定，向购卡人、充值人开具增值税普通发票，不得开具增值税专用发票。

支付机构因发行或受理多用途预付卡并办理相关资金收付结算业务取得的手续费、结算费、服务费、管理费等收入，应按照现行规定缴纳增值税。

持卡人使用多用途预付卡向与支付机构签署合作协议的特约商户购买货物或服务，特约商户应按照现行规定缴纳增值税，并且不得向持卡人开具增值税发票。

特约商户收到支付机构结算的销售款时，应向支付机构开具增值税普通发票，并在备注栏注明“收到预付卡结算款”，不得开具增值税专用发票。

支付机构从特约商户取得的增值税普通发票可作为其销售多用途预付卡或接受多用途预付卡充值取得的预收资金不缴纳增值税的凭证，留存备查。

## 六、不征收增值税的项目

（1）供应或开采未经加工的天然水（如水库供应农业灌溉用水，工厂自采地下水用于生产），不征收增值税。

（2）对国家管理部门行使其管理职能，发放的执照、牌照和有关证书等取得的工本费收入，不征收增值税。

（3）纳税人销售计算机软件产品，并随同销售一并收取的软件安装费、维护费、培训费等收入，应按照增值税混合销售的有关规定征收增值税，并可享受软件产品增值税即征即退政策。

（4）自 2013 年 2 月 1 日起，纳税人取得的中央财政补贴，不属于增值税应税收入，不征收增值税。燃油电厂从政府财政专户取得的发电补贴不属于增值税规定的价外费用，不计入应税销售额，不征收增值税。

（5）试点纳税人根据国家指令无偿提供的铁路运输服务、航空运输服务，属于以公益活动为目的的服务，不征收增值税。

（6）存款利息。

（7）被保险人获得的保险赔付。

（8）房地产主管部门或者其指定机构、公积金管理中心、开发企业以及物业管理单位代收的住宅专项维修基金。

# 第四节 增值税税率与征收率

增值税一般纳税人采用比例税率，分为基本税率、低税率和零税率三档；营业税改征增值税试点实施后，又增加了一档税率。小规模纳税人采用征收率。

## 一、税率

### （一）基本税率 13%

增值税基本税率为 13%。自 2019 年 4 月 1 日起，一般纳税人销售或者进口货物，提供加工、修理修配劳务，提供有形动产租赁服务，适用税率为 13%。

### （二）低税率 9%

增值税低税率为 9%。自 2019 年 4 月 1 日起，一般纳税人销售交通运输、邮政、基础电信、建筑、不动产租赁服务，销售不动产，转让土地使用权，销售或者进口下列货物，适用税率为 9%。

（1）粮食等农产品、食用植物油、食用盐。农产品是指种植业、养殖业、林业、牧业、水产业生产的各种植物、动物的初级产品。

（2）自来水、暖气、冷气、热水、煤气、石油液化气、天然气、沼气、二甲醚、居民用煤炭制品。

（3）图书、报纸、杂志、音像制品、电子出版物。

（4）饲料、化肥、农药、农机、农膜。

（5）国务院规定的其他货物。

### （三）零税率

纳税人出口货物，适用零税率，国务院另有规定的除外。境内的单位和个人销售的下列服务和无形资产适用零税率。

（1）国际运输服务。国际运输服务包括：

①在境内载运旅客或货物出境；

②在境外载运旅客或货物入境；

③在境外载运旅客或货物。

（2）航天运输服务。

（3）向境外单位提供的完全在境外消费的下列服务：

①研发服务；

②合同能源管理服务；

③设计服务；

④广播影视节目（作品）的制作和发行服务；

⑤软件服务；

⑥电路设计及测试服务；

⑦信息系统服务；

⑧业务流程管理服务；

⑨离岸服务外包业务。

完全在境外消费，是指服务的实际接受方在境外，并且与境内的货物和不动产无关；无形资产完全在境外使用，并且与境内的货物和不动产无关；财政部和国家税务总局规定的其他情形。

（4）财政部和国家税务总局规定的其他服务。境内的单位和个人销售适用增值税零税率的服务或无形资产的，可以放弃适用增值零税率，选择免税或按规定缴纳增值税。放弃适用增值税零税率后，36个月内不得再申请适用增值税零税率。

### （四）6%的税率

一般纳税人销售服务、无形资产以及增值电信服务，除另有规定外，税率为6%。

## 二、征收率

### （一）3%征收率

由于小规模纳税人会计核算不健全，无法准确核算进项税额和销项税额，在增值税征收管理中，采用简易方法征收，按照其销售额与规定的征收率计算缴纳增值税，不准许抵扣进项税额，也不允许自行开具增值税专用发票。

（1）小规模纳税人在境内销售货物、销售服务、无形资产或不动产，适用增值税征收率为 3%（适用 5% 征收率的除外）。征收率的调整，由国务院决定。

（2）一般纳税人销售自己使用过的属于《中华人民共和国增值税暂行条例》第十条规定的，不得抵扣且未抵扣进项税额的固定资产，按简易办法依照 3% 征收率减按 2% 征收增值税。

（3）一般纳税人销售自己使用过的其他固定资产（简称已使用过的固定资产）应区分不同情形征收增值税。

①销售自己使用过的 2009 年 1 月 1 日以后购进或者自制的固定资产，按照适用税率征收增值税。

② 2008 年 12 月 31 日以前未纳入扩大增值税抵扣范围试点的纳税人，销售自己使用过的 2008 年 12 月 31 日以前购进或者自制的固定资产，按照简易办法依照 3% 征收率减按 2% 征收增值税。

③ 2008 年 12 月 31 日以前已纳入扩大增值税抵扣范围试点的纳税人，销售自己使用过的在本地区扩大增值税抵扣范围试点以前购进或者自制的固定资产，按照简易办法依照 3% 征收率减按 2% 征收增值税；销售自己使用过的在本地区扩大增值税抵扣范围试点以后购进或者自制的固定资产，按照适用税率征收增值税。

需要注意的是，一般纳税人销售自己使用过的固定资产，凡按规定适用按照简易办法依照 3% 征收率减按 2% 征收增值税政策的，应开具普通发票，不得开具专用发票。纳税人销售自己使用过的固定资产，适用简易办法依照 3% 征收率减按 2% 征收增值税政策的，可以放弃减税，按照简易办法依照 3% 征收率缴纳增值税，并可以开具增值税专用发票。

重点提示

导入案例中，甲公司于 2019 年出售 2011 年购进的制图设备一台，制图设备属于固定资产，现甲公司销售自己使用过的 2009 年 1 月 1 日以后购进的固定资产，应按照适用税率征收增值税。因此，甲公司因此项业务应纳增值税税额计算如下：

应纳增值税税额 =0.2÷（1+13%）×13%≈0.023（万元）

（4）一般纳税人销售自己使用过的除固定资产以外的物品，应当按照适用税率征收增值税。

（5）小规模纳税人（除其他个人外，下同）销售自己使用过的固定资产，减按 2% 的征收率征收增值税，并且只能开具普通发票，不得由税务机关代开增值税专用发票。

小规模纳税人销售自己使用过的除固定资产以外的物品，应按 3% 的征收率征收增值税。

（6）纳税人销售旧货，按照简易办法依照 3% 征收率减按 2% 征收增值税。

旧货是指进入二次流通的具有部分使用价值的货物（含旧汽车、旧摩托车和旧游艇），但不包括自己使用过的物品。

（7）对于一般纳税人生产销售的特定货物和应税服务，可以选择适用简易计税方法计税，增值税征收率为3%。

### （二）5%征收率

（1）一般纳税人销售不动产，选择适用简易计税方法的，征收率为5%。

（2）房地产开发企业的一般纳税人销售自行开发的房地产老项目，选择适用简易计税方法的，征收率为5%。

（3）小规模纳税人销售不动产，适用5%征收率。

（4）一般纳税人出租其2016年4月30日前取得的不动产，选择按简易方法计税的，征收率为5%。

（5）小规模纳税人出租不动产，征收率为5%。

（6）纳税人提供劳务派遣服务，选择差额纳税的，征收率为5%。

（7）纳税人提供安全保护服务，选择差额纳税的，征收率为5%。

（8）一般纳税人提供人力资源外包服务，选择简易计税方式计税的，征收率为5%。

### （三）个人出租住房的征收率

个人出租住房按照5%的征收率减按1.5%计算纳税。

知识窗

纳税人提供适用不同税率或者征收率的货物、应税劳务和应税行为，应当分别核算适用不同税率或者征收率的销售额；未分别核算的，从高适用税率。

# 第五节　一般计税方法应纳税额的计算

增值税一般纳税人销售货物、劳务、服务、无形资产、不动产（统称应税销售行为），采用一般计税方法计算缴纳增值税。

一般计税方法的应纳税额，是指当期销项税额抵扣当期进项税额后的余额。增值税应纳税额计算公式为：

增值税应纳税额 = 当期销项税额 – 当期进项税额

当期销项税额小于当期进项税额不足抵扣时，其不足部分可以结转下期继续抵扣。

## 一、销项税额

销项税额，是指纳税人发生应税销售行为，按照销售额和适用税率计算并向购买方收取的增值税税款。其计算公式为：

销项税额 = 销售额 × 适用税率

一般计税方法计算增值税应纳税额时，主要与两个因素有关：一是销售额；二是进项税额。

### （一）销售额的一般规定

销售额是指纳税人销售货物或提供应税劳务收取的全部价款和价外费用，但是不包括收取的销项税额。具体来说，应税销售额包括以下内容：

（1）销售货物或提供应税劳务向购买方收取的全部价款。

（2）向购买方收取的价外费用。具体包括手续费、补贴、基金、集资费、返还利润、奖励费、违约金、滞纳金、延期付款利息、赔偿金、包装费、包装物租金、储备费、优质费、运输装卸费、代收款项、代垫款项，以及其他各种性质的价外收费。上述价外费用无论其会计制度如何核算，均应并入销售额计算销项税额。但上述价外费用不包括以下费用：

①受托加工应征消费税的消费品，由受托方向委托方代收代缴的消费税。

②同时符合以下条件的代垫运费：承运部门的运费发票开具给购买方，并且由纳税人将该项发票转交给购买方。

③同时符合以下条件代为收取的政府性基金或者行政事业性收费：由国务院或者财政部门批准设立的政府性基金，由国务院或者省级人民政府及其财政部门、价格主管部门批准设立的行政事业性收费；收取时开具省级以上财政部门印制的财政票据；所收款项全额上缴财政。

④销售货物的同时代办保险等而向购买方收取的保险费，以及向购买方收取的代购买方缴纳的车辆购置税、车辆牌照费。

知识窗

税法规定，纳税人销售货物或应税劳务时向购买方收取的各种价外费用均并入计税销售额计算征税，目的是防止纳税人以各种名目的收费减少计税销售额，逃避纳税。同时应注意，根据国家税务总局规定，纳税人向购买方收取的价外费用和包装物押金，应视为含税收入，在并入销售额征税时，应换算为不含税收入再并入销售额征税。

### （二）含税销售额的换算

增值税实行价外税，计算销项税额时，销售额中不应含有增值税税款。价款和税款在增值税专用发票上应分别注明。有些一般纳税人，如商品零售企业将货物或应税劳务出售给消费者或小规模纳税人，只能开具普通发票，而不开具增值税专用发票。这样就会将价款和税款合并定价，发生销售额和增值税额合并收取的情况。在这种情况下，就必须将开具在普通发票上的含税销售额换算成不含税销售额，以此作为税基计征增值税。其计算公式为：

$$不含税销售额 = 含税销售额 \div (1+ 增值税税率)$$

经典案例

北京惠民家具有限公司为增值税一般纳税人，2019 年 5 月 10 日其向消费者销售办公桌 50 个，每个零售价为 200 元，款项全部收到，并向消费者开具增值税普通发票。

计算该公司因此项业务发生的销售额和销项税额。

【解析】销售额 $=(200\times 50)\div(1+13\%)\approx 8\,849.56$（元）

销项税额 $=8\,849.56\times 13\%=1\,150.44$（元）

## （三）特殊销售方式销售额的确定

### 1. 折扣方式销售

折扣方式销售是指销售方在销售货物、提供应税劳务，销售服务、无形资产或者不动产时，因购买方购货数量较大等原因而给予的价格优惠。纳税人采取折扣方式销售货物，如果销售额和折扣额在同一张发票上分别注明，可以按折扣后的销售额征收增值税。销售额和折扣额在同一张发票上分别注明是指销售额和折扣额在同一张发票上的“金额”栏分别注明；未在同一张发票“金额”栏注明折扣额，而仅在发票的“备注”栏注明折扣额的，折扣额不得从销售额中减除。如果对折扣额另开发票，不论其在财务上如何处理，均不得从销售额中减除折扣额。

需要注意的是，折扣销售与现金折扣、销售折让是不同的。现金折扣通常是为了鼓励购买方及时偿还货款而给予的折扣优待，现金折扣发生在销货之后，相应折扣不得从销售额中减除。销售折让通常是指由于货物的品质或质量等原因引起销售额的减少，销售方给予购货方未予退货状况下的价格折让。销售折让可以通过开具红字专用发票从销售额中减除；未按规定开具红字增值税专用发票的，不得扣减销项税额或销售额。

经典案例

北京惠民家具有限公司为增值税一般纳税人，2019 年 10 月与北京佳运商贸有限公司签订购销合同，销售办公用桌椅 500 套，单价是 800 元。因购买方需求量大，给予八折优惠。销售额和折扣额在同一张发票上注明，并开具增值税专用发票。计算该公司因此项业务发生的销售额和销项税额。

【解析】销售额 $=500\times 800\times(1-20\%)=320\,000$（元）

销项税额 $=320\,000\times 13\%=41\,600$（元）

### 2. 以旧换新方式销售

以旧换新方式销售是指纳税人在销售货物时，折价收回同类旧货物，并以折价款部分冲减新货物价款的一种销售方式。纳税人采取以旧换新的方式销售货物的，应按新货物的同期销售价格确定销售额，不得扣减旧货物的收购价格。但是对金银首饰以旧换新业务，可以按销售方实际收取的不含增值税的全部价款征收增值税。

经典案例

2017 年 3 月，北京通达商场（小规模纳税人）采用以旧换新方式销售电冰箱，收到货款 5 万元，并注明已扣除旧货折价 2 万元，并开具 25 张普通发票。计算该商场因此项业务发生的销售额。

【解析】销售额 $=(50\,000+20\,000)\div(1+3\%)\approx 6\,7961.17$（元）

### 3. 还本销售方式销售

还本销售方式销售是指纳税人在销售货物后，到约定期限，一次或分次将货款全部或部分退还给购货方的一种销售方式。这种方式实际上是一种筹资，是以货物换取资金的使用价值，到期还本不付息的方法。纳税人采取还本销售方式销售货物，其销售额就是货物的销售价格，不得从销售额中减除还本支出。

### 4. 以物易物方式销售

以物易物方式销售是指购销双方不是以货币结算，而是以同等价款的货物相互结算，实现货物购销的一种方式。以物易物双方都应作购销处理，以各自发出的货物核算销售额并计算销项税额，以各自收到的货物核算购货额并计算进项税额。在以物易物活动中，应分别开具合法的票据，如收到的货物不能取得相应的增值税专用发票或其他合法票据的，不能抵扣进项税额。

### 5. 直销方式销售

直销方式销售指厂家绕过传统批发商或零售通路，由直销员在固定营业场所之外直接向最终消费者推销产品的经销方式。根据直销企业的经营模式，直销企业增值税销售额的确定分以下两种情况：

（1）直销企业先将货物销售给直销员，直销员再将货物销售给消费者的，直销企业的销售额为其向直销员收取的全部价款和价外费用。直销员将货物销售给消费者时，应按照现行规定缴纳增值税。

（2）直销企业通过直销员向消费者销售货物，直接向消费者收取货款的，直销企业的销售额为其向消费者收取的全部价款和价外费用。

### 6. 包装物押金计税问题

包装物是指纳税人包装本单位货物的各种物品。一般情况下，购货方收取包装物押金，购货方在规定时间内返还包装物，销货方再将收取的包装物押金返还。纳税人为销售货物而出租、出借包装物收取的押金，单独记账核算且时间在1年以内未逾期的，不并入销售额征税；但对因逾期未收回包装物不再退还的押金，应按所包装货物的适用税率计算纳税。在实践中，应注意以下具体规定：

（1）“逾期”是以1年为期限，对收取1年以上的押金，无论是否返还，均并入销售额征收增值税。

（2）包装物押金是含税收入，在并入销售额征税时，需要先将该押金换算为不含税销售额，再计算应纳增值税款。

（3）包装物押金不同于包装物租金，包装物租金属于价外费用，在销售货物时并入销售额一并计算增值税款。

（4）对销售除啤酒、黄酒外的其他酒类产品而收取的包装物押金，无论是否返还以及会计上如何核算，均应并入当期销售额征收增值税。

### （四）视同销售行为销售额的确定

视同销售行为是特殊销售行为，一般不以资金的形式反映出来，因而会出现视同销售而无销售额的情况。另外，纳税人销售货物或提供应税劳务时，有时会出现价格明显偏低且无正当理由的情况。在这些情况下，主管税务机关有权按照下列顺序核定其销售额：

（1）按纳税人最近时期同类货物的平均销售价格确定。

（2）按其他纳税人最近时期同类货物的平均销售价格确定。

（3）按组成计税价格确定。其计算公式为：

组成计税价格 = 成本 ×（1+ 成本利润率）

属于应征消费税的货物，其组成计税价格中应包含消费税税额。其计算公式为：

组成计税价格 = 成本 ×（1+ 成本利润率）+ 消费税税额

或 组成计税价格 = 成本 ×（1+ 成本利润率）÷（1– 消费税税率）

公式中的“成本”分两种情况：一是销售自产货物的为实际生产成本；二是销售外购货物的为实际采购成本。公式中的“成本利润率”为 10%；但属于应从价定率征收消费税的货物，其组成计税价格公式中的成本利润率为《中华人民共和国消费税若干具体问题的规定》中规定的成本利润率。

根据《中华人民共和国营业税改征增值税试点实施办法》的规定，纳税人发生应税行为价格明显偏低或者偏高且不具有合理商业目的的，或者发生无销售额的，主管税务机关有权按照下列顺序确定销售额：

（1）按照纳税人最近时期销售同类服务、无形资产或者不动产的平均价格确定。

（2）按照其他纳税人最近时期销售同类服务、无形资产或者不动产的平均价格确定。

（3）按照组成计税价格确定。组成计税价格的公式为：

组成计税价格 = 成本 ×（1+ 成本利润率）

成本利润率由国家税务总局确定。

纳税人发生《中华人民共和国增值税暂行条例实施细则》规定的固定资产视同销售行为，对已使用过的固定资产无法确定销售额的，以固定资产净值为销售额。固定资产净值是指纳税人按照财务会计制度计提折旧后计算的固定资产净值。

### （五）营改增行业销售额的确定

（1）贷款服务，以提供贷款服务取得的全部利息及利息性质的收入为销售额。

（2）直接收费金融服务，以提供直接收费金融服务收取的手续费、佣金、酬金、管理费、服务费、经手费、开户费、过户费、结算费、转托管费等各类费用为销售额。

（3）金融商品转让，按照卖出价扣除买入价后的余额为销售额。转让金融商品出现的正负差，按盈亏相抵后的余额为销售额。若相抵后出现负差，可结转下一纳税期与下期转让金融商品销售额相抵，但年末时仍出现负差的，不得转入下一个会计年度。金融商品转让，不得开具增值税专用发票。

（4）经纪代理服务，以取得的全部价款和价外费用，扣除向委托方收取并代为支付的政府性基金或者行政事业性收费后的余额为销售额。向委托方收取的政府性基金或者行政事业性收费，不得开具增值税专用发票。

（5）航空运输企业的销售额，不包括代收的机场建设费和代售其他航空运输企业客票而代收转付的价款。

（6）试点纳税人中的一般纳税人提供客运场站服务，以其取得的全部价款和价外费用，扣除支付给承运方运费后的余额为销售额。

（7）纳税人提供旅游服务，可以选择以取得的全部价款和价外费用，扣除向旅游服务购买方收取并支付给其他单位或者个人的住宿费、餐饮费、交通费、签证费、门票费和支付给其他接团旅游企业的旅游费用后的余额为销售额。选择上述办法计算销售额的试点纳税人，向旅游服务购买方收取并支付的上述费用，不得开具增值税专用发票，可以开具增值税普通发票。

（8）纳税人提供建筑服务适用简易计税方法的，以取得的全部价款和价外费用扣除支付的分包款后的余额为销售额。

（9）房地产开发企业中的一般纳税人销售其开发的房地产项目（选择简易计税方法的房地产老项目除外），以取得的全部价款和价外费用，扣除受让土地时向政府部门支付的土地价款后的余额为销售额。

房地产老项目，是指《建筑工程施工许可证》注明的合同开工日期在 2016 年 4 月 30 日前的房地产项目。

（10）纳税人按照上述第（4）~（8）款的规定从全部价款和价外费用中扣除的价款，应当取得符合法律、行政法规和国家税务总局规定的有效凭证，否则不得扣除。上述凭证是指：

①支付给境内单位或者个人的款项，以发票为合法有效凭证。

②支付给境外单位或者个人的款项，以该单位或者个人的签收单据为合法有效凭证，税务机关对签收单据有疑义的，可以要求其提供境外公证机构的确认证明。

③缴纳的税款，以完税凭证为合法有效凭证。

④扣除的政府性基金、行政事业性收费或者向政府支付的土地价款，以省级以上（含省级）财政部门监（印）制的财政票据为合法有效凭证。

⑤国家税务总局规定的其他凭证。

纳税人取得的上述凭证属于增值税扣税凭证的，其进项税额不得从销项税额中抵扣。

（11）一般纳税人跨县（市）提供建筑服务，适用一般计税方法计税的，应以取得的全部价款和价外费用为销售额计算应纳税额。纳税人应以取得的全部价款和价外费用扣除支付的分包款后的余额，按照 2% 的预征率在建筑服务发生地预缴税款。

（12）一般纳税人销售其 2016 年 5 月 1 日后取得（不含自建）的不动产，应适用一般计税方法，以取得的全部价款和价外费用为销售额计算应纳税额。纳税人应以取得的全部价款和价外费用减去该项不动产购置原价或者取得不动产时的作价后的余额，按照 5% 的预征率在不动产所在地预缴税款。

（13）一般纳税人销售其 2016 年 5 月 1 日后自建的不动产，应适用一般计税方法，以取得的全部价款和价外费用为销售额计算应纳税额。纳税人应以取得的全部价款和价外费用，按照 5% 的预征率在不动产所在地预缴税款。

（14）一般纳税人出租其 2016 年 5 月 1 日后取得的、与机构所在地不在同一县（市）的不动产，应按照 3% 的预征率在不动产所在地预缴税款。

（15）一般纳税人销售其 2016 年 4 月 30 日前取得的不动产（不含自建），适用一般计税方法计税的，以取得的全部价款和价外费用为销售额计算应纳税额。上述纳税人应以取得的全部价款和价外费用减去该项不动产购置原价或者取得不动产时的作价后的余额，按照 5% 的预征率在不动产所在地预缴税款。

（16）房地产开发企业中的一般纳税人销售房地产老项目，以及一般纳税人出租其 2016 年 4 月 30 日前取得的不动产，适用一般计税方法计税的，应以取得的全部价款和价外费用按照 3% 的预征率在不动产所在地预缴税款。

（17）一般纳税人销售其 2016 年 4 月 30 日前自建的不动产，适用一般计税方法计税的，应以取得的全部价款和价外费用为销售额计算应纳税额。纳税人应以取得的全部价款和价外费用，按照 5% 的预征率在不动产所在地预缴税款。

（18）非企业性单位中的一般纳税人提供的研发和技术服务、信息技术服务、鉴证咨询服务，以及销售技术、著作权等无形资产，可以选择简易计税方法按照 3% 征收率计算缴纳增值税。

（19）境外单位通过教育部考试中心及其直属单位在境内开展考试，应以取得的考试费收入扣除支付给境外单位考试费后的余额为销售额，按提供"教育辅助服务"缴纳增值税。教育部考试中心及其直属单位代为收取并支付给境外单位的考试费，应统一扣缴增值税，不得开具增值税专用发票，可以开具增值税普通发票。

（20）纳税人提供签证代理服务，以取得的全部价款和价外费用，扣除向服务接受方收取并代为支付给外交部和外国驻华使（领）馆的签证费、认证费后的余额为销售额。向服务接受方收取并代为支付的签证费、认证费，不得开具增值税专用发票，可以开具增值税普通发票。

（21）自 2018 年 1 月 1 日起，航空运输销售代理企业提供境外航段机票代理服务，以取得的全部价款和价外费用，扣除向客户收取并支付给其他单位或者个人的境外航段机票结算款和相关费用后的余额为销售额。其中，支付给境内单位或者个人的款项，以发票或行程单为合法有效凭证；支付给境外单位或者个人的款项，以签收单据为合法有效凭证，税务机关对签收单据有疑义的，可以要求其提供境外公证机构的确认证明。

（22）劳务派遣服务税收政策。

①一般纳税人提供劳务派遣服务，以取得的全部价款和价外费用为销售额，按照一般计税方法计算缴纳增值税；也可以选择差额纳税，以取得的全部价款和价外费用，扣除代用工单位支付给劳务派遣员工的工资、福利和为其办理社会保险及住房公积金后的余额为销售额，按照简易计税方法依 5% 的征收率计算缴纳增值税。

②小规模纳税人提供劳务派遣服务，可以以取得的全部价款和价外费用为销售额，按照简易计税方法依 3% 的征收率计算缴纳增值税；也可以选择差额纳税，以取得的全部价款和价外费用，扣除代用工单位支付给劳务派遣员工的工资、福利和为其办理社会保险及住房公积金后的余额为销售额，按照简易计税方法依 5% 的征收率计算缴纳增值税。

选择差额纳税的纳税人，向用工单位收取用于支付给劳务派遣员工工资、福利和为其办理社会保险及住房公积金的费用，不得开具增值税专用发票，可以开具普通发票。

（23）收费公路通行费收入税收政策。一般纳税人收取试点前开工的一级公路、二级公路、桥、闸通行费，可以选择适用简易计税方法，按照 5% 的征收率计算缴纳增值税。试点前开工，是指相关施工许可证注明的合同开工日期在 2016 年 4 月 30 日以前。

（24）人力资源外包业务收入税收政策。纳税人提供人力资源外包服务，按照经纪代理服务缴纳增值税，其销售额不包括受客户单位委托代为向客户单位员工发放的工资和代理缴纳的社会保险、住房公积金。向委托方收取并代为发放的工资和代理缴纳的社会保险、住房公积金，不得开具增值税专用发票，可以开具普通发票。

一般纳税人提供人力资源外包服务，可以选择适用简易计税方法，按照 5% 的征收率计算缴纳增值税。

重点提示

导入案例中，甲公司取得广告代理收入和出租摄影设备收入，均应缴纳增值税。因广告代理取得的奖金和设备磨损赔偿金属于价外费用，应计入销售额一并征收增值税。对于这两项业务产生的销项税额应为：

销项税额 =（200+5）÷（1+6%）×6%+（50+8）÷（1+13%）×13%≈18.27（万元）

## 二、进项税额

进项税额，是指纳税人购进货物、加工修理修配劳务、服务、无形资产或者不动产支付或者负担的增值税税额。增值税一般纳税人当期应纳增值税税额采用购进扣除法计算，即以当期的销项税额扣除当期进项税额，其余额为应纳增值税税额。需要注意的是，并不是购进货物、接受应税劳务、服务、无形资产或者不动产所支付或者负担的增值税都可以在销项税额中抵扣，税法对哪些进项税额可以抵扣、哪些进项税额不能抵扣做了严格的规定。

### （一）准予从销项税额中抵扣的进项税额

（1）从销售方取得的增值税专用发票上注明的增值税税额，是指增值税一般纳税人在购进货物、劳务、服务、无形资产或不动产时，取得对方的增值税专用发票已注明的增值税税额。

（2）从海关取得的海关进口增值税专用缴款书上注明的增值税税额，是指进口货物报关进口时海关代征进口环节增值税，从海关取得进口增值税专用缴款书上已注明增值税税额。

（3）购进农产品进项税额的扣除。自 2017 年 7 月 1 日起，纳税人购进农产品，按照以下办法扣除：

①纳税人购进农产品，除下列第②项规定外，取得一般纳税人开具的增值税专用发票或海关进口增值税专用缴款书的，以增值税专用发票或海关进口增值税专用缴款书上注明的增值税税额为进项税额；从按照简易计税方法依照 3% 征收率计算缴纳增值税的小规模纳税人取得增值税专用发票的，以增值税专用发票上注明的金额和 9% 的扣除率计算进项税额；取得（开具）农产品销售发票或收购发票的，以农产品销售发票或收购发票上注明的农产品买价和 9% 的扣除率计算进项税额。

②自 2019 年 4 月 1 日起，纳税人购进农产品，原适用 10% 扣除率的，扣除率调整为 9%。纳税人购进用于生产销售或委托加工 13% 税率货物的农产品，按照 10% 的扣除率计算进项税额。取得批发零售环节纳税人销售免税农产品开具的免税发票，以及小规模纳税人开具的增值税普通发票，均不得计算抵扣进项税额。

③纳税人从批发、零售环节购进适用免征增值税政策的蔬菜、部分鲜活肉蛋而取得的普通发票，不得作为计算抵扣进项税额的凭证。

④纳税人购进农产品既用于生产销售或委托受托加工 13% 税率货物又用于生产销售其他货物服务的，应当分别核算用于生产销售或委托受托加工 13% 税率货物和其他货物服务的农产品进项税额。未分别核算的，统一以增值税专用发票或海关进口增值税专用缴款书上注明的增值税税额为进项税额，或以农产品收购发票或销售发票上注明的农产品买价和 10% 的扣除率计算进项税额。

（4）自境外单位或个人购进劳务、服务、无形资产或者不动产，从税务机关或者代扣代缴义务人取得的代扣代缴税款的完税凭证上注明的增值税税额是可以抵扣的进项税额。

（5）纳税人取得不动产或者不动产在建工程的进项税额不再分两年抵扣。此前按规定尚未抵扣完毕的待抵扣进项税额，可自 2019 年 4 月税款所属期起从销项税额中抵扣。

（6）原增值税一般纳税人自用的应征消费税的摩托车、汽车、游艇，其进项税额准予从销项税额中抵扣。

（7）原增值税一般纳税人购进货物或者接受加工修理修配劳务，用于《销售服务、无形资产或者不动产注释》所列项目的，不属于《增值税暂行条例》第十条所称的用于非增值税应税项目，其进项税额准予从销项税额中抵扣。

（8）纳税人购进国内旅客运输服务，其进项税额允许从销项税额中抵扣。纳税人未取得增值税专用发票的，暂按照以下规定确定进项税额：

①取得增值税电子普通发票的，为发票上注明的税额；

②取得注明旅客身份信息的航空运输电子客票行程单的，为按照下列公式计算的进项税额：

航空旅客运输进项税额 =（票价 + 燃油附加费）÷（1+9%）×9%

③取得注明旅客身份信息的铁路车票的，为按照下列公式计算的进项税额：

铁路旅客运输进项税额 = 票面金额 ÷（1+9%）×9%

④取得注明旅客身份信息的公路、水路等其他客票的，为按照下列公式计算的进项税额：

公路、水路等其他旅客运输进项税额 = 票面金额 ÷（1+3%）×3%

（9）自 2019 年 4 月 1 日至 2021 年 12 月 31 日，允许生产、生活性服务业纳税人按照当期可抵扣进项税额加计 10%，抵减应纳税额（简称加计抵减政策）。

生产、生活性服务业纳税人是指提供邮政服务、电信服务、现代服务、生活服务（简称四项服务）取得的销售额占全部销售额的比重超过 50% 的纳税人。

2019 年 3 月 31 日以前设立的纳税人，自 2018 年 4 月至 2019 年 3 月的销售额（经营期不满 12 个月的，按照实际经营期的销售额）符合上述规定条件的，自 2019 年 4 月 1 日起适用加计抵减政策。

2019 年 4 月 1 日以后设立的纳税人，自设立之日起 3 个月的销售额符合上述规定条件的，自登记为一般纳税人之日起适用加计抵减政策。

纳税人确定适用加计抵减政策后，当年内不再调整，以后年度是否适用，根据上一年度销售额计算确定。

纳税人可计提但未计提的加计抵减额，可在确定适用加计抵减政策当期一并计提。

知识窗

纳税人取得的增值税扣税凭证不符合法律、行政法规或者国家税务总局有关规定的，其进项税额不得从销项税额中抵扣。增值税扣税凭证，是指增值税专用发票、海关进口增值税专用缴款书、农产品收购发票、农产品销售发票和完税凭证。

### （二）不得从销项税额中抵扣的进项税额

（1）用于简易计税方法计税项目、免征增值税项目、集体福利或者个人消费的购进货物、劳务、服务、无形资产和不动产。其中涉及的固定资产（购进货物中会涉及固定资产）、无形资产、不动产，仅指专用于上述项目的固定资产、无形资产（不包括其他权益性无形资产）、不动产。

纳税人的交际应酬消费属于个人消费。

（2）非正常损失的购进货物及相关的劳务和交通运输服务。

非正常损失，是指因管理不善造成货物被盗、丢失、霉烂变质，以及因违反法律法规造成货物或者不动产被依法没收、销毁、拆除的情形。

（3）非正常损失的在产品、产成品所耗用的购进货物（不包括固定资产）、劳务和交通运输服务。

（4）非正常损失的不动产，以及该不动产所耗用的购进货物、设计服务和建筑服务。

（5）非正常损失的不动产在建工程所耗用的购进货物、设计服务和建筑服务。纳税人新建、改建、扩建、修缮、装饰不动产，均属于不动产在建工程。

（6）购进的贷款服务、餐饮服务、居民日常服务和娱乐服务。纳税人接受贷款服务向贷款方支付的与该笔贷款直接相关的投资、融资顾问费、手续费、咨询费等费用，其进项税额不得从销项税额中抵扣。

（7）财政部和国家税务总局规定的其他情形。

上述第（4）项、第（5）项所称货物，是指构成不动产实体的材料和设备，包括建筑装饰材料和给排水、采暖、卫生、通风、照明、通信、煤气、消防、中央空调、电梯、电气、智能化楼宇设备及配套设施。

固定资产，是指使用期限超过12个月的机器、机械、运输工具以及其他与生产经营有关的设备、工具、器具等有形动产。

（8）适用一般计税方法的纳税人，兼营简易计税方法计税项目、免征增值税项目而无法划分不得抵扣的进项税额，按照下列公式计算不得抵扣的进项税额：

不得抵扣的进项税额 = 当期无法划分的全部进项税额 ×（当期简易计税方法计税项目销售额 + 免征增值税项目销售额）÷ 当期全部销售额

主管税务机关可以按照上述公式依据年度数据对不得抵扣的进项税额进行清算。

（9）有下列情形之一者，应按销售额依照增值税税率计算应纳税额，不得抵扣进项税额，也不得使用增值税专用发票。

①一般纳税人会计核算不健全，或者不能够提供准确税务资料的。

②除另有规定的外，纳税人销售额超过小规模纳税人标准，未申请办理一般纳税人认定手续的。

**重点提示**

导入案例中，甲公司向广告发布者支付广告发布费、购进办公用小汽车，均取得增值税专用发票，由此产生的进项税额均可抵扣。但职工宿舍用装修材料因管理不善被盗，非正常损失的购进货物以及相关的劳务和交通运输服务，不得抵扣进项税额。因此，对于购进职工宿舍用装修材料及由此支付运输费用一项业务，只允许抵扣70%的进项税额。

据此，甲公司当月允许抵扣的进项税额计算如下：

进项税额 =4.8+5.1+（0.85+0.1）×70%=10.565（万元）

## 三、应纳税额的计算

在确定了销项税额和进项税额后，就可以得出实际应纳税额，其计算公式为：

增值税应纳税额 = 当期销项税额 – 当期进项税额

### （一）应纳税额计算实例

经典案例

某银行为增值税一般纳税人，2018 年第三季度发生的有关经济业务如下：

（1）购进 5 台自助存取款机，取得增值税专用发票注明的金额为 40 万元，增值税为 6.4 万元；

（2）租入一处底商作为营业部，租金总额为 105 万元，取得的增值税专用发票注明的金额为 100 万元，增值税为 5 万元；

（3）办理公司业务，收取结算手续费（含税）41.8 万元，收取账户管理费（含税）32.5 万元；

（4）办理贷款业务，取得利息收入（含税）1.38 亿元；

（5）吸收存款 8 亿元。

已知：该银行取得增值税专用发票均符合规定。提供金融服务适用增值税税率为 6%。

计算该银行第三季度增值税应纳税额。

【解析】进项税额 =6.4+5=11.4（万元）

销项税额 =41.8÷（1+6%）×6%+32.5÷（1+6%）×6%+1.38÷（1+6%）×6%×10 000

=2.66+1.84+781.13=785.63（万元）

增值税应纳税额 =785.63–11.4=774.23（万元）

### （二）进项税额不足抵扣的税务处理

纳税人在计算应纳税额时，如果当期销项税额小于当期进项税额不足抵扣的部分，可以结转下期继续抵扣。

原增值税一般纳税人兼有应税服务的，截止到本地区试点实施之日前的增值税期末留抵税额，不得从应税服务的销项税额中抵扣。

### （三）扣减当期销项税额的规定

纳税人在销售货物时，因货物质量、规格等原因而发生销货退回或销售折让，由于销货退回或折让不仅涉及销货价款或折让价款的退回，还涉及增值税的退回，因此，销货方应对当期销项税额进行调整。一般纳税人因销货退回和折让而退还给购买方的增值税税额，应从发生销货退回或折让当期的销项税额中扣减。

### （四）扣减当期进项税额的规定

#### 1. 进货退出或折让的税务处理

纳税人在购进货物时，因货物质量、规格等原因而发生进货退回或折让，购货方应对当期进项税额进行调整。一般纳税人因进货退回和折让而从销货方收回的增值税税额，应从发生进货退回或折让当期的进项税额中扣减。如不按规定扣减，造成进项税额虚增，不纳或少纳增值税，属于偷税行为，按偷税予以处罚。

#### 2. 已经抵扣进项税额的购进货物发生用途改变的税务处理

一般纳税人当期购进的货物或应税劳务，如果未确定用于非经营性项目，其进项税额会在当期销项税额中予以抵扣。但已经抵扣进项税额的购进货物或应税劳务如果事后改变用途，如用于职工福利或个人消费，购进货物发生非正常损失，在产品或产成品发生非正常损失等，应将购进货物或应税劳务的进项税额从当期的进项税额中扣减。无法准确确定该项进项税额的，按当期实际成本计算应扣减的进项税额。

纳税人已抵扣进项税额的固定资产、无形资产或者不动产用于不得从销项税额抵扣进项税额项目的，应当在当月按下列公式计算不得抵扣的进项税额：

不得抵扣的进项税额 = 固定资产、无形资产或者不动产净值 × 适用税率

固定资产、无形资产或者不动产净值是指纳税人按照财务会计制度计提折旧后计算的固定资产净值。

**经典案例**

某制造企业为增值税一般纳税人，2019 年 6 月发生经济业务如下：

（1）购进一批原材料，取得的增值税专用发票注明的金额为 50 万元，增值税为 6.5 万元。支付运费，取得的增值税普通发票注明的增值税为 0.33 万元。

（2）接受其他企业投资转入材料一批，取得的增值税专用发票注明的金额为 100 万元，增值税 13 万元。

（3）购进低值易耗品，取得的增值税专用发票注明的增值税为 0.96 万元。

（4）销售产品一批，取得不含税销售额 200 万元，另外收取包装物租金 1.13 万元。

（5）采取以旧换新方式销售产品，新产品含税售价为 9.28 万元，旧产品作价 2 万元。

（6）因仓库管理不善，上月购进的一批工具被盗，该批工具的买价为 8 万元（购进工具的进项税额已抵扣）。

已知：该企业取得增值税专用发票均符合规定。购进和销售产品适用的增值税税率为 13%。计算该企业当月增值税应纳税额。

【解析】进项税额 $=6.5+13+0.96=20.46$（万元）

销项税额 $=200\times13\%+1.13\div(1+13\%)\times13\%+9.28\div(1+13\%)\times13\%$

$\approx26+0.13+1.07\approx27.2$（万元）

进项税额转出 $=8\times13\%=1.04$（万元）

增值税应纳税额 $=27.2-20.46+1.04=7.78$（万元）

# 第六节　简易计税方法应纳税额的计算

## 一、应纳税额的计算公式

小规模纳税人销售货物、劳务、服务、无形资产、不动产，按简易方法计税，即按销售额和征收率计算应纳税额，不得抵扣进项税额。同时，销售货物或提供应税劳务也不得自行开具增值税专用发票。其应纳税额的计算公式为：

增值税应纳税额＝销售额 × 征收率

## 二、含税销售额的换算

上述公式中的销售额与增值税一般纳税人计算应纳税额的销售额规定的内容一致，是向购买方收取的全部价款和价外费用，但不包括收取的增值税税额。如果纳税人采用销售额和应纳税额合并定价方法的，在计税时需要将含税销售额换算成不含税销售额，换算公式如下：

不含税销售额＝含税销售额 ÷（1+ 征收率）

纳税人适用简易计税方法计税的，因销售折让、中止或者退回而退还给购买方的销售额，应当从当期销售额中扣减。扣减当期销售额后仍有余额造成多缴的税款，可以从以后的应纳税额中扣减。

一般纳税人发生财政部和国家税务总局规定的特定应税行为，可以选择适用简易计税方法计税，但一经选择，36 个月内不得变更。

经典案例

某企业为增值税小规模纳税人，专门从事文化教育服务。2018 年 8 月发生以下业务：

（1）15 日，向某一般纳税人企业提供培训服务，取得含增值税销售额 3.09 万元。

（2）20 日，向某小规模纳税人提供文化咨询服务，取得含增值税销售额 1.03 万元。

（3）25 日，购进办公用品，支付价款 2.06 万元，并取得增值税普通发票。

已知：增值税征收率为 3%。

计算该企业当月增值税应纳税额。

【解析】销售额＝（3.09+1.03）÷（1+3%）=4（万元）

增值税应纳税额 =4 × 3%=0.12（万元）

## 三、营改增后一般纳税人按简易方法计税的规定

营改增一般纳税人发生下列应税行为可以选择适用简易计税方法计税。

### （一）应税服务

（1）公共交通运输服务，包括轮客渡、公交客运、地铁、城市轻轨、出租车、长途客运、班车。班车，是指按固定路线、固定时间运营并在固定站点停靠的运送旅客的陆路运输服务。

（2）经认定的动漫企业为开发动漫产品提供的动漫脚本编撰、形象设计、背景设计、动画设计、分镜、动画制作、摄制、描线、上色、画面合成、配音、配乐、音效合成、剪辑、字幕制作、压缩转码服务，以及在境内转让动漫版权。

（3）电影放映服务、仓储服务、装卸搬运服务、收派服务、教育辅助服务和文化体育服务。

（4）以纳入营改增试点之日前取得的有形动产为标的物提供的经营租赁服务。

（5）在纳入营改增试点之日前签订的尚未执行完毕的有形动产租赁合同。

（6）提供物业管理服务的纳税人，向服务接受方收取的自来水水费，以扣除其对外支付的自来水水费后的余额为销售额，按照简易计税方法依 3% 的征收率计算缴纳增值税。

（7）非企业性单位中的一般纳税人提供的研发和技术服务、信息技术服务、鉴证咨询服务、销售技术、著作权等无形资产、技术转让、技术开发和与之相关的技术咨询、技术服务，可以选择简易计税方法按照 3% 征收率计算缴纳增值税。

### （二）建筑服务

试点纳税人提供建筑服务适用简易计税方法的，以取得的全部价款和价外费用扣除支付的分包款后的余额为销售额。

（1）一般纳税人以清包工方式提供的建筑服务，可以选择适用简易计税方法计税。以清包工方式提供建筑服务，是指施工方不采购建筑工程所需的材料或只采购辅助材料，并收取人工费、管理费或者其他费用的建筑服务。

（2）一般纳税人为甲供工程提供的建筑服务，可以选择适用简易计税方法计税。甲供工程，是指全部或部分设备、材料、动力由工程发包方自行采购的建筑工程。

（3）一般纳税人为建筑工程老项目提供的建筑服务，可以选择适用简易计税方法计税。建筑工程老项目，是指《建筑工程施工许可证》注明的合同开工日期在 2016 年 4 月 30 日以前的建筑工程，以及未取得《建筑工程施工许可证》，建筑工程承包合同注明的开工日期在 2016 年 4 月 30 日以前的建筑工程项目。

（4）一般纳税人跨县（市）提供建筑服务，选择适用简易计税方法计税的，应以取得的全部价款和价外费用扣除支付的分包款后的余额为销售额，按照 3% 的征收率计算应纳税额。

### （三）销售不动产

（1）一般纳税人销售其 2016 年 4 月 30 日以前取得（不含自建）的不动产，可以选择适用简易计税方法，以取得的全部价款和价外费用减去该项不动产购置原价或者取得不动产时的作价后的余额为销售额，按照 5% 的征收率计算应纳税额。

（2）一般纳税人销售其 2016 年 4 月 30 日以前自建的不动产，可以选择适用简易计税方法，以取得的全部价款和价外费用为销售额，按照 5% 的征收率计算应纳税额。

（3）房地产开发企业中的一般纳税人，销售自行开发的房地产老项目，可以选择适用简易计税方法按照 5% 的征收率计税。

（4）房地产开发企业采取预收款方式销售所开发的房地产项目，在收到预收款时按照 3% 的预征率预缴增值税。

### （四）不动产经营租赁服务

（1）一般纳税人出租其 2016 年 4 月 30 日以前取得的不动产，可以选择适用简易计税方法，按照 5% 的征收率计算应纳税额。

（2）公路经营企业中的一般纳税人收取试点前开工的高速公路的车辆通行费，可以选择适用简易计税方法，减按 3% 的征收率计算应纳税额。

（3）一般纳税人出租其 2016 年 5 月 1 日以后取得的、与机构所在地不在同一县（市）的不动产，应按照 3% 的预征率在不动产所在地预缴税款。

试点纳税人中的一般纳税人提供的铁路旅客运输服务，不得选择按照简易计税方法计算缴纳增值税。

### （五）不动产融资性租赁服务

一般纳税人在 2016 年 4 月 30 日以前签订的不动产融资租赁合同，或者在 2016 年 4 月 30 日以前取得的不动产提供的融资租赁服务，可以选择适用简易计税方法，按照 5% 的征收率计算缴纳增值税。

### （六）金融服务

农村信用社、村镇银行、农村资金互助社、由银行业机构全资发起设立的贷款公司、法人机构在县（县级市、区、旗）及县以下地区的农村合作银行和农村商业银行提供金融服务收入，可以选择适用简易计税方法，按照 3% 的征收率计算缴纳增值税。

### （七）其他应税行为及规定

（1）增值税一般纳税人固定业户临时到外省、市销售货物的，必须向经营地税务机关出示“外出经营活动税收管理证明”回原地纳税；需要向购货方开具专用发票的，亦回原地补开。对未持“外出经营活动税收管理证明”的，经营地税务机关按 3% 的征收率征税。

（2）一般纳税人销售自产的下列货物，可选择按照简易办法，依 3% 征收率计算缴纳增值税：

①县级及县级以下小型水力发电单位生产的电力产品。

②建筑用和生产建筑材料所用的砂、土、石料。

③以自己采掘的砂、土、石料或其他矿物连续生产的砖、瓦、石灰（不含黏土实心砖、瓦）。

④用微生物、微生物代谢产物、动物毒素、人或动物的血液或组织制成的生物制品。

⑤自来水。

⑥商品混凝土（仅限于以水泥为原料生产的水泥混凝土）。

（3）一般纳税人销售货物属于下列情形之一的，暂按简易办法依照3%征收率计算缴纳增值税：

①寄售商店代销寄售物品（包括居民个人寄售的物品在内）。

②典当业销售死当物品。

③经国务院或国务院授权机关批准的免税商店零售的免税品。

（4）自2016年2月1日起，纳税人销售自己使用过的固定资产，适用简易办法依照3%征收率减按2%征收增值税。一般纳税人销售自己使用过的除固定资产以外的物品，应当按照适用税率征收增值税。

# 第七节　进口货物应纳税额的计算

## 一、进口货物的纳税人

进口货物的纳税人为进口货物的收货人或办理报关手续的单位和个人，包括国内一切从事进口业务的企事业单位、机关团体和个人。

## 二、进口货物的征税范围

申报进入中华人民共和国海关境内的货物，均应缴纳增值税。

确定一项货物是否属于进口货物要看其是否有报关手续。只要是报关进境的应税货物，不论其用途如何（无论是购进，还是国外捐赠；无论是用于贸易，还是自用），均应按照规定缴纳进口环节的增值税（免税进口的货物除外）。

国家在规定对进口货物征税的同时，对某些进口货物制定了减免税的特殊规定。

## 三、进口货物的适用税率

进口货物增值税税率与增值税一般纳税人在国内销售同类货物的税率相同。

## 四、进口货物应纳税额的计算

### （一）组成计税价格的确定

纳税人进口货物，无论是一般纳税人还是小规模纳税人，均应按照组成计税价格和规定的税率计算应纳税额，不允许抵扣发生在境外的任何税金。其计算公式为：

增值税应纳税额 = 组成计税价格 × 税率

组成计税价格的构成分以下两种情况：

（1）如果进口货物不征收消费税，则上述公式中组成计税价格的计算公式为：

组成计税价格 = 关税完税价格 + 关税

（2）如果进口货物征收消费税，则上述公式中组成计税价格的计算公式为：

组成计税价格 = 关税完税价格 + 关税 + 消费税

一般贸易项下进口货物的关税完税价格以海关审定的成交价格为基础的到岸价格为完税价格。所谓成交价格是一般贸易项下进口货物的买方为购买该项货物向卖方实际支付或应当支付的价格。到岸价格是由货价和货物运抵我国关境内输入地点起卸前的包装费、运费、保险费和其他劳务费等费用构成的一种价格。

特殊贸易项下进口的货物，由于进口时没有“成交价格”作为依据，为此，《中华人民共和国进出口关税条例》对这些进口货物制定了确定其完税价格的具体办法。

### （二）进口货物应纳税额的计算

经典案例

某外贸公司为增值税一般纳税人，2019 年 6 月从国外进口一批布料，海关核定的关税完税价格为 200 万元。已知进口关税税率为 10%，增值税税率为 13%。计算该公司进口环节增值税应纳税额。

【解析】进口环节关税应纳税额 =200 × 10%=20（万元）

进口环节增值税应纳税额 =（200+20）× 13%=28.6（万元）

某化妆品公司为增值税一般纳税人，2019 年 9 月从国外进口一批高档化妆品，海关核定的关税完税价格为 300 万元，已纳关税 40 万元。已知消费税税率为 15%，增值税税率为 13%。计算该公司进口环节增值税应纳税额。

【解析】进口环节应纳消费税税额 =（300+40）÷（1−15%）× 15%=60（万元）

组成计税价格 =300+40+60=400（万元）

进口环节增值税应纳税额 =400 × 13%=52（万元）

知识窗

进口货物进入境内进行销售时，在海关缴纳的增值税，符合抵扣范围的，凭借海关进口增值税专用缴款书，可以从当期销项税额中抵扣。

## 第八节　出口货物或者劳务、服务的增值税政策

出口货物劳务退（免）税，是指在国际贸易业务中，退还报关出口的货物、劳务或者服务在国内各生产环节和流通环节按税法规定已缴纳的增值税，或对其免征应缴纳的

增值税，这是鼓励各国出口货物劳务公平竞争的一种税收措施。

## 一、适用增值税退（免）税政策的出口货物、劳务或者服务

对下列出口货物劳务，除适用增值税免税政策和征税政策的出口货物劳务规定的以外，实行免征和退还增值税政策。

### （一）出口企业出口货物

出口企业，是指依法办理工商登记、税务登记、对外贸易经营者备案登记，自营或委托出口货物的单位或个体工商户，以及依法办理工商登记、税务登记但未办理对外贸易经营者备案登记，委托出口货物的生产企业。

出口货物，是指向海关报关后实际离境并销售给境外单位或个人的货物，分为自营出口货物和委托出口货物两类。

### （二）出口企业或其他单位视同出口货物

（1）出口企业对外援助、对外承包、境外投资的出口货物。

（2）出口企业经海关报关进入国家批准的出口加工区、保税物流园区、保税港区、综合保税区等，并销售给特殊区域内单位或境外单位、个人的货物。

（3）免税品经营企业销售的货物。国家规定不允许经营和限制出口的货物、卷烟和超出免税品经营企业《企业法人营业执照》规定经营范围的货物除外。

（4）出口企业或其他单位销售给用于国际金融组织或外国政府贷款国际招标建设项目的中标机电产品。

（5）生产企业向海上石油天然气开采企业销售的自产的海洋工程结构物。

（6）出口企业或其他单位销售给国际运输企业用于国际运输工具上的货物。

（7）出口企业或其他单位销售给特殊区域内生产企业生产耗用且不向海关报关而输入特殊区域的水（包括蒸汽）、电力、燃气。

除另有规定外，视同出口货物适用出口货物的各项规定。

### （三）出口企业对外提供加工修理修配劳务

对外提供加工修理修配劳务，是指对进境复出口货物或从事国际运输的运输工具进行的加工修理修配。

### （四）一般纳税人提供适用增值税零税率的应税服务的退（免）税办法

（1）增值税一般纳税人提供适用增值税零税率的应税服务，实行增值税退（免）税办法。该办法于 2014 年 1 月 1 日起实行。

（2）自 2016 年 5 月 1 日起，跨境应税行为适用增值税零税率。跨境应税行为，是指境内单位和个人销售规定的服务和无形资产。

具体范围参见本章第四节“零税率”的内容。

## 二、增值税退（免）税办法

适用免、抵、退税办法的情形包括：

（1）生产企业出口自产货物和视同自产货物。

（2）对外提供加工修理修配劳务。

（3）列名生产企业（税法对具体范围有规定）出口非自产货物。

实行免、抵、退税办法的“免”税，是指对生产企业出口的自产货物免征本企业生产销售环节增值税；“抵”税，是指生产企业出口自产货物所耗用的原材料、零部件、燃料、动力等所含应予退还的进项税额，抵顶内销货物的应纳税额；“退”税，是指生产企业出口的自产货物在当月内应抵顶的进项税额大于应纳税额时，对未抵顶完的部分予以退税。

不具有生产能力的出口企业或其他单位出口货物劳务，免征出口销售环节增值税，并退还已出口货物购进时所发生的进项税额。

知识窗

境内的单位和个人提供适用增值税零税率的应税服务，如果属于适用简易计税方法的，实行免征增值税办法。如果属于适用增值税一般计税方法的，生产企业实行免抵退税办法，外贸企业外购研发服务和设计服务出口实行免退税办法，外贸企业自己开发的研发服务和设计服务出口，视同生产企业连同其出口货物统一实行免抵退税办法。

## 三、增值税出口退税率

除财政部和国家税务总局明确的增值税出口退税率外，出口货物的退税率为其适用税率。退税率有调整的，除另有规定外，其执行时间以货物出口货物报关单（出口退税专用）上注明的出口日期为准。

应税服务退税率为应税服务适用的增值税税率，即有形动产租赁服务退税率为13%，交通运输业服务、邮政业服务退税率为9%，现代服务业服务退税率为6%。

根据《财政部　税务总局　海关总署关于深化增值税改革有关政策的公告》（财政部　税务总局　海关总署公告2019年第39号），增值税一般纳税人进口货物，原适用16%税率的，税率调整为13%；原适用10%税率的，税率调整为9%。原适用16%税率且出口退税率为16%的出口货物劳务，出口退税率调整为13%；原适用10%税率且出口退税率为10%的出口货物、跨境应税行为，出口退税率调整为9%。

## 四、适用增值税免税政策的出口货物劳务服务或无形资产

### 1. 出口企业或其他单位出口规定的货物

（1）增值税小规模纳税人出口的货物。

（2）避孕药品和用具，古旧图书。

（3）软件产品。

（4）一种是含黄金、铂金成分的货物，另一种是钻石及其饰品。

（5）国家计划内出口的卷烟。

（6）已使用过的设备。

（7）非出口企业委托出口的货物。

（8）非列名生产企业出口的非视同自产货物。

（9）农业生产者自产农产品。

（10）油画以及花生果仁、黑大豆等财政部和国家税务总局规定的出口免税货物。

（11）外贸企业取得普通发票、废旧物资收购凭证、农产品收购发票、政府非税收入票据的货物。

（12）来料加工复出口的货物。

（13）特殊区域内的企业出口的特殊区域内的货物。

（14）以人民币现金作为结算方式的边境地区出口企业从所在省（自治区）的边境口岸出口到接壤国家的一般贸易和边境小额贸易出口货物。

（15）以旅游购物贸易方式报关出口的货物。

### 2. 出口企业或其他单位视同出口的货物劳务

（1）自 2011 年 1 月 1 日起，国家批准设立的免税店销售的免税货物。

（2）特殊区域内的企业为境外的单位或个人提供加工修理修配劳务。

（3）同一特殊区域、不同特殊区域内的企业之间销售特殊区域内的货物。

### 3. 自 2011 年 1 月 1 日起，出口企业或其他单位未按规定申报或未补齐增值税退（免）凭证的出口货物劳务

## 五、适用增值税征税政策的出口货物劳务

下列出口货物劳务不适用增值税退（免）税和免税政策，按规定征收增值税。

（1）出口企业出口或视同出口财政部和国家税务总局根据国务院决定明确取消出口退（免）税的货物，但不包括来料加工复出口货物、中标机电产品、列名原材料、输入特殊区域的水电气、海洋工程结构物。

（2）出口企业或其他单位销售给特殊区域内的生活消费用品和交通运输工具。

（3）出口企业或其他单位因骗取出口退税被税务机关停止办理增值税退（免）税期间出口的货物。

（4）出口企业或其他单位提供虚假备案单证的货物。

（5）出口企业或其他单位增值税退（免）税凭证有伪造或内容不实的货物。

（6）出口企业或其他单位未在国家税务总局规定期限内申报免税核销以及经主管税务机关审核不予免税核销的出口卷烟。

（7）出口企业或其他单位具有其他特殊情形的出口货物劳务。

# 第九节　增值税的税收优惠

## 一、《增值税暂行条例》规定的免税项目

（1）农业生产者销售的自产农产品。

（2）避孕药品和用具。

（3）古旧图书，是指向社会收购的古书和旧书。

（4）直接用于科学研究、科学试验和教学的进口仪器、设备。

（5）外国政府、国际组织无偿援助的进口物资和设备。

（6）由残疾人的组织直接进口供残疾人专用的物品。

（7）销售的自己使用过的物品。

## 二、"营改增"规定的税收优惠政策

### （一）免征增值税的项目

（1）托儿所、幼儿园提供的保育和教育服务。

托儿所、幼儿园，是指经县级以上教育部门审批成立、取得办园许可证的实施0~6岁学前教育的机构，包括公办和民办的托儿所、幼儿园、学前班、幼儿班、保育院等。

公办托儿所、幼儿园免征增值税的收入是指，在省级财政部门和价格主管部门审核报省级人民政府批准的收费标准以内收取的教育费、保育费。

民办托儿所、幼儿园免征增值税的收入是指，在报经当地有关部门备案并公示的收费标准范围内收取的教育费、保育费。

超过规定收费标准的收费，以开办实验班、特色班和兴趣班等为由另外收取的费用，以及与幼儿入园挂钩的赞助费、支教费等超过规定范围的收入，不属于免征增值税的收入范围。

（2）养老机构提供的养老服务。养老机构，是指依照民政部《养老机构设立许可办法》（民政部令第48号）设立并依法办理登记的为老年人提供集中居住和照料服务的各类养老机构；养老服务，是指上述养老机构按照民政部《养老机构管理办法》（民政部令第49号）的规定，为老年人提供的生活照料、康复护理、精神慰藉、文化娱乐等服务。

（3）残疾人福利机构提供的育养服务。

（4）婚姻介绍服务。

（5）殡葬服务。

（6）残疾人员本人为社会提供的服务。

（7）医疗机构提供的医疗服务。医疗机构，是指依据国务院《医疗机构管理条例》（国务院令第 149 号）及卫生部（现为国家卫生和计划生育委员会）《医疗机构管理条例实施细则》（卫生部令第 35 号）的规定，经登记取得《医疗机构执业许可证》的机构，以及军队、武警部队各级各类医疗机构，具体包括各级各类医院门诊部（所）、社区卫生服务中心（站）、急救中心（站）、城乡卫生院、护理院（所）、疗养院、临床检验中心，各级政府及有关部门举办的卫生防疫站（疾病控制中心）、各种专科疾病防治站（所），各级政府举办的妇幼保健所（站）、母婴保健机构、儿童保健机构，各级政府举办的血站（血液中心）等医疗机构。

本项所称的医疗服务，是指医疗机构按照不高于地（市）级以上价格主管部门会同同级卫生主管部门及其他相关部门制定的医疗服务指导价格（包括政府指导价和按照规定由供需双方协商确定的价格等）为就医者提供《全国医疗服务价格项目规范》所列的各项服务，以及医疗机构向社会提供卫生防疫、卫生检疫的服务。

（8）从事学历教育的学校提供的教育服务。

①学历教育，是指受教育者经过国家教育考试或者国家规定的其他入学方式，进入国家有关部门批准的学校或者其他教育机构学习，获得国家承认的学历证书的教育形式。具体包括：

A. 初等教育：普通小学、成人小学。

B. 初级中等教育：普通初中、职业初中、成人初中。

C. 高级中等教育：普通高中、成人高中和中等职业学校（包括普通中专、成人中专、职业高中、技工学校）。

D. 高等教育：普通本专科、成人本专科、网络本专科、研究生（博士、硕士）、高等教育自学考试、高等教育学历文凭考试。

②从事学历教育的学校，是指：

A. 经地（市）级以上人民政府或者同级政府的教育行政部门批准成立、国家承认其学员学历的各类学校。

B. 经省级及以上人力资源社会保障行政部门批准成立的技工学校、高级技工学校。

C. 经省级人民政府批准成立的技师学院。

上述学校均包括符合规定的从事学历教育的民办学校，但不包括职业培训机构等国家不承认学历的教育机构。

③提供教育服务取得的免征增值税的收入，是指从事学历教育的学校为列入规定招生计划的在籍学生提供学历教育服务取得的收入，具体包括：经有关部门审核批准并按规定标准收取的学费、住宿费、课本费、作业本费、考试报名费收入，以及学校食堂提供餐饮服务取得的伙食费收入。除此之外的收入，包括学校以各种名义收取的赞助费、择校费等，不属于免征增值税的范围。

学校食堂是指依照《学校食堂与学生集体用餐卫生管理规定》（教育部令第 14 号）管理的学校食堂。

（9）学生勤工俭学提供的服务。

（10）农业机耕、排灌、病虫害防治、植物保护、农牧保险以及相关技术培训业务，家禽、牲畜、水生动物的配种和疾病防治业务。

农业机耕，是指在农业、林业、牧业中使用农业机械进行耕作（包括耕耘、种植、收割、脱粒、植物保护等）的业务；排灌，是指对农田进行灌溉或者排涝的业务；病虫害防治，是指从事农业、林业、牧业、渔业的病虫害测报和防治的业务；农牧保险，是指为种植业、养殖业、牧业种植和饲养的动植物提供保险的业务；相关技术培训，是指与农业机耕、排灌、病虫害防治、植物保护业务相关以及为使农民获得农牧保险知识的技术培训业务；家禽、牲畜、水生动物的配种和疾病防治业务的免税范围，包括与该项服务有关的提供药品和医疗用具的业务。

（11）纪念馆、博物馆、文化馆、文物保护单位管理机构、美术馆、展览馆、书画院、图书馆在自己的场所提供文化体育服务取得的第一道门票收入。

（12）寺院、宫观、清真寺和教堂举办文化、宗教活动的门票收入。

（13）行政单位之外的其他单位收取的符合《中华人民共和国营业税改征增值税试点实施办法》第十条规定条件的政府性基金和行政事业性收费。

（14）个人转让著作权。

（15）个人销售自建自用住房。

（16）2018 年 12 月 31 日前，公共租赁住房经营管理单位出租公共租赁住房。

（17）台湾航运公司、航空公司从事海峡两岸海上直航、空中直航业务在大陆取得的运输收入。

（18）纳税人提供的直接或者间接国际货物运输代理服务。

（19）符合规定条件的贷款、债券利息收入。

（20）被撤销金融机构以货物、不动产、无形资产、有价证券、票据等财产清偿债务。

（21）保险公司开办的一年期以上人身保险产品取得的保费收入。

（22）符合规定条件的金融商品转让收入。

（23）金融同业往来利息收入。

（24）同时符合规定条件的担保机构从事中小企业信用担保或者再担保业务取得的收入（不含信用评级、咨询、培训等收入）3 年内免征增值税。

（25）国家商品储备管理单位及其直属企业承担商品储备任务，从中央或者地方财政取得的利息补贴收入和价差补贴收入。

（26）纳税人提供的与技术转让、技术开发相关的技术咨询、技术服务。

（27）同时符合规定条件的合同能源管理服务。

（28）2017 年 12 月 31 日前科普单位的门票收入，以及县级及以上党政部门和科协开展科普活动的门票收入。

（29）政府举办的从事学历教育的高等、中等和初等学校（不含下属单位）举办进修班、培训班取得的全部归该学校所有的收入。

（30）政府举办的职业学校设立的主要为在校学生提供实习场所，并由学校出资自办、负责经营管理且经营收入归学校所有的企业从事《销售服务、无形资产或者不动产注释》中“现代服务”（不含融资租赁服务、广告服务和其他现代服务）、“生活服务”（不含文化体育服务、其他生活服务和桑拿、氧吧）业务活动取得的收入。

（31）家政服务企业由员工制家政服务员提供家政服务取得的收入。

（32）福利彩票、体育彩票的发行收入。

（33）军队空余房产租赁收入。

（34）为了配合国家住房制度改革，企业、行政事业单位按房改成本价、标准价出售住房取得的收入。

（35）将土地使用权转让给农业生产者用于农业生产。

（36）涉及家庭财产分割的个人无偿转让不动产、土地使用权。

（37）土地所有者出让土地使用权和土地使用者将土地使用权归还给土地所有者。

（38）县级以上地方人民政府或自然资源行政主管部门出让、转让或收回自然资源使用权（不含土地使用权）。

（39）随军家属就业。

（40）军队转业干部就业。

### （二）增值税即征即退

（1）一般纳税人提供管道运输服务，对其增值税实际税负超过 3% 的部分实行增值税即征即退政策。

（2）经人民银行、银监会或者商务部批准从事融资租赁业务的试点纳税人中的一般纳税人，提供有形动产融资租赁服务和有形动产融资性售后回租服务，对其增值税实际税负超过 3% 的部分实行增值税即征即退政策。商务部授权的省级商务主管部门和国家经济技术开发区批准的从事融资租赁业务和融资性售后回租业务的试点纳税人中的一般纳税人，2016 年 5 月 1 日后实收资本达到 1.7 亿元的，从达到标准的当月起按照上述规定执行；2016 年 5 月 1 日后实收资本未达到 1.7 亿元但注册资本达到 1.7 亿元的，在 2016 年 7 月 31 日前仍可按照上述规定执行，2016 年 8 月 1 日后开展的有形动产融资租赁业务和有形动产融资性售后回租业务不得按照上述规定执行。

（3）本规定所称增值税实际税负，是指纳税人当期提供应税服务实际缴纳的增值税税额占纳税人当期提供应税服务取得的全部价款和价外费用的比例。

### （三）金融企业贷款利息的增值税优惠政策

金融企业发放贷款后，自结息日起 90 天内发生的应收未收利息按现行规定缴纳增值税，自结息日起 90 天发生的应收未收利息暂不缴纳增值税，待实际收到利息时按规定缴纳增值税。

### （四）个人销售住房的税收优惠政策

个人将购买不足 2 年的住房对外销售的，按照 5% 的征收率全额缴纳增值税；个人将购买 2 年以上（含 2 年）的住房对外销售的，免征增值税。上述政策适用于北京市、上海市、广州市和深圳市之外的地区。

个人将购买不足 2 年的住房对外销售的，按照 5% 的征收率全额缴纳增值税；个人将购买 2 年以上（含 2 年）的非普通住房对外销售的，以销售收入减去购买住房价款后的差额按照 5% 的征收率缴纳增值税；个人将购买 2 年以上（含 2 年）的普通住房对外销售的，免征增值税。上述政策仅适用于北京市、上海市、广州市和深圳市。

## 三、跨境行为免征增值税的政策规定

境内的单位和个人销售的下列服务和无形资产免征增值税，但财政部和国家税务总局规定适用增值税零税率的除外。

（1）工程项目在境外的建筑服务。

（2）工程项目在境外的工程监理服务。

（3）工程、矿产资源在境外的工程勘察勘探服务。

（4）会议展览地点在境外的会议展览服务。

（5）存储地点在境外的仓储服务。

（6）标的物在境外使用的有形动产租赁服务。

（7）在境外提供的广播影视节目（作品）的播映服务。

（8）在境外提供的文化体育服务、教育医疗服务、旅游服务。

（9）为出口货物提供的邮政服务、收派服务、保险服务。为出口货物提供的保险服务，包括出口货物保险和出口信用保险。

（10）向境外单位提供的完全在境外消费的下列服务和无形资产：

①电信服务。

②知识产权服务。

③物流辅助服务（仓储服务、收派服务除外）。

④鉴证咨询服务。

⑤专业技术服务。

⑥商务辅助服务。

⑦广告投放地在境外的广告服务。

⑧无形资产。

（11）以无运输工具承运方式提供的国际运输服务。

（12）为境外单位之间的货币资金融通及其他金融业务提供的直接收费金融服务，并且该服务与境内的货物、无形资产和不动产无关。

（13）财政部和国家税务总局规定的其他服务。

## 四、起征点

纳税人销售货物、劳务、服务、无形资产或者不动产的销售额未达到增值税起征点的免征增值税；达到起征点的，全额计算缴纳增值税。

增值税起征点的适用范围限于个人，不适用于登记为一般纳税人的个体工商户。

起征点的幅度规定如下：

（1）按期纳税的，月销售额为 5 000~20 000 元（含本数）。

（2）按次纳税的，每次（日）销售额为 300~500 元（含本数）。

起征点的调整由财政部和国家税务总局规定。省、自治区、直辖市财政厅（局）和国家税务局应当在规定的幅度内，根据实际情况确定本地区适用的起征点，并报财政部和国家税务总局备案。

## 五、小微企业的免税规定

根据《国家税务总局关于小规模纳税人免征增值税政策有关征管问题的公告》（国家税务总局公告 2019 年第 4 号），小规模纳税人免征增值税政策如下：

（1）小规模纳税人发生增值税应税销售行为，合计月销售额未超过 10 万元（以 1 个季度为 1 个纳税期的，季度销售额未超过 30 万元，下同）的，免征增值税。小规模纳税人发生增值税应税销售行为，合计月销售额超过 10 万元，但扣除本期发生的销售不动产的销售额后未超过 10 万元的，其销售货物、劳务、服务、无形资产取得的销售额免征增值税。

（2）适用增值税差额征税政策的小规模纳税人，以差额后的销售额确定是否可以享受免征增值税政策。

（3）按固定期限纳税的小规模纳税人可以选择以 1 个月或 1 个季度为纳税期限，一经选择，一个会计年度内不得变更。

（4）其他个人采取一次性收取租金形式出租不动产取得的租金收入，可在对应的租赁期内平均分摊，分摊后的月租金收入未超过 10 万元的，免征增值税。

（5）转登记日前连续 12 个月（以 1 个月为 1 个纳税期）或者连续 4 个季度（以 1 个季度为 1 个纳税期）累计销售额未超过 500 万元的一般纳税人，在 2019 年 12 月 31 日前，可选择转登记为小规模纳税人。

（6）应当预缴增值税税款的小规模纳税人，凡在预缴地实现的月销售额未超过 10 万元的，当期无须预缴税款。已预缴税款的，可以向预缴地主管税务机关申请退还。

## 六、其他减免税规定

（1）纳税人兼营免税、减税项目的，应当分别核算免税、减税项目的销售额；未分别核算销售额的，不得免税、减税。

（2）纳税人销售货物劳务适用免税规定的，可以放弃免税，依照《中华人民共和国增值税暂行条例》的规定缴纳增值税。放弃免税后，36 个月内不得再申请免税。

（3）纳税人销售服务、无形资产、不动产适用免税、减税规定的，可以放弃免税、减税，依照《中华人民共和国营业税改征增值税试点实施办法》的规定缴纳增值税。放弃免税、减税后，36 个月内不得再申请免税、减税。

（4）纳税人发生应税行为同时适用免税和零税率规定的，纳税人可以选择适用免税或者零税率。

# 第十节　增值税的征收管理

## 一、纳税义务发生时间

### （一）一般规定

纳税人销售货物或者应税劳务，其纳税义务发生时间按销售结算方式的不同，可分为以下几种。

（1）采取直接收款方式销售货物，无论货物是否发出，其纳税义务发生时间均为收到销售款或者取得索取销售款凭据的当天。

纳税人生产经营活动中采取直接收款方式销售货物，已将货物移送对方并暂估销售收入入账，但既未取得销售款或取得索取销售款凭据也未开具销售发票的，其纳税义务发生时间为取得销售款或取得索取销售款凭据的当天；先开具发票的，其纳税义务发生时间为开具发票的当天。

（2）采取托收承付和委托银行收款方式销售货物，其纳税义务发生时间为发出货物并办妥托收手续的当天。

（3）采取赊销和分期收款方式销售货物，其纳税义务发生时间为书面合同约定收款日期的当天，无书面合同的或者书面合同没有约定收款日期的，其纳税义务发生时间为货物发出的当天。

（4）采取预收货款方式销售货物，其纳税义务发生时间为货物发出的当天。但生产销售、生产工期超过 12 个月的大型机械设备、船舶、飞机等货物，其纳税义务发生时间为收到预收款或者书面合同约定收款日期的当天。

（5）委托其他纳税人代销货物，其纳税义务发生时间为收到代销单位的代销清单或者收到全部或部分货款的当天。未收到代销清单及货款的，其纳税义务发生时间为发出代销货物满 180 日的当天。

（6）销售应税劳务，其纳税义务发生时间为提供劳务同时收讫销售款或者取得索取销售款的凭据的当天。

（7）纳税人发生视同销售货物行为，其纳税义务发生时间为货物移送的当天。

（8）纳税人进口货物，其纳税义务发生时间为报关进口的当天。

### （二）营改增行业纳税义务发生时间

（1）纳税人发生应税行为并收讫销售款项或者取得索取销售款项凭据的当天；先开具发票的，为开具发票的当天。

收讫销售款项，是指纳税人销售服务、无形资产、不动产过程中或者完成后收到款项。

取得索取销售款项凭据的当天，是指书面合同确定的付款日期；未签订书面合同或者书面合同未确定付款日期的，为服务、无形资产转让完成的当天或者不动产权属变更的当天。

（2）纳税人提供租赁服务采取预收款方式的，其纳税义务发生时间为收到预收款的当天。

（3）纳税人从事金融商品转让的，为金融商品所有权转移的当天。

（4）纳税人发生视同销售服务、无形资产或者不动产情形的，其纳税义务发生时间为服务、无形资产转让完成的当天或者不动产权属变更的当天。

（5）增值税扣缴义务发生时间为纳税人增值税纳税义务发生的当天。

## 二、纳税期限

增值税的纳税期限分别为 1 日、3 日、5 日、10 日、15 日、1 个月或者 1 个季度。以 1 个季度为纳税期限的规定适用于小规模纳税人、银行、财务公司、信托投资公司、信用社，以及财政部和国家税务总局规定的其他纳税人。纳税人的具体纳税期限，由主管税务机关根据纳税人应纳税额的大小分别核定；不能按照固定期限纳税的，可以按次纳税。

纳税人以 1 个月或者 1 个季度为 1 个纳税期的，自期满之日起 15 日内申报纳税；以 1 日、3 日、5 日、10 日或者 15 日为 1 个纳税期的，自期满之日起 5 日内预缴税款，于次月 1 日起 15 日内申报纳税并结清上个月应纳税款。

扣缴义务人解缴税款的期限，依照上述规定执行。

纳税人进口货物，应当自海关填发进口增值税专用缴款书之日起 15 日内缴纳税款。

## 三、纳税地点

（1）固定业户应当向其机构所在地主管税务机关申报纳税。总机构和分支机构不在同一县（市）的，应当分别向各自所在地的主管税务机关申报纳税；经财政部和国家税务总局或者其授权的财政和税务机关批准，可以由总机构汇总并向总机构所在地的主管税务机关申报纳税。

（2）非固定业户销售货物、应税劳务或者发生应税行为，应当向销售地或者劳务和应税行为发生地主管税务机关申报纳税；未向销售地或者劳务和应税行为发生地主管税务机关申报纳税的，由其机构所在地或者居住地的主管税务机关补征税款。

（3）按照现行规定应在建筑服务发生地预缴增值税的项目，纳税人收到预收款时在建筑劳务发生地预缴增值税。按现行规定无须在建筑服务发生地预缴增值税的项目，纳税人预收款时在机构所在地预缴增值税。

（4）其他个人提供建筑服务，销售或者租赁不动产，转让自然资源使用权，应向建筑服务发生地、不动产所在地、自然资源所在地主管税务机关申报纳税。

（5）纳税人跨县（市）提供建筑服务，在建筑服务发生地预缴税款后，向机构所在地主管税务机关进行纳税申报。

（6）纳税人销售不动产，在不动产所在地预缴税款后，向机构所在地主管税务机关进行纳税申报。

（7）纳税人租赁不动产，在不动产所在地预缴税款后，向机构所在地主管税务机关进行纳税申报。

（8）进口货物，应当由进口人或其代理人向报关地海关申报纳税。

扣缴义务人应当向其机构所在地或者居住地的主管税务机关申报缴纳其扣缴的税款。

## 四、增值税专用发票的使用和管理

增值税专用发票，是指增值税一般纳税人销售货物、提供应税劳务或者发生应税行为开具的发票，是购买方支付增值税税额并可按照增值税有关规定据以抵扣增值税进项税额的凭证。一般纳税人应通过增值税防伪税控系统使用专用发票。使用，包括领购、开具、缴销、认证纸质专用发票及其相应的数据电文。

### （一）专用发票的构成

专用发票由基本联次或者基本联次附加其他联次构成，基本联次为三联，分别为：

（1）发票联，作为购买方核算采购成本和增值税进项税额的记账凭证；

（2）抵扣联，作为购买方报送主管税务机关认证和留存备查的扣税凭证；

（3）记账联，作为销售方核算销售收入和增值税销项税额的记账凭证。

其他联次用途由一般纳税人自行确定。

### （二）专用发票的初始发行

一般纳税人领购专用设备后，凭《最高开票限额申请表》《发票领购簿》到主管税务机关办理初始发行。初始发行，是指主管税务机关将一般纳税人的企业名称、纳税人识别号、开票限额、购票限量、购票人员姓名和密码、开票机数量、国家税务总局规定的其他信息等载入空白金税卡和 IC 卡的行为。

### （三）专用发票的领购范围

增值税专用发票只限于一般纳税人领购使用，小规模纳税人和非增值税纳税人不得领购使用增值税专用发票。一般纳税人有下列情形之一的，不得领购开具专用发票。

（1）会计核算不健全，不能向税务机关准确提供增值税销项税额、进项税额、应纳税额数据及其他有关增值税税务资料的。

（2）有《中华人民共和国税收征收管理法》规定的税收违法行为，拒不接受税务机关处理的。

（3）有下列行为之一，经税务机关责令限期改正而仍未改正的。

①虚开增值税专用发票；

②私自印制专用发票；

③向税务机关以外的单位和个人买取专用发票；

④借用他人专用发票；

⑤未按规定开具专用发票；

⑥未按规定保管专用发票和专用设备；

⑦未按规定申请办理防伪税控系统变更发行；

⑧未按规定接受税务机关检查。

有上列情形的，如已领购专用发票，主管税务机关应暂扣其结存的专用发票和 IC 卡。

### （四）专用发票的开具范围

一般纳税人销售货物、提供应税劳务或者发生应税行为，应向购买方开具专用发票。小规模纳税人发生应税行为，购买方索取增值税专用发票的，可以向主管税务机关申请代开。

一般纳税人有下列销售情形的，不得开具增值税专用发票。

（1）商业企业一般纳税人零售烟、酒、食品、服装、鞋帽（不包括劳保专用部分）、化妆品等消费品。

（2）发生的应税销售行为适用免税规定。

（3）销售报关出口的货物，在境外销售应税劳务。

（4）将货物用于集体福利或个人消费。

（5）将货物无偿赠送他人（如果受赠者为一般纳税人，可根据受赠人的要求开具增值税专用发票）。

（6）向小规模纳税人销售应税项目，可以不开具增值税专用发票。

（7）应税销售行为的购买方为消费者个人。

根据《国家税务总局关于扩大小规模纳税人自行开具增值税专用发票试点范围等事项的公告》（国家税务总局公告 2019 年第 8 号，简称《公告》），扩大小规模纳税人自行开具增值税专用发票试点范围。《公告》称：将小规模纳税人自行开具增值税专用发票试点范围由住宿业，鉴证咨询业，建筑业，工业，信息传输、软件和信息技术服务业，扩大至租赁和商务服务业，科学研究和技术服务业，居民服务、修理和其他服务业。上述 8 个行业小规模纳税人（简称试点纳税人）发生增值税应税行为，需要开具增值税专用发票的，可以自愿使用增值税发票管理系统自行开具。试点纳税人销售其取得的不动产，需要开具增值税专用发票的，应当按照有关规定向税务机关申请代开。

### （五）专用发票的开具要求

（1）项目齐全，与实际交易相符；

（2）字迹清楚，不得压线、错格；

（3）发票联和抵扣联加盖财务专用章或者发票专用章；

（4）按照增值税纳税义务的发生时间开具。

对不符合上述要求的专用发票，购买方有权拒收。

### （六）税务机关代开专用发票

代开专用发票，是指已办理税务登记的小规模纳税人（包括个体工商户）以及国家税务总局确定的其他可予代开增值税专用发票的纳税人，在发生增值税应税行为，需要开具专用发票时，主管税务机关为其开具专用发票。除税务机关外，其他单位和个人不得代开专用发票。

小规模纳税人销售自己使用过的固定资产，应开具普通发票，不得由税务机关代开专用发票。

纳税人销售旧货，应开具普通发票，不得自行开具或者由税务机关代开专用发票。

## 本章小结

增值税是对销售货物、提供劳务或者发生应税行为过程中实现的增值额征收的一种税。增值税是我国现阶段税收收入规模最大的税种，分为生产型增值税、收入型增值税和消费型增值税。我国目前增值税类型属于消费型增值税，具有不重复征税、税负具有转嫁性、税基广阔的特征。增值税纳税人分为小规模纳税人和一般纳税人。

增值税的征税范围包括：销售货物；销售劳务；销售服务，包括提供交通运输服务、邮政服务、电信服务、建筑服务、金融服务、现代服务、生活服务；销售无形资产；销售不动产；进口货物。

八种行为视同销售货物行为，应当征收增值税：将货物交付其他单位或者个人代销；销售代销货物；设有两个以上机构并实行统一核算的纳税人，将货物从一个机构移送至其他机构用于销售；将自产、委托加工的货物用于非增值税应税项目；将自产、委托加工的货物用于集体福利或者个人消费；将自产、委托加工或者购进的货物作为投资，提供给其他单位或者个体工商户；将自产、委托加工或者购进的货物分配给股东或者投资者；将自产、委托加工或者购进的货物无偿赠送其他单位或者个人。混合销售与兼营两种行为的经营范围，都有销售货物和提供劳务这两类经营项目，但在计算增值税时方法不同，应注意区分。

增值税一般纳税人采用比例税率，分为基本税率、低税率和零税率三档，营业税改征增值税试点实施后，又增加了一档税率。小规模纳税人采用征收率。

增值税应纳税额的计算分为一般计税方法和简易计税方法。一般计税方法计算的应纳税额，是指当期销项税额抵扣当期进项税额后的余额，其主要确定两个因素：一是销售额；二是进项税额。销售额是指纳税人销售货物或提供应税劳务收取的全部价款和价外费用，但是不包括收取的销项税额；注意折扣方式、以旧换新等特殊销售方式下销售额的确定以及包装物押金的计税问题。视同销售行为销售额可按以下顺序确定：按纳税人最近时期同类货物的平均销售价格确定；按其他纳税人最近时期同类货物的平均销售价格确定；按组成计税价格确定。进项税额的确定应注意区分准予从销项税额中抵扣的进项税额和不得从销项税额中抵扣的进项税额。增值税专用发票上注明的增值税税额、进口增值税专用缴款书上注明的增值税税额以及购进农产品等均可按规定抵扣进项税额；用于简易计税方法计税项目、免征增值税项目、集体福利或者个人消费的购进货物、劳务、服务、无形资产和不动产，非正常损失的购进货物及相关的劳务和交通运输服务，非正常损失的在产品、产成品所耗用的购进货物（不包括固定资产）、劳务和交通运输服务等产生的进项税额不得抵扣。

小规模纳税人销售货物、劳务、服务、无形资产、不动产，按简易方法计税，即按销售额和征收率计算应纳税额，不得抵扣进项税额。

纳税人进口货物，无论是一般纳税人还是小规模纳税人，均应按照组成计税价格和规定的税率计算应纳税额，不允许抵扣发生在境外的任何税金。

出口货物劳务退（免）税制度，是指在国际贸易业务中，退还报关出口的货物、劳务或者服务在国内各生产环节和流通环节按税法规定已缴纳的增值税，或对其免征应缴纳的增值税。

## 基础知识测评

1. 什么是增值额？如何理解增值税的计税原理？
2. 如何区分一般纳税人和小规模纳税人？
3. 增值税的征税范围是什么？
4. 哪些行为属于增值税视同销售货物行为？
5. 什么是混合销售？什么是兼营行为？二者如何区分？如何计算应纳增值税税额？
6. 一般计税法如何计算增值税应纳税额？简易计税法如何计算增值税应纳税额？
7. 在折扣销售、以旧换新销售方式下，如何确定销售额？

8. 视同销售行为如何确定销售额？

9. 如何确定准予抵扣的增值税进项税额？

10. 如何确定不能抵扣的增值税进项税额？

11. 如何确定进口货物的组成计税价格？

12. 如何确定增值税的纳税义务发生时间？

13. 简要叙述增值税专用发票的开具范围。

## 岗位能力测评

1. 某企业为增值税一般纳税人，2019 年 7 月发生增值税业务如下：

（1）销售产品，开具的增值专用发票上注明销售额为 450 000 元，开具的普通发票上注明金额为 58 500 元。为 A 企业加工产品收取加工费，开具的增值税专用发票上注明销售额为 16 000 元。将自产产品赠送给客户，成本价为 40 000 元，同类产品不含税销售价格为 56 000 元。将价值 10 000 元的外购原材料作为福利分给员工。

（2）购进原材料，取得的增值税专用发票上注明金额为 160 000 元，税额为 20800 元。支付运费，取得的增值税专用发票上注明金额为 3 500 元，税额为 315 元。购进修理用工具一套，取得的增值税专用发票上注明金额为 8 000 元，税额为 1 040 元。购进原材料，取得的普通发票上注明金额为 1 300 元。

（3）本月销售给外贸企业的产品已预缴增值税 13 000 元。

（4）该企业原材料采用实际成本法核算，增值税税率为 13%。

要求：计算当期增值税应纳税额。

2. 某企业为增值税小规模纳税人，2018 年 8 月购进货物支付款项 1 500 元，销售货物开具普通发票收取款项 35 000 元。计算当期增值税应纳税额。

3. 北京某贸易有限公司为增值税一般纳税人，2019 年 5 月从国外进口小汽车 20 辆，每辆小汽车关税完税价格为 90 000 元，5 月售出 15 辆，每辆不含税的价格为 360 000 元。已知小汽车关税税率为 15%，消费税税率为 5%，增值税税率为 13%。计算本月该公司的增值税应纳税额。

## 职考链接

1. 甲公司为增值税一般纳税人，注册地是 M 市，2018 年 1 月发生业务如下：

（1）自产建筑用砂土、石料并销售，取得含税销售额 3 429.9 万元，从事运输装卸服务，取得含税销售额 114.33 万元，为了自产建筑用砂土、石料购进……

（2）购进办公用品，支付价款 1 000 万元，取得的增值税专用发票注明税额为 170 万元。

（3）进口设备，M 市海关确定的关税完税价格为 500 万元，关税税率为 10%，增值税税率为 17%。

问题：

（1）计算以上业务（1）应缴纳的增值税。

（2）购进办公用品的进项税额能否从销项税额中抵扣，简要说明理由。

（3）计算业务（3）甲公司进口设备应缴纳的进口环节增值税。

2. 甲公司为增值税一般纳税人，主要从事化妆品销售业务，2017 年发生如下业务：

（1）1 月，将本公司于 2016 年 10 月购入的一处房产销售给乙公司，取得含税销售额 1 332 万元。

（2）5 月，以附赠促销的方式销售 A 化妆品 400 件，同时赠送 B 化妆品 200 件。已知，A 化妆品每件不含税售价为 0.2 万元，B 化妆品每件不含税售价为 0.1 万元。

（3）7 月，购进化妆品取得的增值税专用发票上注明的价款为 30 万元。另外，向运输企业支付该批货物的不含税运费为 3 万元，取得了运输企业开具的增值税专用发票。

已知：甲公司取得的增值税专用发票均已通过认证。

要求：根据上述资料和增值税法律制度的规定，分别回答下列问题（答案中的金额单位用“万元”表示）：

（1）计算业务（1）中甲公司的销项税额。

（2）计算业务（2）中甲公司的销项税额。

（3）计算业务（3）中甲公司准予抵扣的进项税额。

# 第三章
# 消费税法律制度

## 岗位要求

### 知识目标

- 了解我国消费税的发展历史，消费税的税收征收管理制度。
- 理解消费税与增值税的不同，消费税的税目、税率及税率的适用。
- 掌握消费税的纳税人、征税范围与征税环节，消费税的税率及计税依据，生产销售、自产自用、委托加工及进口应税消费品的应纳消费税的计算，已纳消费税的扣除。

### 能力目标

- 在商品生产、流通的各个环节，会准确判断应征税种。
- 针对不同的应税消费品，能确定消费税的纳税人。
- 会计算生产销售应税消费品应征消费税税额。
- 会计算自产自用应税消费品应征消费税税额。
- 会计算委托加工应税消费品应征消费税税额。
- 会计算进口应税消费品应征消费税税额。
- 能判断企业能否对已纳消费税抵扣。

## 关键词

消费税　委托加工　自产自用　代收代缴　纳税环节　从价定率　从量定额　复合计征

导入案例

某厂为增值税一般纳税人，主要生产、销售各种鞭炮、焰火。2018 年 1 月，该厂有关经营业务如下：购进 100 万元原材料，购进 3.51 万元办公用品，支付购进原材料的运输费用 2 万元；销售鞭炮 10 000 箱，取得含增值税销售额 187.2 万元；同时取得优质费 2.34 万元、包装费 1.17 万元；作为春节福利，向员工免费发放新型焰火 100 箱，无同类产品的市场销售价格。已知单位生产成本为 135.72 元 / 箱，鞭炮、焰火的利润率为 5%，消费税比例税率为 15%。

根据上述材料，分析回答下列问题：

1. 上述材料中，生产、批发、零售鞭炮，在哪个环节需要缴纳消费税?
2. 消费税的计税依据与增值税相比，有什么不同?
3. 企业向员工免费发放的 100 箱焰火，如何计征消费税?

# 第一节 消费税概述

## 一、消费税的概念

消费税，是指在我国境内从事生产、委托加工和进口应税消费品的单位和个人，就其销售收入或产品销售数量征收的一种税。消费税主要以消费品为课税对象，属于间接税，税收随价格转嫁给消费者负担，消费者是税款的实际负担者。消费税的征收具有较强的选择性，是国家贯彻消费政策、引导消费结构从而引导产业结构的重要手段，因而在保证国家财政收入，体现国家经济政策等方面具有十分重要的意义。

我国现行消费税法律规范主要有 2008 年 11 月 5 日经国务院第 34 次常务会议修订通过并颁布，自 2009 年 1 月 1 日起施行的《中华人民共和国消费税暂行条例》（简称《消费税暂行条例》），以及 2008 年 12 月 15 日财政部、国家税务总局第 51 号令颁布的《中华人民共和国消费税暂行条例实施细则》（简称《消费税暂行条例实施细则》）。

知识窗

### 消费税的演变

我国消费税是 1994 年国家税制改革中新设置的一个税种，它是在对货物普遍征收增值税的基础上，选择少数消费品再征收一道消费税，目的在于调节产品结构，引导消费方向，保证财政收入。1994 年消费税的征税范围主要选择了 11 类应税产品，主要包括：烟、酒、化妆品、护肤护发品、贵重首饰及珠宝石、鞭炮及焰火、汽油、柴油、汽车轮胎、摩托车、小汽车。为适应社会经济形势的客观发展需要，进一步完善消费税制，财政部、国家税务总局于 2006 年 3 月 21 日联合发布了《关于调整和完善消费税政策的通知》（财税〔2006〕33 号），从当年 4 月 1 日起，对我国消费税的税目、税率及相关政策进行调整，税目由原来的 11 个调整为 14 个。其中，扩大了石油制品的消费税征收范围，新设成品油税目；为了增强人们的环保意识，增加木制一次性筷子税目和实木地板税目；为了合理引导消费，间接调节收入分配，增加高尔夫球及球具税目和高档手表税目。2008 年 11 月 5 日，国务院第 34 次常务会议修订通过《消费税暂行条例》，自 2009 年 1 月 1 日起施行。为促进节能环保，经国务院批准，自 2015 年 2 月 1 日起对电池、涂料征收消费税。

## 二、消费税的特点

### （一）征税项目具有选择性

目前征收的消费税实际上都属于对特定消费品或消费行为征收的税种，主要包括了特殊消费品、奢侈品、高能耗消费品和不可再生的资源消费品等。随着经济的发展和个人消费水平的提高，消费税的范围有一些调整，目前我国消费税税目有 15 个。

### （二）征税环节具有单一性

消费税原则上是在生产（进口）、流通或消费的某一环节一次征收，而不是在消费品生产、流通或消费的每个环节多次征收，即通常所说的一次课征制。

### （三）征收方法具有多样性

消费税的计税方法比较灵活。为了适应不同应税消费品的情况，有些产品采取从价定率的方式征收，有些产品则采取从量定额的方式征收，还有些产品在实行从价定率征收的同时，还对其实行从量定额征收。

### （四）税负具有转嫁性

消费税是价内税，是价格的组成部分，无论在哪个环节征收消费税，消费品中所含的消费税税款最终都要转嫁到消费者身上，由消费者负担，税负具有转嫁性。

重点提示

导入案例中，消费税与增值税相比主要有以下几个不同点：第一，消费税税目确定，而增值税针对的是所有的货物或劳务；第二，消费税只在一个环节纳税，对外购或委托加工应税消费品已纳消费税税额可以扣除，而增值税是流转一次征一次，多次课征；第三，消费税可以采取从价定率、从量定额、复合计征的方式征收，计税依据多样，而增值税计税依据只有销售额，只能从价计征；第四，消费税是价内税，而增值税是价外税。

## 三、消费税的征税原则

### （一）征税范围确定的原则

目前，在种类繁多的消费品中，列入消费税征税范围的消费品并不多，大体上可归为以下四类。

第一类：一些过度消费会对身心健康、社会秩序、生态环境等方面造成危害的特殊消费品，如烟、酒、鞭炮、焰火等。

第二类：非生活必需品，如化妆品、贵重首饰、珠宝玉石等。

第三类：高能耗及高档消费品，如摩托车、小汽车等。

第四类：不可再生和替代的稀缺资源消费品，如汽油、柴油等油品。

消费税的征税范围不是一成不变的，随着我国经济的发展，可以根据国家的政策和经济情况及消费结构的变化适当调整。

### （二）税率设计的原则

（1）体现国家产业政策和消费政策。对那些既要限制生产，又要限制消费的应税消费品，从高设计税率，如烟、酒、鞭炮、烟火等。

（2）正确引导消费方向，调节供求关系。对那些高档应税消费品和供求矛盾较突出的应税消费品，从高设计税率，如珠宝玉石、高档手表、成品油等。

（3）适应消费者的货币支付能力和心理承受能力。消费税的税率要与我国消费者的消费水平和经济收入相适应，既不能过高，也不能过低，过高会让消费者从心理上难以承受，使生产和消费出现停滞；过低则丝毫不会影响消费者的心理，起不到调节生产与消费的作用，也不利于保证国家财政收入。因此，消费税税率的设计，必须既考虑消费者的经济收入状况又考虑他们的心理承受能力，同时，要兼顾国家财政的需要。

# 第二节　消费税纳税人与征税范围

## 一、纳税人

在中华人民共和国境内生产、委托加工和进口应税消费品的单位和个人，以及国务院确定的销售应税消费品的其他单位和个人，为消费税的纳税人。

在中华人民共和国境内，是指生产、委托加工和进口属于应当缴纳消费税的消费品的起运地或者所在地在境内。单位，是指企业、行政单位、事业单位、军事单位、社会团体及其他单位。个人，是指个体工商户及其他个人。

## 二、征税范围

根据《消费税暂行条例》及其实施细则的规定，消费税的征收范围包括下列环节。

### （一）生产应税消费品

纳税人生产的应税消费品，于纳税人销售时纳税。

纳税人自产自用的应税消费品，用于连续生产应税消费品的，不纳税；用于其他方面的，于移送使用时纳税。

连续生产应税消费品，是指纳税人将自产自用应税消费品作为直接材料生产最终应税消费品，自产自用应税消费品构成最终应税消费品的实体。

用于其他方面，是指纳税人将自产自用的应税消费品用于生产非应税消费品、在建工程、管理部门、非生产机构、提供劳务、馈赠、赞助、集资、广告、样品、职工福利奖励等方面。

工业企业以外的单位和个人的下列行为视为应税消费品的生产行为，按规定征收消费税：①将外购的消费税非应税产品以消费税应税产品对外销售的；②将外购的消费税低税率应税产品以高税率应税产品对外销售的。

### （二）委托加工应税消费品

委托加工的应税消费品，是指由委托方提供原料和主要材料，受托方只收取加工费和代垫部分辅助材料加工的应税消费品。对于由受托方提供原材料生产的应税消费品或者受托方先将原材料卖给委托方，然后再接受加工的应税消费品，以及由受托方以委托方名义购进原材料生产的应税消费品，无论在财务上是否作为销售处理，都不得作为委托加工应税消费品，而应当按照销售自制应税消费品缴纳消费税。

委托加工的应税消费品，除受托方为个人外，由受托方在向委托方交货时代收代缴消费税，委托个人加工的应税消费品，由委托方收回后缴纳消费税。

委托加工的应税消费品，委托方用于连续生产应税消费品的，所纳税款准予按规定抵扣。

委托方将收回的应税消费品，以不高于受托方的计税价格出售的，为直接出售，不再缴纳消费税；委托方以高于受托方的计税价格出售的，不属于直接出售，需按照规定申报缴纳消费税，在计税时准予扣除受托方已代收代缴的消费税。

### （三）进口应税消费品

单位和个人进口应税消费品，于报关进口时缴纳消费税。为了减少征税成本，进口环节缴纳的消费税由海关代征。

### （四）零售应税消费品

#### 1. 商业零售金银首饰

自 1995 年 1 月 1 日起，金银首饰消费税由生产销售环节征收改为零售环节征收，进口环节暂不征收。改在零售环节征收消费税的金银首饰仅限于金基、银基合金首饰以及金、银和金基、银基合金的镶嵌首饰。自 2002 年 1 月 1 日起，对钻石及钻石饰品消费税的纳税环节由生产环节、进口环节后移至零售环节。自 2003 年 5 月 1 日起，铂金首饰消费税改为零售环节征收。

#### 2. 零售超豪华小汽车

自 2016 年 12 月 1 日起，对超豪华小汽车，在生产（进口）环节按现行税率征收消费税的基础上，在零售环节加征消费税，税率为 10%。将超豪华小汽车销售给消费者的单位和个人为超豪华小汽车零售环节纳税人。

### （五）批发应税消费品

生产销售卷烟的纳税人，在卷烟批发环节加征一道消费税。自 2015 年 5 月 10 日起，将卷烟批发环节从价税税率由 5% 提高至 11%，并按 0.005 元 / 支加征从量税。

卷烟批发企业将卷烟销售给其他烟草批发企业的，不缴纳消费税。卷烟消费税改为在生产和批发两个环节征收后，批发企业在计算应纳税额时不得扣除已含的生产环节的消费税税款。

重点提示

导入案例中，鞭炮、焰火作为应征消费税的消费品，应当由生产企业在销售时缴纳消费税。案例中不涉及委托加工和进口应税消费品，金银首饰和豪华小汽车在零售环节纳税，卷烟在批发环节加征消费税，而案例中的鞭炮、焰火是在生产环节缴纳消费税的。

# 第三节　消费税税目与税率

## 一、税目

根据《消费税暂行条例》的规定，现行消费税税目共有 15 个，具体内容如下。

### （一）烟

凡是以烟叶为原料加工生产的产品，无论使用何种辅料，均属于本税目的征收范围。具体包括 3 个子目，分别是：

（1）卷烟。卷烟包括甲类卷烟和乙类卷烟。甲类卷烟，是指每标准条（200 支）调拨价格在 70 元（不含增值税）以上（含 70 元）的卷烟；乙类卷烟，是指每标准条（200 支）调拨价格在 70 元（不含增值税）以下的卷烟。

（2）雪茄烟。雪茄烟的征收范围包括各种规格、型号的雪茄烟。

（3）烟丝。烟丝的征收范围包括以烟叶为原料加工生产的不经卷制的散装烟。

### （二）酒

酒包括白酒、黄酒、啤酒和其他酒。具体征税范围包括：

（1）白酒。白酒包括粮食白酒和薯类白酒。

1）粮食白酒，是指以高粱、玉米、大米、糯米、大麦、小麦、青稞等各种粮食为原料，经过糖化、发酵后，采用蒸馏方法酿制的白酒。

2）薯类白酒，是指以白薯（红薯、地瓜）、木薯、马铃薯、芋头、山药等各种干鲜薯类为原料，经过糖化、发酵后，采用蒸馏方法酿制的白酒。用甜菜酿制的白酒，比照薯类白酒征税。

（2）黄酒，是指以糯米、粳米、籼米、大米、黄米、玉米、小麦、薯类等为原料经加温、糖化、发酵、压榨酿制的酒，包括各种原料酿制的黄酒和酒度超过 12 度（含 12 度）的土甜酒。

（3）啤酒。啤酒分为甲类啤酒和乙类啤酒，是指以大麦或其他粮食为原料，加入啤酒花，经糖化、发酵、过滤酿制的含有二氧化碳的酒。对饮食业、商业、娱乐业举办的啤酒屋（啤酒坊）利用啤酒生产设备生产的啤酒，应当征收消费税。

（4）其他酒，是指除粮食白酒、薯类白酒、黄酒、啤酒以外的各种酒，包括糠麸白酒、其他原料白酒、土甜酒、复制酒、果木酒、汽酒、药酒、葡萄酒等。对以黄酒为酒基生产的配制或泡制酒，按其他酒征收消费税。调味料酒不征收消费税。

### （三）高档化妆品

本税目征收范围包括高档美容、修饰类化妆品、高档护肤类化妆品和成套化品。

高档美容、修饰类化妆品和高档护肤类化妆品，是指生产（进口）环节销售（完税）价格（不含增值税）在 10 元 / 毫升（克）或 15 元 / 片（张）及以上的美容、修饰类化妆品和护肤类化妆品。

舞台、戏剧、影视演员化妆用的上妆油、卸妆油、油彩，不属于本税目的征收范围。

### （四）贵重首饰及珠宝玉石

本税目的征税范围包括各种金银珠宝首饰和经采掘、打磨、加工的各种珠宝玉石。

（1）金银首饰、铂金首饰和钻石及钻石饰品，包括凡以金、银、白金、宝石、珍珠、钻石、翡翠、珊瑚、玛瑙等高贵稀有物质以及其他金属、人造宝石等制作的各种纯金银首饰及镶嵌首饰（含人造金银、合成金银首饰）等。

（2）其他贵重首饰和珠宝玉石，包括钻石、珍珠、松石、青金石、欧泊石、橄榄石、长石、玉、石英、玉髓、石榴石、锆石、尖晶石、黄玉、碧玺、金禄玉、绿柱石、刚玉、琥珀、珊瑚、煤玉、龟甲、合成刚玉、合成玉石、双合石以及玻璃仿制品等。

宝石坯是经采掘、打磨、初级加工的珠宝玉石半成品，对宝石坯应按规定征收消费税。

### （五）鞭炮、焰火

本税目征收范围包括各种鞭炮、焰火，具体包括喷花类、旋转类、旋转升空类、火箭类、吐珠类、线香类、小礼花类、烟雾类、造型玩具类、爆竹类、摩擦炮类、组合烟花类、礼花弹类等。体育上用的发令纸、鞭炮药引线，不按本税目征收。

### （六）成品油

本税目包括汽油、柴油、石脑油、溶剂油、航空煤油、润滑油、燃料油 7 个子目。

（1）汽油。汽油，是指用原油或其他原料加工生产的，辛烷值不小于 66 的可用作汽油发动机燃料的各种轻质油。以汽油、汽油组分调和生产的甲醇汽油、乙醇汽油也属于本税目征收范围。

（2）柴油。柴油，是指用原油或其他原料加工生产的，凝点或倾点在 –50℃ ~30℃

的可用作柴油发动机燃料的各种轻质油和以柴油组分为主、经调和精制可用作柴油发动机燃料的非标油。以柴油、柴油组分调和生产的生物柴油也属于本税目征收范围。

（3）石脑油。石脑油又叫化工轻油，是以石油加工生产的或二次加工汽油经加氢精制而得的，用于化工原料的轻质油。石脑油的征收范围为除汽油、柴油、航空煤油、溶剂油以外的各种轻质油。

（4）溶剂油。溶剂油是以石油加工生产的，用于涂料、油漆生产、食用油加工、印刷油墨、皮革、农药、橡胶、化妆品生产的轻质油。

（5）航空煤油。航空煤油也叫喷气燃料，是以石油加工生产的，作为喷气发动机和喷气推进系统能源的石油燃料。

（6）润滑油。润滑油是内燃机、机械加工过程中的润滑产品。润滑油分为矿物性润滑油、植物性润滑油、动物性润滑油和化工原料合成润滑油。润滑油的征收范围包括矿物性润滑油、矿物性润滑油基础油、植物性润滑油、动物性润滑油和化工原料合成润滑油。

（7）燃料油。燃料油也称重油、渣油。燃料油征收范围包括用于电厂发电、船舶锅炉燃料、加热炉燃料、冶金和其他工业炉燃料的各类燃料油。自 2012 年 11 月 1 日起，催化料、焦化料属于燃料油的征收范围，应当征收消费税。

### （七）摩托车

本税目征税范围包括汽缸容量为 250 毫升的摩托车和汽缸容量在 250 毫升（不含）以上的摩托车两种。

对最大设计车速不超过 50 千米 / 小时，发动机汽缸总工作容量不超过 50 毫升的三轮摩托车不征收消费税。

### （八）小汽车

汽车，是指由动力驱动，具有 4 个或 4 个以上车轮的非轨道承载的车辆。

本税目征收范围包括含驾驶员座位在内最多不超过 9 个座位（含）的，在设计和技术特性上用于载运乘客和货物的各类乘用车和含驾驶员座位在内的座位数在 10~23 座（含 23 座）的，在设计和技术特性上用于载运乘客和货物的各类中轻型商用客车。

用排气量小于 1.5 升（含）的乘用车底盘（车架）改装、改制的车辆属于乘用车征收范围。用排气量大于 1.5 升的乘用车底盘（车架）或用中轻型商用客车底盘（车架）改装、改制的车辆属于中轻型商用客车征收范围。

含驾驶员人数（额定载客）为区间值（如 8~10 人、17~26 人）的小汽车，按其区间值下限人数确定征收范围。

电动汽车不属于本税目征收范围。

车身长度大于 7 米（含），并且座位在 10~23 座（含）以下的商用客车，不属于中轻型商用客车征税范围，不征收消费税。

沙滩车、雪地车、卡丁车、高尔夫车不属于消费税征收范围，不征收消费税。

对于企业购进货车或厢式货车改装生产的商务车、卫星通信车等专用汽车不属于消费税征收范围，不征收消费税。

对于购进乘用车和中轻型商用客车整车改装生产的汽车，应按规定征收消费税。

### （九）高尔夫球及球具

本税目征税范围包括高尔夫球、高尔夫球杆及高尔夫球包（袋）、高尔夫球杆的杆头、杆身和握把。

### （十）高档手表

高构手表，是指销售价格（不含增值税）每只在 10 000 元（含）以上的各类手表。本税目征收范围包括符合以上标准的各类手表。

### （十一）游艇

游艇，是指长度大于 8 米（含）、小于 90 米（含），船体由玻璃钢、钢、铝合金、塑料等多种材料制作，可以在水上移动的水上浮载体。按照动力划分，游艇可分为无动力艇、帆艇和机动艇三种。

本税目征收范围包括艇身长度大于 8 米（含）、小于 90 米（含），内置发动机，可以在水上移动，一般为私人或团体购置，主要用于水上运动和休闲娱乐等非牟利活动的各类机动艇。

### （十二）木制一次性筷子

木制一次性筷子，又称卫生筷子，是指以木材为原料，经过锯段、浸泡、旋切、刨切、烘干、筛选、打磨、倒角、包装等环节加工而成的各类一次性使用的筷子。

本税目征收范围包括各种规格的木制一次性筷子和未经打磨、倒角的木制一次性筷子。

### （十三）实木地板

实木地板，是指以木材为原料，经锯割、干燥、刨光、截断、开榫、涂漆等工序加工而成的块状或条状的地面装饰材料。实木地板按生产工艺不同，可分为独板（块）实木地板、实木指接地板和实木复合地板三类；按表面处理状态不同，可分为未涂饰地板（白坯板、素板）和漆饰地板两类。

本税目征收范围包括各类规格的实木地板、实木指接地板、实木复合地板及用于装饰墙壁、天棚的侧端面为榫、槽的实木装饰板和未经涂饰的素板。

### （十四）电池

电池是一种将化学能、光能等直接转换为电能的装置，一般由电极、电解质、容器、极端（通常还有隔离层）组成的基本功能单元，以及用一个或多个基本功能单元装配而成的电池组。其征收范围包括原电池、蓄电池、燃料电池、太阳能电池和其他电池。

对无汞原电池、金属氢化物镍蓄电池（又称“氢镍蓄电池”或“镍氢蓄电池”）、锂原电池、锂离子蓄电池、太阳能电池、燃料电池和全钒液流电池免征消费税。2015 年 12 月 31 日前对铅蓄电池缓征消费税；自 2016 年 1 月 1 日起，对铅蓄电池按 4% 的税率征收消费税。

### （十五）涂料

涂料是涂于物体表面，能形成具有保护、装饰或特殊性能的固态涂膜的一类液体或固体材料的总称。

涂料由主要成膜物质、次要成膜物质等构成。按主要成膜物质涂料可分为油脂类、天然树脂类、酚醛树脂类、沥青类、醇酸树脂类、氨基树脂类、硝基类、过滤乙烯树脂类、烯类树脂类、丙烯酸酯类树脂类、聚酯树脂类、环氧树脂类、聚氨酯树脂类、元素有机类、橡胶类、纤维素类、其他成膜物类等几类。（次要成膜物质涂料分类略。）

对施工状态下挥发性有机物含量低于 420 克 / 升（含）的涂料免征消费税。

## 二、税率

消费税税率有比例税率和定额税率两种形式，以适应不同应税消费品的实际情况。

消费税根据不同的税目或子目来确定相应的税率或单位税额。一般情况下，对一种消费品只选择一种税率形式，但为了更好、更有效地保全消费税税基，对卷烟和白酒则采取了比例税率和定额税率复合征收的形式。消费税税目、税率如表 3-1 所示。

表 3-1　消费税税目、税率

| 税　目 | 税　率 |
|---|---|
| 一、烟 | |
| 1. 卷烟 | |
| （1）甲类卷烟 | 56% 加 0.003 元 / 支（生产环节） |
| （2）乙类卷烟 | 36% 加 0.003 元 / 支（生产环节） |
| （3）批发环节 | 11% 加 0.005 元 / 支（批发环节） |
| 2. 雪茄烟 | 36%（生产环节） |
| 3. 烟丝 | 30%（生产环节） |
| 二、酒及酒精 | |
| 1. 白酒 | 20% 加 0.5 元 /500 克（或者 500 毫升） |
| 2. 黄酒 | 240 元 / 吨 |
| 3. 啤酒 | |
| （1）甲类啤酒 | 250 元 / 吨 |
| （2）乙类啤酒 | 220 元 / 吨 |
| 4. 其他酒 | 10% |

续表

| 税　　目 | 税　　率 |
| --- | --- |
| 三、高档化妆品 | 15% |
| 四、贵重首饰及珠宝玉石<br>1. 金银首饰、铂金首饰和钻石及钻石饰品<br>2. 其他贵重首饰和珠宝玉石 | <br>5%<br>10% |
| 五、鞭炮、焰火 | 15% |
| 六、成品油<br>1. 汽油<br>2. 柴油<br>3. 航空煤油<br>4. 石脑油<br>5. 溶剂油<br>6. 润滑油<br>7. 燃料油 | <br>1.52 元 / 升<br>1.20 元 / 升<br>1.20 元 / 升<br>1.52 元 / 升<br>1.52 元 / 升<br>1.52 元 / 升<br>1.20 元 / 升 |
| 七、摩托车<br>1. 汽缸容量（排气量，下同）在 250 毫升以下的<br>2. 汽缸容量在 250 毫升（不含）以上的 | <br>3%<br>10% |
| 八、小汽车<br>1. 乘用车<br>（1）汽缸容量（排气量，下同）在 1.0 升（含 1.0 升）以下的<br>（2）汽缸容量在 1.0 升以上 1.5 升（含 1.5 升）以下的<br>（3）汽缸容量在 1.5 升以上 2.0 升（含 2.0 升）以下的<br>（4）汽缸容量在 2.0 升以上 2.5 升（含 2.5 升）以下的<br>（5）汽缸容量在 2.5 升以上 3.0 升（含 3.0 升）以下的<br>（6）汽缸容量在 3.0 升以上 4.0 升（含 4.0 升）以下的<br>（7）汽缸容量在 4.0 升以上的<br>2. 中轻型商用客车 | <br><br>1%<br>3%<br>5%<br>9%<br>12%<br>25%<br>40%<br>5% |
| 九、高尔夫球及球具 | 10% |
| 十、高档手表 | 20% |
| 十一、游艇 | 10% |
| 十二、木制一次性筷子 | 5% |
| 十三、实木地板 | 5% |
| 十四、电池 | 4% |
| 十五、涂料 | 4% |

## 三、适用税率的特殊规定

消费税采取列举法按具体应税消费品设置税目、税率，征税界限清楚，一般不易发生错用税率的情况。但是，存在下列情况时，纳税人应按照相关规定确定适用税率。

### （一）纳税人兼营不同税率的应税消费品

纳税人兼营不同税率的应税消费品，应当分别核算不同税率应税消费品的销售额、销售数量；未分别核算销售额、销售数量，或者将不同税率的应税消费品组成成套消费品销售的，从高适用税率。

### （二）配制酒适用税率的确定

配制酒（露酒），是指以发酵酒、蒸馏酒或食用酒精为酒基，加入可食用或药食两用的辅料或食品添加剂，进行调配、混合或再加工制成的并改变了其原酒基风格的饮料酒。

（1）以蒸馏酒或食用酒精为酒基，同时符合以下条件的配制酒，按其他酒税率征收消费税：①具有国家相关部门批准的国食健字或卫食健字文号；②酒精度低于38度（含）。

（2）以发酵酒为酒基，酒精度低于20度（含）的配制酒，按其他酒税率征收消费税。

（3）其他配制酒，按白酒税率征收消费税。

以蒸馏酒或食用酒精为酒基，是指酒基中蒸馏酒或食用酒精的比重超过80%（含）；以发酵酒为酒基，是指酒基中发酵酒的比重超过80%（含）。

### （三）生产或委托加工卷烟适用税率的确定

（1）纳税人自产自用的卷烟应当按照纳税人生产的同牌号规格的卷烟销售价格确定征税类别和适用税率。

（2）卷烟由于接装过滤嘴、改变过包装或其他原因提高销售价格后，应当按照新的销售价格确定征税类别和适用税率。

（3）委托加工的卷烟按照受托方同牌号规格卷烟的征税类别和适用税率征税；没有同牌号规格卷烟的，一律按卷烟最高税率征税。

（4）残次品卷烟应当按照同牌号规格正品卷烟的征税类别确定适用税率。

# 第四节 消费税应纳税额的计算

## 一、消费税的计税依据

### （一）从价计征销售额的确定

#### 1. 销售额的确定

销售额，是指为纳税人销售应税消费品向购买方收取的全部价款和价外费用，不包括应向购买方收取的增值税税款。价外费用，是指价外向购买方收取的手续费、补贴、基金、集资费、返还利润、奖励费、违约金、滞纳金、延期付款利息、赔偿金、代收款项、代垫款项、包装费、包装物租金、储备费、优质费、运输装卸费及其他各种性质的价外收费。但下列项目不包括在销售额内：

（1）同时符合以下条件的代垫运输费用：承运部门的运输费用发票开具给购买方；纳税人将该项发票转交给购买方。

（2）同时符合以下条件代为收取的政府性基金或者行政事业性收费：由国务院或者财政部批准设立的政府性基金，由国务院或者省级人民政府及其财政、价格主管部门批准设立的行政事业性收费；收取时开具省级以上财政部门印制的财政票据；所收款项全额上缴财政。

#### 2. 含增值税销售额的换算

应税消费品在缴纳消费税的同时，与一般货物一样，还应缴纳增值税。按照《中华人民共和国消费税暂行条例实施细则》的规定，应税消费品的销售额，不包括应向购货方收取的增值税税款。如果纳税人应税消费品的销售额中未扣除增值税税款或者因不得开具增值税专用发票而发生价款和增值税税款合并收取的，在计算消费税时，应将含增值税的销售额换算为不含增值税税款的销售额。其换算公式为：

应税消费品的销售额＝含增值税的销售额 ÷（1+ 增值税税率或征收率）

在使用换算公式时，应根据纳税人的具体情况分别使用增值税税率或征收率。如果消费税的纳税人是增值税一般纳税人的，应适用 17% 的增值税税率；如果消费税的纳税人是增值税小规模纳税人的，应适用 3% 的征收率。

### （二）从量计征销售数量的确定

#### 1. 销售数量的确定

销售数量，是指纳税人生产、加工和进口应税消费品的数量。具体规定为：

（1）销售应税消费品的，为应税消费品的销售数量。

（2）自产自用应税消费品的，为应税消费品的移送使用数量。

（3）委托加工应税消费品的，为纳税人收回的应税消费品数量。

（4）进口应税消费品的，为海关核定的应税消费品进口征税数量。

#### 2. 从量定额的换算标准

为了规范不同产品的计量单位，准确计算应纳税额，《中华人民共和国消费税暂行条例实施细则》规定了吨与升两个计量单位的换算标准。具体标准如表 3-2 所示。

表 3-2 计量单位换算表

| 序号 | 项目 | 标准 |
|---|---|---|
| 1 | 黄酒 | 1 吨 =962 升 |
| 2 | 啤酒 | 1 吨 =988 升 |
| 3 | 汽油 | 1 吨 =1 388 升 |
| 4 | 柴油 | 1 吨 =1 176 升 |
| 5 | 航空煤油 | 1 吨 =1 246 升 |
| 6 | 石脑油 | 1 吨 =1 385 升 |
| 7 | 溶剂油 | 1 吨 =1 282 升 |
| 8 | 润滑油 | 1 吨 =1 126 升 |
| 9 | 燃料油 | 1 吨 =1 015 升 |

### （三）复合计征销售额和销售数量的确定

根据《中华人民共和国消费税暂行条例》的规定，卷烟和白酒实行从价定率和从量定额相结合的复合计征办法征收消费税。

销售额为生产销售卷烟、白酒的纳税人向购买方收取的全部价款和价外费用。销售数量为纳税人生产销售、进口、委托加工、自产自用卷烟、白酒的销售数量、海关核定数量、委托方收回数量和移送使用数量。

### （四）特殊情形下销售额和销售数量的确定

（1）纳税人应税消费品的计税价格明显偏低并且无正当理由的，由主管税务机关核定计税价格。其核定权限规定如下：

①卷烟、白酒和小汽车的计税价格由国家税务总局核定，送财政部备案。

②其他应税消费品的计税价格由省、自治区和直辖市国家税务局核定。

③进口的应税消费品的计税价格由海关核定。

（2）纳税人通过自设非独立核算门市部销售的自产应税消费品，应当按照门市部对外销售额或者销售数量征收消费税。

（3）纳税人用于换取生产资料和消费资料、投资入股和抵偿债务等方面的应税消费品，应当以纳税人同类应税消费品的最高销售价格作为计税依据计算消费税。

（4）白酒生产企业向商业销售单位收取的“品牌使用费”是随着应税白酒的销售而向购货方收取的，属于应税白酒销售价款的组成部分，因此，无论企业采取何种方式或以何种名义收取价款，均应并入白酒的销售额，缴纳消费税。

（5）实行从价计征办法征收消费税的应税消费品连同包装销售的，无论包装物是否单独计价以及在会计上如何核算，均应并入应税消费品的销售额，缴纳消费税。

如果包装物不作价随同产品销售，而是收取押金，此项押金则不应并入应税消费品的销售额征税。但对因逾期未收回的包装物不再退还的或者已收取的时间超过 12 个月的押金，应并入应税消费品的销售额，缴纳消费税。

对包装物既作价随同应税消费品销售，又另外收取押金的包装物的押金，凡纳税人在规定的期限内没有退还的，均应并入应税消费品的销售额，按照应税消费品的适用税率缴纳消费税。

对酒类生产企业销售酒类产品而收取的包装物押金，无论押金是否返还及会计上如何核算，均应并入酒类产品的销售额，征收消费税。

（6）纳税人采用以旧换新方式销售的金银首饰，应按实际收取的不含增值税的全部价款确定计税依据征收消费税。

对既销售金银首饰，又销售非金银首饰的生产、经营单位，应将两类商品划分清楚，分别核算销售额；凡划分不清楚或不能分别核算而在生产环节销售的，一律从高适用税率征收消费税；在零售环节销售的，一律按金银首饰征收消费税。

金银首饰与其他产品组成成套消费品销售的，应按销售额全额征收消费税。

金银首饰连同包装物销售的，无论包装是否单独计价以及在会计上如何核算，均应并入金银首饰的销售额计征消费税。

带料加工的金银首饰，应按受托方销售同类金银首饰的销售价格确定计税依据征收消费税。没有同类金银首饰销售价格的，按照组成计税价格计算纳税。

（7）纳税人销售的应税消费品，以人民币以外的货币结算销售额的，其销售额的人民币折合率可以选择销售额发生的当天或者当月 1 日的人民币汇率中间价。纳税人应在事先确定采取何种折合率，确定后 1 年内不得变更。

## 二、消费税应纳税额的计算

### （一）生产销售应纳消费税的计算

#### 1. 实行从价定率计征消费税的计算

实行从价定率计征消费税，其计算公式为：

应纳消费税税额 = 销售额 × 比例税率

经典案例

某化妆品生产企业为增值税一般纳税人。2019 年 5 月 15 日，该企业向某商场销售高档化妆品一批，取得含增值税销售额 200 万元。已知高档化妆品适用的增值税税率为 13%，消费税税率为 15%。计算该企业当月应纳消费税税额。

【解析】根据消费税法律制度的规定，化妆品属于从价定率计征消费税税目。从价计征消费税的销售额不包括向购货方收取的增值税税款，因此，在计算消费税时，应将含税销售额换算成不含税销售额。计算过程如下：

不含税销售额 =200 ÷（1+13%）≈ 176.99（万元）

应纳消费税税额 =176.99 × 15%=26.55（万元）

#### 2. 实行从量定额计征消费税的计算

实行从量定额计征消费税，其计算公式为：

应纳消费税税额 = 销售数量 × 定额税率

经典案例

某石化公司 2018 年 6 月销售汽油 2 000 吨，柴油 500 吨，另向本公司在建工程车辆提供汽油 15 吨。已知汽油 1 吨 =1 388 升，柴油 1 吨 =1 176 升；汽油的定额税率为 1.52 元 / 升，柴油的定额税率为 1.2 元 / 升。计算该公司当月应纳消费税税额。

【解析】根据消费税法律制度的规定，纳税人将应税消费品用于在建工程的应当征收消费税。计算过程如下：

销售汽油应纳税额 =2 000×1 388×1.52÷10 000≈421.95（万元）

销售柴油应纳税额 =500×1 176×1.2÷10 000=70.56（万元）

在建工程车辆使用汽油应纳税额 =15×1 388×1.52÷10 000≈3.16（万元）

应纳消费税税额合计 =421.95+70.56+3.16=495.67（万元）

### 3. 实行从价定率和从量定额复合方法计征消费税的计算

实行从价定率和从量定额复合方法计征消费税，其计算公式为：

应纳消费税税额 = 销售额 × 比例税率 + 销售数量 × 定额税率

现行消费税的征税范围中，只有卷烟、白酒采用复合计算方法。

经典案例

某卷烟生产企业为增值税一般纳税人。2018 年 6 月，该企业销售乙类卷烟 1 500 标准条，取得含增值税销售额 92 800 元。已知乙类卷烟消费税比例税率为 36%，定额税率为 0.003 元 / 支，每标准条有 200 支；增值税税率为 13%。计算该企业当月应纳消费税税额。

【解析】根据消费税法律制度的规定，卷烟实行从价定率和从量定额复合方法计征消费税。计算过程如下：

不含增值销售额 =92 800÷（1+13%）≈82 124（元）

从价定率应纳税额 =82 124×36%=29 564.64（元）

从量定额应纳税额 =1 500×200×0.003=900（元）

应纳消费税税额合计 =29 564.64+900=30 464.64（元）

## （二）自产自用应纳消费税的计算

纳税人自产自用的应税消费品，用于连续生产的，不纳税；凡用于其他方面的，于移送使用时，按照纳税人生产的同类消费品的销售价格计算纳税；没有同类消费品销售价格的，按照组成计税价格计算纳税。

### 1. 实行从价定率计征消费税

实行从价定率计征消费税，计算公式为：

组成计税价格 =（成本 + 利润）÷（1– 比例税率）

应纳消费税税额 = 组成计税价格 × 比例税率

经典案例

2018 年 7 月，某化妆品厂将生产的高档化妆品作为福利发放给职工，该批化妆品无同类产品市场销售价格。已知该批化妆品的生产成本是 10 万元，成本利润率为 5%，消费税税率为 15%。计算该批化妆品应纳消费税税额。

【解析】纳税人自产自用的应税消费品，用于企业员工福利的，应按照同类消费品的销售价格计算缴纳消费税；无同类产品市场销售价格，按照组成计税价格计算纳税。计算过程如下：

组成计税价格 $= (10+10\times5\%) \div (1-15\%) \approx 12.35$（万元）

应纳消费税税额 $=12.35\times15\%=1.85$（万元）

重点提示

导入案例中，企业向员工免费发放新型焰火 100 箱，属于自产自用应税消费品。纳税人自产自用应税消费品，用于连续生产的，不纳税；用于其他方面的，于移送使用时，按照同类消费品的销售价格计算纳税；没有同类消费品销售价格的，按照组成计税价格计算纳税。导入案例中，100 箱焰火作为福利发放，并未用于连续生产，应当缴纳消费税。同时，没有同类消费品的销售价格，应当按照组成计税价格计算纳税。计算过程如下：

组成计税价格 $=[135.72\times100\times(1+5\%)]\div(1-15\%)\approx16\,765.41$（元）

应纳消费税税额 $=16\,765.41\times15\%\approx2\,514.81$（元）

### 2. 实行复合计税计征消费税

实行复合计税计征消费税，计算公式为：

组成计税价格 =（成本 + 利润 + 自产自用数量 × 定额税率）÷（1– 比例税率）

应纳消费税税额 = 组成计税价格 × 比例税率 + 自产自用数量 × 定额税率

上述公式中所说的“成本”，是指应税消费品的产品生产成本。

上述公式中所说的“利润”，是指根据应税消费品的全国平均成本利润率计算的利润。应税消费品全国平均成本利润率由国家税务总局确定。具体标准如表 3-3 所示。

表 3-3　平均成本利润率

| 货物名称 | 利润率 | 货物名称 | 利润率 |
|---|---|---|---|
| 1. 甲类卷烟 | 10% | 11. 摩托车 | 6% |
| 2. 乙类卷烟 | 5% | 12. 高尔夫球及球具 | 10% |
| 3. 雪茄烟 | 5% | 13. 高档手表 | 20% |
| 4. 烟丝 | 5% | 14. 游艇 | 10% |
| 5. 粮食白酒 | 10% | 15. 木制一次性筷子 | 5% |
| 6. 薯类白酒 | 5% | 16. 实木地板 | 5% |
| 7. 其他酒 | 5% | 17. 乘用车 | 8% |
| 8. 高档化妆品 | 5% | 18. 中轻型商用客车 | 5% |
| 9. 鞭炮、焰火 | 5% | 19. 电池 | 4% |
| 10. 贵重首饰及珠宝玉石 | 6% | 20. 涂料 | 7% |

经典案例

某白酒厂将新研制的薯类白酒 2 吨作为福利发放给员工，该薯类白酒无同类产品市场销售价格。已知该批薯类白酒生产成本为 50 000 元，成本利润率为 5%，白酒消费税比例税率为 20%；定额税率为 0.5 元 /500 克。计算该批薯类白酒应纳消费税税额。

【解析】纳税人自产自用的应税消费品，用于企业员工福利的，应按照同类消费品的销售价格计算缴纳消费税；没有同类消费品销售价格的，按照组成计税价格计算纳税。计算过程如下：

组成计税价格 =[50 000×（1+5%）+（2×2 000×0.5）]÷（1–20%）=68 125（元）

应纳消费税税额 =68 125×20%+2×2 000×0.5=15 625（元）

### （三）委托加工应纳消费税的计算

委托加工的应税消费品，按照受托方的同类消费品的销售价格计算纳税，没有同类消费品销售价格的，按照组成计税价格计算纳税。

#### 1. 实行从价定率计征消费税

实行从价定率计征消费税，计算公式为：

组成计税价格 =（材料成本 + 加工费）÷（1– 比例税率）

应纳消费税税额 = 组成计税价格 × 比例税率

经典案例

2018 年 3 月，某实木地板生产企业受托为某工厂加工一批实木地板，收取不含增值税的加工费 10 万元，工厂提供的原材料金额为 70 万元。已知该实木地板生产企业无同类产品销售价格，消费税税率为 5%。计算该实木地板生产企业应代收代缴的消费税税额。

【解析】委托加工的应税消费品，应按照受托方的同类消费品的销售价格计算缴纳消费税；没有同类消费品销售价格的，按照组成计税价格计算纳税。计算过程如下：

组成计税价格 =（70+10）÷（1–5%）≈ 84.21（万元）

应代收代缴消费税税额 =84.21×5%=4.21（万元）

#### 2. 实行复合计税计征消费税

实行复合计税计征消费税，计算公式为：

组成计税价格 =（材料成本 + 加工费 + 委托加工数量 × 定额税率）÷（1– 比例税率）

应纳消费税税额 = 组成计税价格 × 比例税率 + 委托加工数量 × 定额税率

材料成本，是指委托方所提供加工材料的实际成本。委托加工应税消费品的纳税人必须在委托加工合同上如实注明（或以其他方式提供）材料成本，凡未提供材料成本的，受托方主管税务机关有权核定其材料成本。

加工费，是指受托方加工应税消费品向委托方所收取的全部费用（包括代垫辅助材料的实际成本），不包括增值税税款。

经典案例

某白酒生产企业2018年6月受托为某工厂加工白酒2吨，收取不含增值税的加工费5万元，工厂提供的原材料金额为30万元。已知该白酒生产企业无同类产品销售价格，白酒消费税比例税率为20%，定额税率为0.5元/500克。计算该白酒生产企业应代收代缴的消费税税额。

【解析】组成计税价格＝（30+5+2×2 000×0.5÷10 000）÷（1–20%）=44（万元）

应代收代缴消费税税额 =44×20%+2×2 000×0.5÷10 000=9（万元）

### （四）进口应税消费品应纳税额的计算

#### 1. 从价定率计征消费税

从价定率计征消费税，计算公式为：

组成计税价格＝（关税完税价格＋关税）÷（1–比例税率）

应纳消费税税额＝组成计税价格 × 比例税率

公式中所称“关税完税价格”，是指海关核定的关税计税价格。

经典案例

2018年4月，某汽车贸易公司从国外进口小汽车60辆。海关核定的每辆小汽车关税完税价为35万元，已知小汽车关税税率为20%，消费税税率为25%，计算该公司进口小汽车应纳消费税税额。

【解析】应纳关税税额 =35×60×20%=420（万元）

组成计税价格＝（35×60+420）÷（1–25%）=3 360（万元）

应纳消费税税额 =3 360×25%=840（万元）

#### 2. 复合计税计征消费税

复合计税计征消费税，计算公式为：

组成计税价格＝（关税完税价格＋关税＋进口数量 × 定额税率）÷（1–比例税率）

应纳消费税税额＝组成计税价格 × 比例税率＋进口数量 × 定额税率

进口环节消费税除国务院另有规定外，一律不得给予减税、免税。

经典案例

2018年7月，某烟草公司进口甲类卷烟200标准箱，海关核定的每箱卷烟完税价格为3.5万元。已知卷烟关税税率为25%，消费税比例税率为56%，定额税率为0.003元/支；每标准箱有250条，每条200支。计算该公司进口卷烟应纳消费税税额。

【解析】应纳关税税额 =200×3.5×25%=175（万元）

组成计税价格＝（200×3.5+175+200×250×200×0.003÷10 000）÷（1–56%）

≈1 995.45（万元）

应纳消费税税额 =1 995.45×56%+200×250×200×0.003÷10 000≈1 120.45（万元）

## 三、已纳消费税的扣除

为了避免重复征税，将外购应税消费品和委托加工收回的应税消费品继续生产应税消费品销售的，可将外购应税消费品和委托加工收回的应税消费品已缴纳的消费税给予扣除。

### （一）外购应税消费品已纳消费税的扣除

由于某些应税消费品是用外购已缴纳消费税的应税消费品连续生产出来的，在对这些连续生产出来的应税消费品计算征税时，税法规定应按当期生产领用数量计算准予扣除外购的应税消费品已纳的消费税税款。扣除范围包括：

（1）外购已税烟丝生产的卷烟；

（2）以外购已税高档化妆品为原料生产的高档化妆品；

（3）以外购已税珠宝、玉石为原料生产的贵重首饰及珠宝、玉石；

（4）以外购已税鞭炮、焰火为原料生产的鞭炮、焰火；

（5）以外购已税杆头、杆身和握把为原料生产的高尔夫球杆；

（6）以外购已税木制一次性筷子为原料生产的木制一次性筷子；

（7）以外购已税实木地板为原料生产的实木地板；

（8）以外购已税石脑油、润滑油、燃料油为原料生产的成品油；

（9）以外购已税汽油、柴油为原料生产的汽油、柴油。

上述当期准予扣除外购应税消费品已纳消费税税款的计算公式为：

当期准予扣除的外购应税消费品已纳税款＝当期准予扣除的外购应税消费品买价 ×
外购应税消费品适用税率

当期准予扣除的外购应税消费买价＝期初库存的外购应税消费品的买价＋当期购进的应税消费品的买价－期末库存的外购应税消费品的买价

外购已税消费品的买价，是指购货发票上注明的销售额（不包括增值税税款）。

纳税人以外购的已税珠宝、玉石为原料生产的改在零售环节征收消费税的金银首饰（镶嵌首饰），在计税时一律不得扣除外购珠宝、玉石的已纳税款。

对自己不生产应税消费品，而只是购进后再销售应税消费品的工业企业，其销售的高档化妆品、鞭炮、焰火和珠宝、玉石，凡不能构成最终消费品直接进入消费品市场，而需进一步生产加工的，应当征收消费税，同时允许扣除上述外购应税消费品的已纳税款。

允许扣除已纳税款的应税消费品只限于从工业企业购进的应税消费品和进口环节已缴纳消费税的应税消费品，对从境内商业企业购进应税消费品的已纳的税款一律不得扣除。

### （二）委托加工收回的应税消费品已纳消费税的扣除

委托加工的应税消费品因为已由受托方代收代缴消费税，因此，委托方收回货物后用于连续生产应税消费品的，其已纳税款准予按照规定从连续生产的应税消费品应纳消费税税额中抵扣。按照消费税法的规定，下列连续生产的应税消费品准予从应纳消费税税额中按当期生产领用数量计算扣除委托加工收回的应税消费品已纳的消费税税款。

（1）以委托加工收回的已税烟丝为原料生产的卷烟；

（2）以委托加工收回的已税高档化妆品为原料生产的高档化妆品；

（3）以委托加工收回的已税珠宝、玉石为原料生产的贵重首饰及珠宝、玉石；

（4）以委托加工收回的已税鞭炮、焰火为原料生产的鞭炮、焰火；

（5）以委托加工收回的已税杆头、杆身和握把为原料生产的高尔夫球杆；

（6）以委托加工收回的已税木制一次性筷子为原料生产的木制一次性筷子；

（7）以委托加工收回的已税实木地板为原料生产的实木地板；

（8）以委托加工收回的已税石脑油、润滑油、燃料油为原料生产的成品油；

（9）以委托加工收回的已税汽油、柴油为原料生产的汽油、柴油。

上述当期准予扣除委托加工收回的应税消费品已纳消费税税款的计算公式为：

当期准予扣除的委托加工应税消费品已纳税款＝期初库存的委托加工应税消费品已纳税款＋当期收回的委托加工应税消费品已纳税款－期末库存的委托加工应税消费品已纳税款

纳税人以委托加工收回的已税珠宝、玉石为原料生产的改在零售环节征收消费税的金银首饰，在计税时一律不得扣除委托加工收回的珠宝、玉石的已纳消费税税款。

# 第五节　消费税的征收管理

## 一、纳税义务发生时间

（1）纳税人销售应税消费品的，按不同的销售结算方式确定，具体为：

1）采取赊销和分期收款结算方式的，纳税义务发生时间为书面合同约定的收款日期的当天；书面合同没有约定收款日期或者无书面合同的，纳税义务发生时间为发出应税消费品的当天。

2）采取预收货款结算方式的，纳税义务发生时间为发出应税消费品的当天。

3）采取托收承付和委托银行收款方式的，纳税义务发生时间为发出应税消费品并办妥托收手续的当天。

4）采取其他结算方式的，纳税义务发生时间为收讫销售款或者取得索取销售款凭据的当天。

（2）纳税人自产自用应税消费品的，纳税义务发生时间为移送使用的当天。

（3）纳税人委托加工应税消费品的，纳税义务发生时间为纳税人提货的当天。

（4）纳税人进口应税消费品的，纳税义务发生时间为报关进口的当天。

## 二、纳税地点

（1）纳税人销售的应税消费品，以及自产自用的应税消费品，除国务院财政、税务主管部门另有规定外，应当向纳税人机构所在地或者居住地的主管税务机关申报纳税。

（2）委托加工的应税消费品，除受托方为个人外，由受托方向机构所在地或者居住地的主管税务机关解缴消费税税款。受托方为个人的，由委托方向机构所在地的主管税务机关申报纳税。

（3）进口的应税消费品，由进口人或者其代理人向报关地海关申报纳税。

（4）纳税人到外县（市）销售或者委托外县（市）代销自产应税消费品的，应在应税消费品销售以后，向机构所在地或者居住地主管税务机关申报纳税。

（5）纳税人的总机构与分支机构不在同一县（市）的，应当分别向各自机构所在地的主管税务机关申报纳税。

纳税人的总机构与分支机构不在同一县（市），但在同一省（自治区、直辖市）范围内，经省（自治区、直辖市）财政厅（局）、国家税务局审批同意，可以由总机构汇总向总机构所在地的主管税务机关申报缴纳消费税。省（自治区、直辖市）财政厅（局）、国家税务局应将审批同意的结果，上报财政部、国家税务总局备案。

（6）纳税人销售的应税消费品，如因质量等原因由购买者退回时，经机构所在地或者居住地主管税务机关审核批准后，可退还已缴纳的消费税税款。

（7）出口的应税消费品办理退税后，发生退关，或者国外退货进口时予以免税的，报关出口者必须及时向其机构所在地或者居住地主管税务机关申报补缴已退还的消费税税款。纳税人直接出口的应税消费品办理免税后，发生退关或者国外退货，进口时已予以免税的，经机构所在地或者居住地主管税务机关批准，可暂不办理补税，待其转为国内销售时，再申报补缴消费税。

（8）个人携带或者邮寄进境的应税消费品的消费税，连同关税一并计征，具体办法由国务院关税税则委员会会同有关部门制定。

## 三、纳税期限

消费税的纳税期限分别为1日、3日、5日、10日、15日、1个月或者1个季度；纳税人的具体纳税期限，由主管税务机关根据纳税人应纳税额的大小分别核定；不能按照固定期限纳税的，可以按次纳税。

纳税人以1个月或者1个季度为1个纳税期的，自期满之日起15日内申报纳税；以1日、3日、5日、10日或者15日为1个纳税期的，自期满之日起5日内预缴税款，于次月1日起至15日内申报纳税并结清上月应纳税款。

纳税人进口应税消费品，应当自海关填发海关进口消费税专用缴款书之日起15日内缴纳税款。

## 本章小结

消费税，是指在我国境内从事生产、委托加工和进口应税消费品的单位和个人，就其销售收入或产品销售数量征收的一种税。消费税的特点有：征税项目具有选择性、征税环节具有单一性、征收方法具有多样性、税负具有转嫁性。

纳税人生产的应税消费品，于纳税人销售时纳税；委托加工的应税消费品，除受托方为个人外，由受托方在向委托方交货时代收代缴消费税，委托个人加工的应税消费品，由委托方收回后缴纳消费税；单位和个人进口应税消费品，于报关进口时缴纳消费税；金银首饰、钻石饰品消费税改为零售环节征收，进口环节暂不征收；零售超豪华小汽车，在生产（进口）环节按现行税率征收消费税基础上，在零售环节加征消费税；生产销售卷烟的纳税人，在卷烟批发环节加征一道消费税，卷烟批发企业将卷烟销售给其他烟草批发企业的，不缴纳消费税。

现行消费税税目共有 15 个，具体包括：烟，酒，高档化妆品，贵重首饰及珠宝玉石，鞭炮、焰火，成品油，摩托车，小汽车，高尔夫球及球具，高档手表，游艇，木制一次性筷子；实木地板，电池，涂料。

消费税税率有比例税率和定额税率两种形式。生产销售应纳消费税的计算可以实行从价定率、从量定额和复合计征的方法计算消费税。纳税人自产自用的应税消费品，用于连续生产应税消费品的，不纳税；凡用于其他方面的，于移送使用时，按照纳税人生产的同类消费品的销售价格计算纳税；没有同类消费品销售价格的，按照组成计税价格计算纳税。委托加工的应税消费品，按照受托方的同类消费品的销售价格计算纳税，没有同类消费品销售价格的，按照组成计税价格计算纳税。纳税人进口应税消费品，按照组成计税价格和规定的税率计算应纳税额。为了避免重复征税，将外购应税消费品和委托加工收回的应税消费品继续生产应税消费品销售的，可将外购应税消费品和委托加工收回税消费品已缴纳的消费税给予扣除。消费税应按照规定的纳税义务发生时间、纳税地点、纳税期限申报纳税。

## 基础知识测评

1. 什么是消费税？与增值税相比，消费税具有哪些特点？
2. 简要叙述针对不同的应税消费品，消费税的纳税环节是什么。
3. 消费税税目有哪些？
4. 消费税的税率有哪几种形式？
5. 生产销售应税消费品，如何计算消费税？
6. 自产自用应税消费品，如何计算消费税？
7. 委托加工应税消费品，如何计算消费税？

8. 进口应税消费品，如何计算消费税？

9. 简要叙述针对不同的销售方式，消费税的纳税义务发生时间有哪几种。

## 岗位能力测评

1. 某外贸企业对出口和内销业务分别进行会计核算，2018 年 3 月发生下列业务：

（1）进口高尔夫球具一批，货物价值折合人民币 40 万元，包装费 3 万元，进口运费和保险费 2 万元，支付给代理人佣金 1 万元，支付境内报关及送达企业运杂费 2 万元；

（2）进口本企业装修用材料一批，货物价值折合人民币 30 万元，支付境外中介费 2 万元，境内运输费 1 万元，该批材料用于装修本公司展示厅。

已知：高尔夫球具的关税税率为 15%，消费税税率为 10%，增值税税率为 13%；装修材料的关税税率为 5%，增值税税率为 13%。

要求：根据上述材料，分析回答下列问题：

（1）该企业进口环节应纳的关税是多少？

（2）该企业进口环节海关代征税是多少？

2. 某卷烟厂（增值税一般纳税人）2018 年 7 月生产销售情况如下：

（1）外购生产用水，取得的增值税专用发票上注明价款为 1.5 万元，增值税税额 0.195 万元。

（2）本月共销售甲类卷烟 400 标准箱，取得销售额 800 万元；销售乙类卷烟 200 标准箱，取得销售额 200 万元。

（3）销售给本厂职工乙类卷烟 8 标准箱，取得销售额 6 万元。

已知：甲类卷烟消费税比例税率为 56%，定额税率为 0.003 元 / 支；乙类卷烟比例税率为 36%，定额税率为 0.003 元 / 支；每标准箱有 250 条，每条 200 支；销售卷烟增值税税率为 13%。

要求：根据以上业务，计算 7 月该卷烟厂应纳的增值税和消费税税额各是多少？

# 第四章 企业所得税法律制度

## 岗位要求

### 知识目标

- 了解我国企业所得税的发展历史，企业所得税的征收管理制度。
- 理解企业所得税的概念、特征及计税原理，非居民企业有关企业所得税税收法律规定。
- 掌握企业所得税的纳税人、征税范围、税率、应纳税所得额及应纳税额的计算、资产的税务处理、税收优惠的主要规定。

### 能力目标

- 能区分居民企业和非居民企业。
- 能区分收入的货币形式和非货币形式。
- 会判断收入总额的范围。
- 会判断不征税收入的范围。
- 会判断免税收入的范围。
- 根据税法规定的各类扣除标准，会计算税前扣除金额，并能进行纳税调整。
- 会判断不得税前扣除项目的范围。
- 能熟练操作各类资产的税务处理，并会进行相应的纳税调整。
- 会计算企业所得税应纳税所得额及应纳税额。
- 能进行税收优惠的具体操作。

## 关键词

居民纳税人 非居民纳税人 收入总额 抵免税额 不征税收入 免税收入 非营利组织 借款费用 职工福利费 工会经费 职工教育经费 广告费 业务宣传费 业务招待费 公益性捐赠 弥补亏损 资产 长期待摊费用 直接计算法 间接计算法 高新技术企业 小型微利企业 加计扣除 研究开发费用 投资抵免 加速折旧 源泉扣缴 核定征收

导入案例

某企业登记注册地是美国，但实际管理机构位于中国上海。2018 年度取得货物销售收入 1 000 万元、境外出租设备收入 200 万元、转让闲置厂房收入 500 万元、购买银行理财产品收益 60 万元；对某小学直接捐赠现金 10 万元及市场售价 30 万元的自产货物。

根据上述资料，分析回答下列问题：

1. 判断该企业是居民企业还是非居民企业？如何承担纳税义务？

2. 上述收入中，哪些属于企业所得税规定的收入总额中的项目？

3. 什么是公益性捐赠？企业当年对某小学的捐赠，是否允许税前扣除？其中捐赠的自产货物是否属于视同销售货物行为？

# 第一节 企业所得税概述

## 一、企业所得税的概念和特征

### （一）企业所得税的概念

企业所得税，是指对中华人民共和国境内的企业和其他取得收入的组织以其生产经营所得为课税对象所征收的一种所得税。企业，是指按国家规定注册、登记的经营实体。有生产经营所得和其他所得的其他组织，是指经国家有关部门批准，依法注册、登记的，有生产经营所得和其他所得的事业单位、社会团体等组织。

### （二）企业所得税的特征

#### 1. 以所得额为课税对象

企业所得税的课税对象是总收入扣除成本、费用后的净所得额，即在企业会计利润的基础上进行纳税调整，以调整后的应纳税所得额为课税对象。

#### 2. 征税以量能负担为原则

所得多、负担能力大的多征，所得少、负担能力小的少征，无所得、没有负担能力的不征，以体现税收公平的原则。

#### 3. 实行按年计算，分期预缴的征收办法

企业所得税的征收一般是以全年的应纳税所得额为计税依据的，实行按年计算、分月或分季预缴、年终汇算清缴的征收办法。对经营时间不足一年的企业，要将实际经营期间的所得额换算成一年的所得额计算缴纳所得税。

#### 4. 政策规定复杂，操作难度较大

企业所得税涉及企业经营的各个环节，与会计处理相比差异大、政策多、操作难度大。

### 二、企业所得税的计税原理

企业所得税的计税原理是在计算企业实现的会计利润的基础上，对收入总额、各类成本费用项目、各种资产处理按照税法规定的范围和标准进行纳税调整，从而形成应纳税所得额；对应纳税所得额扣除规定的抵免税额和减免税额后，按照适用税率计算应纳税额。

### 三、企业所得税法

《中华人民共和国企业所得税法》是为了使中国境内企业和其他取得收入的组织缴纳企业所得税制定的法律。《企业所得税法》由中华人民共和国第十届全国人民代表大会第五次会议于 2007 年 3 月 16 日通过，2017 年 2 月 24 日第十二届全国人民代表大会常务委员会第二十六次会议《关于修改〈中华人民共和国企业所得税法〉的决定》修正。

## 第二节　企业所得税纳税人、征税范围及税率

### 一、纳税人

在中华人民共和国境内，企业和其他取得收入的组织（统称企业）为企业所得税的纳税人。企业所得税纳税人包括各类企业、事业单位、社会团体、民办非企业单位和从事经营活动的其他组织。依照中国法律、行政法规成立的个人独资企业、合伙企业，不属于企业所得税纳税人，不缴纳企业所得税。 企业分为居民企业和非居民企业，分别确定不同的纳税义务。

#### （一）居民企业

居民企业，是指依法在中国境内成立，或者依照外国（地区）法律成立但实际管理机构在中国境内的企业。

依法在中国境内成立的企业，包括依照中国法律、行政法规在中国境内成立的企业、事业单位、社会团体以及其他取得收入的组织。实际管理机构，是指对企业的生产经营、人员、账务、财产等实施实质性全面管理和控制的机构。

#### （二）非居民企业

非居民企业，是指依照外国（地区）法律成立且实际管理机构不在中国境内，但在中国境内设立机构、场所的，或者在中国境内未设立机构、场所，但有来源于中国境内所得的企业。

依照外国（地区）法律成立的企业，包括依照外国（地区）法律成立的企业和其他取得收入的组织。机构、场所，是指在中国境内从事生产经营活动的机构、场所，包括：

①管理机构、营业机构、办事机构；②工厂、农场、开采自然资源的场所；③提供劳务的场所；④从事建筑、安装、装配、修理、勘探等工程作业的场所；⑤其他从事生产经营活动的机构、场所。非居民企业委托营业代理人在中国境内从事生产经营活动的，包括委托单位或者个人经常代其签订合同，或者储存、交付货物等，该营业代理人视为非居民企业在中国境内设立的机构、场所。

经典案例

W公司是由中国境内的Y企业作为主要控股投资者，在境外依据外国法律注册成立的公司。W公司负责实施日常生产经营管理运作的高层管理人员及其高层管理部门履行职责的场所主要位于中国境内；W公司的财务决策和人事决策由位于中国境内的Y企业决定；W公司的主要财产、会计账簿、公司印章、董事会和股东会议纪要档案等存放于中国境内；W公司1/2以上有投票权的董事或高层管理人员经常居住于中国境内。试分析：W公司属于我国企业所得税居民企业吗？

【解析】W公司是依据外国法律成立的企业，但企业的生产经营、人员、账务、财产等实施实质性全面管理和控制的机构在中国境内，根据相关法律、法规的规定，依照外国法律成立但实际管理机构在中国境内的企业，属于我国企业所得税居民企业。

## 二、征税范围

### （一）居民企业的征税范围

居民企业应当就其来源于中国境内、境外的所得缴纳企业所得税，包括销售货物所得，提供劳务所得，转让财产所得，股息、红利等权益性投资所得，利息所得，租金所得，特许权使用费所得，接受捐赠所得和其他所得。

### （二）非居民企业的征税范围

非居民企业在中国境内设立机构、场所的，应当就其所设机构、场所取得的来源于中国境内的所得，以及发生在中国境外但与其所设机构、场所有实际联系的所得，缴纳企业所得税。

非居民企业在中国境内未设立机构、场所的，或者虽设立机构、场所但取得的所得与其所设机构、场所没有实际联系的，应当就其来源于中国境内的所得缴纳企业所得税。

实际联系，是指非居民企业在中国境内设立的机构、场所拥有据以取得所得的股权、债权，以及拥有、管理、控制据以取得所得的财产等。

### （三）应税所得来源地的确定

来源于中国境内、境外的所得，按照以下原则确定：

（1）销售货物所得，按照交易活动发生地确定；

（2）提供劳务所得，按照劳务发生地确定；

（3）转让财产所得，不动产转让所得按照不动产所在地确定，动产转让所得按照转让动产的企业或者机构、场所所在地确定，权益性投资资产转让所得按照被投资企业所在地确定；

（4）股息、红利等权益性投资所得，按照分配所得的企业所在地确定；

（5）利息所得、租金所得、特许权使用费所得，按照负担、支付所得的企业或者机构、场所所在地确定，或者按照负担、支付所得的个人的住所地确定；

（6）其他所得，由国务院财政、税务主管部门确定。

经典案例

甲公司（注册地为香港）和乙公司（注册地为英国）均为非居民企业，A公司为中国居民企业。甲公司于2010年5月1日向A公司第一次投资100万美元、2015年1月1日第二次投资100万美元，共计持有A公司30%的股权。2018年1月10日，甲公司以1 000万美元将该项股权转让给乙公司，合同于当天生效。试分析：上述跨境交易，甲公司是否应申报缴纳企业所得税?

【解析】根据权益性投资资产转让所得按照被投资企业所在地确定的原则，甲公司应申报缴纳企业所得税。

## 三、税率

企业所得税实行比例税率。

### （一）基本税率

居民企业以及在中国境内设立机构、场所且取得的所得与其所设机构、场所有实际联系的非居民企业，应当就其来源于中国境内、境外的所得缴纳企业所得税，适用税率为25%。

### （二）低税率

非居民企业在中国境内未设立机构、场所的，或者虽设立机构、场所但取得的所得与其所设机构、场所没有实际联系的，应当就其来源于中国境内的所得缴纳企业所得税，适用税率为20%。

# 第三节 企业所得税应纳税所得额的确定

企业所得税以应纳税所得额作为计税依据。企业每一纳税年度的收入总额，减除不征税收入、免税收入、各项扣除以及允许弥补的以前年度亏损后的余额，为应纳税所得额。计算公式如下：

应纳税所得额 = 收入总额 – 不征税收入 – 免税收入 – 各项扣除 – 以前年度亏损

企业应纳税所得额的计算，以权责发生制为原则，属于当期的收入和费用，无论款项是否收付，均作为当期的收入和费用；不属于当期的收入和费用，即使款项已经在当期收付，均不作为当期的收入和费用。在计算应纳税所得额时，企业财务、会计处理办法与税收法律法规的规定不一致的，应当依照税收法律法规的规定计算。

## 一、收入总额

### （一）一般收入的确认

企业以货币形式和非货币形式从各种来源取得的收入，为收入总额。企业取得收入的货币形式，包括现金、存款、应收账款、应收票据、准备持有至到期的债券投资以及债务的豁免等。企业取得收入的非货币形式，包括固定资产、生物资产、无形资产、股权投资、存货、不准备持有至到期的债券投资、劳务以及有关权益等。企业以非货币形式取得的收入，应当按照公允价值确定收入额。公允价值，是指按照市场价格确定的价值。收入总额包括以下几类。

#### 1. 销售货物收入

销售货物收入，是指企业销售商品、产品、原材料、包装物、低值易耗品以及其他存货取得的收入。除企业所得税法及实施条例另有规定外，企业销售收入的确认，必须遵循权责发生制原则和实质重于形式原则。

（1）企业销售商品同时满足下列条件的，应确认收入的实现：

①商品销售合同已经签订，企业已将商品所有权相关的主要风险和报酬转移给购货方；

②企业对已售出的商品既没有保留通常与所有权相联系的继续管理权，也没有实施有效控制；

③收入的金额能够进行可靠的计量；

④已发生或将发生的销售方的成本能够进行可靠的核算。

（2）符合收入确认条件，采取下列商品销售方式的，应按以下规定确认收入实现时间：

①销售商品采用托收承付方式的，在办妥托收手续时确认收入。

②销售商品采取预收款方式的，在发出商品时确认收入。

③销售商品需要安装和检验的，在购买方接受商品以及安装和检验完毕时确认收入。如果安装程序比较简单，可在发出商品时确认收入。

④销售商品采用支付手续费方式委托代销的，在收到代销清单时确认收入。

（3）售后回购方式销售商品。采用售后回购方式销售商品的，销售的商品按售价确认收入，回购的商品作为购进商品处理。有证据表明不符合销售收入确认条件的，如以销售商品方式进行融资，收到的款项应确认为负债，回购价格大于原售价的，差额应在回购期间确认为利息费用。

（4）以旧换新销售商品。销售商品以旧换新的，销售商品应当按照销售商品收入确认条件确认收入，回收的商品作为购进商品处理。

（5）商业折扣与现金折扣。企业为促进商品销售而在商品价格上给予的价格扣除属于商业折扣。商品销售涉及商业折扣的，应当按照扣除商业折扣后的金额确定销售商品收入金额。

债权人为鼓励债务人在规定的期限内付款而向债务人提供的债务扣除属于现金折扣。销售商品涉及现金折扣的，应当按扣除现金折扣前的金额确定销售商品收入金额，现金折扣在实际发生时作为财务费用扣除。

企业因售出商品的质量不合格等原因而在售价上给予的减让属于销售折让；企业因售出商品质量、品种不符合要求等原因而发生的退货属于销售退回。企业已经确认销售收入的售出商品发生销售折让和销售退回，应当在发生当期冲减当期销售商品收入。

（6）组合销售方式销售商品。企业以买一赠一等方式组合销售本企业商品的，不属于捐赠，应将总的销售金额按各项商品的公允价值的比例来分摊确认各项的销售收入。

### 2. 提供劳务收入

提供劳务收入，是指企业从事建筑安装、修理修配、交通运输、仓储租赁、金融保险、邮电通信、咨询经纪、文化体育、科学研究、技术服务、教育培训、餐饮住宿、中介代理、卫生保健、社区服务、旅游、娱乐、加工以及其他劳务服务活动取得的收入。

企业在各个纳税期末，提供劳务交易的结果能够可靠估计的，应采用完工进度（完工百分比）法确认提供劳务收入。

提供劳务交易同时满足下列条件的，应确认收入的实现：①收入的金额能够进行可靠的计量；②交易的完工进度能够进行可靠的确定；③交易中已发生和将发生的成本能够进行可靠的核算。

企业应按照从接受劳务方已收或应收的合同或协议价款确定劳务收入总额，根据纳税期末提供劳务收入总额乘以完工进度扣除以前纳税年度累计已确认提供劳务收入后的金额，确认为当期劳务收入；同时，按照提供劳务估计总成本乘以完工进度扣除以前纳税期间累计已确认劳务成本后的金额，结转为当期劳务成本。

### 3. 转让财产收入

转让财产收入，是指企业转让固定资产、生物资产、无形资产、股权、债权等财产取得的收入。转让财产收入应当按照从财产受让方已收或应收的合同价款确认收入。

### 4. 股息、红利等权益性投资收益

股息、红利等权益性投资收益，是指企业因权益性投资从被投资方取得的收入。股息、红利等权益性投资收益，除国务院财政、税务主管部门另有规定外，按照被投资方做出利润分配决定的日期确认收入的实现。

### 5. 利息收入

利息收入，是指企业将资金提供给他人使用但不构成权益性投资，或者因他人占用

本企业资金取得的收入,包括存款利息、贷款利息、债券利息、欠款利息等收入。利息收入,按照合同约定的债务人应付利息的日期确认收入的实现。

### 6. 租金收入

租金收入，是指企业提供固定资产、包装物或者其他有形资产的使用权取得的收入。租金收入，按照合同约定的承租人应付租金的日期确认收入的实现。如果交易合同或协议中规定租赁期限跨年度，并且租金提前一次性支付的，根据《企业所得税法实施条例》第九条规定的收入与费用配比原则，出租人可对上述已确认的收入，在租赁期内，分期均匀计入相关年度收入。

企业新建的开发产品在尚未完工或办理房地产初始登记、取得产权证前，与承租人签订租赁预约协议的，自开发产品交付承租人使用之日起，出租方取得的预租价款按租金确认收入的实现。

### 7. 特许权使用费收入

特许权使用费收入，是指企业提供专利权、非专利技术、商标权、著作权以及其他特许权的使用权取得的收入。特许权使用费收入，按照合同约定的特许权使用人应付特许权使用费的日期确认收入的实现。

### 8. 接受捐赠收入

接受捐赠收入，是指企业接受的来自其他企业、组织或者个人无偿给予的货币性资产、非货币性资产。接受捐赠收入，按照实际收到捐赠资产的日期确认收入的实现。

### 9. 其他收入

其他收入，是指企业取得的除《企业所得税法》列举的各项收入以外的其他收入，包括企业资产溢余收入、逾期未退包装物押金收入、确实无法偿付的应付款项、已做坏账损失处理后又收回的应收款项、债务重组收入、补贴收入、违约金收入、汇兑收益等。

## （二）特殊收入的确认

企业的下列生产经营业务可以分期确认收入的实现：

（1）以分期收款方式销售货物的，按照合同约定的收款日期确认收入的实现。

（2）企业受托加工制造大型机械设备、船舶、飞机，以及从事建筑、安装、装配工程业务或者提供其他劳务等，持续时间超过 12 个月的，按照纳税年度内完工进度或者完成的工作量确认收入的实现。

（3）采取产品分成方式取得收入的，按照企业分得产品的日期确认收入的实现，其收入额按照产品的公允价值确定。

（4）企业发生非货币性资产交换，以及将货物、财产、劳务用于捐赠、偿债、赞助、集资、广告、样品、职工福利或者利润分配等用途的，应当视同销售货物、转让财产或者提供劳务，但国务院财政、税务主管部门另有规定的除外。

导入案例中，该企业虽然在境外注册登记，但实际管理机构在中国境内，因此属于我国的居民企业，应对境内、境外收入缴纳企业所得税。2018 年度取得的货物销售收入、境外出租设备收入、转让闲置厂房收入以及购买银行理财产品的收益均应计入收入总额。

重点提示

## 二、不征税收入和免税收入

### （一）不征税收入

不征税收入，是指不属于企业营利性活动带来的经济利益，不作为应纳税所得额组成部分的收入。下列收入为不征税收入。

#### 1. 财政拨款

财政拨款，是指各级人民政府对纳入预算管理的事业单位、社会团体等组织拨付的财政资金，但国务院和国务院财政、税务主管部门另有规定的除外。

#### 2. 依法收取并纳入财政管理的行政事业性收费、政府性基金

行政事业性收费，是指依照法律法规等有关规定，按照国务院规定程序批准，在实施社会公共管理，以及在向公民、法人或者其他组织提供特定公共服务过程中，向特定对象收取并纳入财政管理的费用。政府性基金，是指企业依照法律、行政法规等有关规定，代政府收取的具有专项用途的财政资金。

企业收取的各种基金、收费，应计入企业当年收入总额。对企业依照法律、法规及国务院有关规定收取并上缴财政的政府性基金和行政事业性收费，准予作为不征税收入，于上缴财政的当年在计算应纳税所得额时从收入总额中减除；未上缴财政的部分，不得从收入总额中减除。

#### 3. 国务院规定的其他不征税收入

其他不征税收入，是指企业取得的，由国务院财政、税务主管部门规定专项用途并经国务院批准的财政性资金。

### （二）免税收入

免税收入，是指属于企业应税所得，但是按照税法规定免予征收企业所得税的收入。企业的下列收入为免税收入。

#### 1. 国债利息收入

国债利息收入，是指企业持有国务院财政部门发行的国债取得的利息收入。另外，对企业和个人取得的2012年及以后年度发行的地方政府债券利息收入，免征企业所得税。

#### 2. 符合条件的居民企业之间的股息、红利等权益性投资收益

符合条件的居民企业之间的股息、红利等权益性投资收益，是指居民企业直接投资于其他居民企业取得的投资收益。股息、红利等权益性投资收益，不包括连续持有居民

企业公开发行并上市流通的股票不足 12 个月取得的投资收益。

#### 3. 在中国境内设立机构、场所的非居民企业从居民企业取得与该机构、场所有实际联系的股息、红利等权益性投资收益

该项收益，不包括连续持有居民企业公开发行并上市流通的股票不足 12 个月取得的投资收益。

#### 4. 符合条件的非营利组织的收入

符合条件的非营利组织，是指同时符合下列条件的组织：①依法履行非营利组织登记手续；②从事公益性或者非营利性活动；③取得的收入除用于与该组织有关的、合理的支出外，全部用于登记核定或者章程规定的公益性或者非营利性事业；④财产及其孳息不用于分配；⑤按照登记核定或者章程规定，该组织注销后的剩余财产用于公益性或者非营利性目的，或者由登记管理机关转赠给与该组织性质、宗旨相同的组织，并向社会公告；⑥投入人对投入该组织的财产不保留或者享有任何财产权利；⑦工作人员工资福利开支控制在规定的比例内，不变相分配该组织的财产。

符合条件的非营利组织的收入，不包括非营利组织从事营利性活动取得的收入，但国务院财政、税务主管部门另有规定的除外。

## 三、税前扣除项目及标准

### （一）扣除项目

企业实际发生的与取得收入有关的、合理的支出，包括成本、费用、税金、损失和其他支出，准予在计算应纳税所得额时扣除。

有关的支出，是指与取得收入直接相关的支出。合理的支出，是指符合生产经营活动常规，应当计入当期损益或者有关资产成本的必要和正常的支出。

企业发生的支出应当区分收益性支出和资本性支出。收益性支出在发生当期直接扣除；资本性支出应当分期扣除或者计入有关资产成本，不得在发生当期直接扣除。

企业的不征税收入用于支出所形成的费用或者财产，不得扣除或者计算对应的折旧、摊销扣除。除另有规定外，企业实际发生的成本、费用、税金、损失和其他支出，不得重复扣除。

（1）成本，是指企业在生产经营活动中发生的销售成本、销货成本、业务支出以及其他耗费。

（2）费用，是指企业在生产经营活动中发生的销售费用、管理费用和财务费用，已经计入成本的有关费用除外。

（3）税金，是指企业发生的除企业所得税和允许抵扣的增值税以外的各项税金及其附加。

（4）损失，是指企业在生产经营活动中发生的固定资产和存货的盘亏、毁损、报废损失，转让财产损失，呆账损失，坏账损失，自然灾害等不可抗力因素造成的损失以及其他损失。企业发生的损失，减除责任人赔偿和保险赔款后的余额，依照国务院财政、税务主管部门的规定扣除。企业已经作为损失处理的资产，在以后纳税年度又全部收回或者部分收回时，应当计入当期收入。

（5）其他支出，是指除成本、费用、税金、损失外，企业在生产经营活动中发生的与生产经营活动有关的、合理的支出。

### （二）扣除标准

#### 1. 工资、薪金

企业发生的合理的工资、薪金支出，准予扣除。

工资、薪金，是指企业每一纳税年度支付给在本企业任职或者受雇的员工的所有现金形式或者非现金形式的劳动报酬，包括基本工资、奖金、津贴、补贴、年终加薪、加班工资，以及与员工任职或者受雇有关的其他支出。

列入企业员工工资、薪金制度及固定与工资薪金一起发放的福利性补贴，符合规定的，可作为企业发生的工资、薪金支出，按规定在税前扣除。不能同时符合条件的福利性补贴，应作为职工福利费，按规定计算限额税前扣除。

企业接受外部劳务派遣用工所实际发生的费用，应分两种情况按规定在税前扣除：按照合同约定直接支付给劳务派遣公司的费用，应作为劳务费支出；直接支付给员工个人的费用，应作为工资、薪金支出和职工福利费支出。其中属于工资、薪金支出的费用，准予计入企业工资、薪金总额的基数，作为计算其他各项相关费用扣除的依据。

#### 2. 社会保险费

企业依照国务院有关主管部门或者省级人民政府规定的范围和标准为职工缴纳的基本养老保险费、基本医疗保险费、失业保险费、工伤保险费、生育保险费等基本社会保险费和住房公积金，准予扣除。

2008 年 1 月 1 日起，企业根据国家有关政策规定，为在本企业任职或者受雇的全体员工支付的补充养老保险费、补充医疗保险费，分别在不超过职工工资总额 5% 标准内的部分，在计算应纳税所得额时准予扣除；超过的部分，不予扣除。

企业职工因公出差乘坐交通工具发生的人身意外保险费支出，准予企业在计算应纳税所得额时扣除。除企业依照国家有关规定为特殊工种职工支付的人身安全保险费和国务院财政、税务主管部门规定可以扣除的其他商业保险费外，企业为投资者或者职工支付的商业保险费，不得扣除。

#### 3. 借款费用

企业在生产经营活动中发生的合理的、不需要资本化的借款费用，准予扣除。

企业为购置、建造固定资产、无形资产和经过 12 个月以上的建造才能达到预定可销售状态的存货发生借款的，在有关资产购置、建造期间发生的合理的借款费用，应当作为资本性支出计入有关资产的成本，并依照《企业所得税实施条例》的规定扣除。

#### 4. 利息费用

（1）非金融企业向金融企业借款的利息支出、金融企业的各项存款利息支出和同业拆借利息支出、企业经批准发行债券的利息支出，准予据实扣除。

（2）非金融企业向非金融企业借款的利息支出，不超过按照金融企业同期同类贷款利率计算的数额的部分可以据实扣除，超出部分不许扣除。

（3）凡企业投资者在规定期限内未缴足其应缴资本额的，该企业对外借款所发生的利息，相当于投资者实缴资本额与在规定期限内应缴资本额的差额应计付的利息，其不属于企业合理的支出，应由企业投资者负担，不得在计算企业应纳税所得额时扣除。

（4）企业向股东或其他与企业有关联关系的自然人借款的利息支出，应根据《企业所得税法》及《财政部国家税务总局关于企业关联方利息支出税前扣除标准有关税收政策问题的通知》规定的条件，计算企业所得税扣除额。企业向除股东或其他与企业有关联关系的自然人以外的内部职工或其他人员借款的利息支出，其借款情况同时符合以下条件的，其利息支出在不超过按照金融企业同期同类贷款利率计算的数额的部分，准予扣除：①企业与个人之间的借贷是真实、合法、有效的，并且不具有非法集资目的或其他违反法律、法规的行为；②企业与个人之间签订了借款合同。

#### 5. 汇兑损失

企业在货币交易中，以及纳税年度终了时将人民币以外的货币性资产、负债按照期末即期人民币汇率中间价折算为人民币时产生的汇兑损失，除已经计入有关资产成本以及与向所有者进行利润分配相关的部分外，准予扣除。

#### 6. 职工福利费

企业发生的职工福利费支出，不超过工资、薪金总额 14% 的部分，准予扣除。职工福利费应当包括以下内容。

（1）尚未实行分离办社会职能的企业，其内设福利部门所发生的设备、设施和人员费用，包括职工食堂、职工浴室、理发室、医务所、托儿所、疗养院等集体福利部门的设备、设施及维修保养费用和福利部门工作人员的工资、薪金，社会保险费，住房公积金，劳务费等。

（2）为职工卫生保健、生活、住房、交通等所发放的各项补贴和非货币性福利，包括企业向职工发放的因公外地就医费用、未实行医疗统筹企业职工医疗费用、职工供养直系亲属医疗补贴、供暖费补贴、职工防暑降温费、职工困难补贴、救济费、职工食堂经费补贴、职工交通补贴等。

（3）按照其他规定发生的其他职工福利费，包括丧葬补助费、抚恤费、安家费、探亲假期间的路费等。

企业发生的职工福利费，应该单独设置账册，进行准确核算。没有单独设置账册准确核算的，税务机关应责令企业在规定的期限内进行改正。逾期仍未改正的，税务机关可对企业发生的职工福利费进行合理的核定。

### 7. 工会经费

企业拨缴的工会经费，不超过工资、薪金总额 2% 的部分，准予扣除。

### 8. 职工教育经费

自 2018 年 1 月 1 日起，企业发生的职工教育经费支出，不超过工资、薪金总额 8% 的部分，准予在计算企业所得税应纳税所得额时扣除；超过部分，准予在以后纳税年度结转扣除。

软件生产企业发生的职工教育经费中的职工培训费用，可以全额在企业所得税前扣除。软件生产企业应准确划分职工教育经费中的职工培训费支出，对于不能准确划分的，以及准确划分后职工教育经费中扣除职工培训费用的余额，一律按照《财政部 国家税务总局关于企业职工教育经费税前扣除政策的通知》（财税〔2018〕51 号）规定的比例扣除。

集成电路设计企业和符合条件软件企业的职工培训费用，应单独进行核算并按实际发生额在计算应纳税所得额时扣除。

企业的职工教育经费的列支范围包括以下 11 项：①上岗和转岗培训；②各类岗位适应性培训；③岗位培训、职业技术等级培训、高技能人才培训；④专业技术人员继续教育；⑤特种作业人员培训；⑥企业组织的职工外送培训的经费支出；⑦职工参加的职业技能鉴定、职业资格认证等经费支出；⑧购置教学设备与设施；⑨职工岗位自学成才奖励费用；⑩职工教育培训管理费用；⑪ 有关职工教育的其他开支。

以下两种情况不得从职工教育经费中列支：①企业职工参加社会上的学历教育以及个人为取得学位而参加的在职教育，所需费用应由个人承担，不能挤占企业的职工教育培训经费。②对于企业高层管理人员的境外培训和考察，其一次性单项支出较高的费用应从其他管理费用中支出，避免挤占日常的职工教育培训经费开支。

### 9. 业务招待费

企业发生的与生产经营活动有关的业务招待费支出，按照发生额的 60% 扣除，但最高不得超过当年销售（营业）收入的 5‰。

企业在筹建期间，发生的与筹办活动有关的业务招待费支出，可按实际发生额的 60% 计入企业筹办费，并按有关规定在税前扣除。

对从事股权投资业务的企业（包括集团公司总部、创业投资企业等），其从被投资企业所分配的股息、红利以及股权转让收入，可以按规定的比例计算业务招待费扣除限额。

经典案例

某家电生产企业某一纳税年度取得货物销售收入 10 000 万元、提供劳务收入 300 万元、股权转让收入 5 000 万元、专利所有权转让收入 600 万元、出租房屋收入 30 万元、出租设备收入 12 万元、销售使用过的设备收入 3 万元、利息收入 10 万元、股息收入 20 万元、接受捐赠收入 5 万元。企业当年发生业务招待费支出 100 万元。请问：当年允许在税前扣除的业务招待费支出是多少万元？

【解析】销售收入 10 000 万元、提供劳务收入 300 万元、出租房屋收入 30 万元、出租设备收入 12 万元属于营业收入，可以作为计算业务招待费扣除限额的依据，其他收入不能作为计算基数。具体计算如下：

营业收入的 5‰：（10 000+300+30+12）×5‰ =51.71（万元）

发生额的 60%：100×60%=60（万元）

根据税法规定，允许税前扣除业务招待费 51.71 万元。

### 10. 广告费和业务宣传费

企业发生的符合条件的广告费和业务宣传费支出，除国务院财政、税务主管部门另有规定外，不超过当年销售（营业）收入 15% 的部分，准予扣除；超过部分，准予在以后纳税年度结转扣除。

企业在筹建期间，发生的广告费和业务宣传费，可按实际发生额计入企业筹办费，并按有关规定在税前扣除。

对化妆品制造或销售、医药制造和饮料制造（不含酒类制造）企业发生的广告费和业务宣传费支出，不超过当年销售（营业）收入 30% 的部分，准予扣除；超过部分，准予在以后纳税年度结转扣除。

烟草企业的广告费和业务宣传费，一律不得税前扣除。

### 11. 公益性捐赠

企业通过公益性社会组织或者县级（含县级）以上人民政府及其组成部门和直属机构，用于慈善活动、公益事业的捐赠支出，在年度利润总额 12% 以内的部分，准予在计算应纳税所得额时扣除；超过年度利润总额 12% 的部分，准予结转以后三年内在计算应纳税所得额时扣除。

企业在对公益性捐赠支出计算扣除时，应先扣除以前年度结转的捐赠支出，再扣除当年发生的捐赠支出。公益性社会组织，应当依法取得公益性捐赠税前扣除资格。年度利润总额，是指企业依照国家统一会计制度的规定计算的大于零的数额。

重点提示

公益性捐赠，是指企业通过公益性社会组织或者县级（含县级）以上人民政府及其组成部门和直属机构，用于慈善活动、公益事业的捐赠支出。导入案例中，企业对某小学的直接捐赠不属于税法规定的公益性捐赠，不得在税前扣除。

### 12. 保险费

企业参加财产保险，按照规定缴纳的保险费，准予扣除。除此以外，企业参加的其他商业保险费用，一律不允许税前扣除。

企业参加雇主责任险、公众责任险等责任保险，按照规定缴纳的保险费，准予在企业所得税税前扣除。

### 13. 手续费及佣金

（1）财产保险企业、财产保险企业按当年全部保费收入扣除退保金等后余额的15%计算限额；人身保险企业按当年全部保费收入扣除退保金等后余额的10%计算限额。不超过限额以内的部分，准予扣除；超过部分，不得扣除。

（2）其他企业：按与具有合法经营资格中介服务机构或个人（不含交易双方及其雇员、代理人和代表人等）所签订服务协议或合同确认的收入金额的5%计算限额。不超过限额以内的部分，准予扣除；超过部分，不得扣除。

（3）从事代理服务、主营业务收入为手续费、佣金的企业（如证券、期货、保险代理等企业），其为取得该类收入而实际发生的营业成本（包括手续费及佣金支出），准予在税前据实扣除。

企业应与具有合法经营资格中介服务企业或个人签订代办协议或合同，并按国家有关规定支付手续费及佣金。除委托个人代理外，企业以现金等非转账方式支付的手续费及佣金不得在税前扣除。企业为发行权益性证券支付给有关证券承销机构的手续费及佣金不得在税前扣除。企业不得将手续费及佣金支出计入回扣、业务提成、返利、进场费等费用。已计入固定资产、无形资产等相关资产的手续费及佣金支出，应当通过折旧、摊销等方式分期扣除，不得在发生当期直接扣除。企业支付的手续费及佣金不得直接冲减服务协议或合同金额，并如实入账。

### 14. 租赁费

企业根据生产经营活动的需要租入固定资产支付的租赁费，按照以下方法扣除：

（1）以经营租赁方式租入固定资产发生的租赁费支出，按照租赁期限均匀扣除。

（2）以融资租赁方式租入固定资产发生的租赁费支出，按照规定构成融资租入固定资产价值的部分应当提取折旧费用，分期扣除。

### 15. 环境保护专项资金

企业依照法律、行政法规有关规定提取的用于环境保护、生态恢复等方面的专项资金，准予扣除。上述专项资金提取后改变用途的，不得扣除。

### 16. 劳动保护费

企业发生的合理的劳动保护支出，准予扣除。

### 17. 总机构分摊的费用

非居民企业在中国境内设立的机构、场所，就其中国境外总机构发生的与该机构、场所生产经营有关的费用，能够提供总机构出具的费用汇集范围、定额、分配依据和方法等证明文件，并合理分摊的，准予扣除。

### 18. 党组织工作经费

党组织工作经费，实际支出不超过职工年度工资、薪金总额1%的部分，可以据实在企业所得税前扣除。其中，国有企业年末如有结余，结转下一年度使用。累计结转超过上一年度职工工资总额2%的，当年不再从管理费用中安排。党组织工作经费必须用于企业党的建设，使用范围应符合法律、法规规定。

### 19. 有关资产的费用

企业转让各类固定资产发生的费用，允许扣除。企业按规定计算的固定资产折旧费、无形资产和递延资产的摊销费，准予扣除。

### 20. 准予扣除的其他项目

依照有关法律、法规规定，准予扣除的其他项目包括会员费、合理的会议费、差旅费、违约金、诉讼费用等。

## 四、不得扣除项目

在计算应纳税所得额时，下列支出不得扣除：

（1）向投资者支付的股息、红利等权益性投资收益款项。

（2）企业所得税税款。

（3）税收滞纳金。

（4）罚金、罚款和被没收财物的损失。

（5）规定以外的捐赠支出。

（6）赞助支出。赞助支出是指企业发生的与生产经营活动无关的各种非广告性质支出。

（7）未经核定的准备金支出，具体指不符合国务院财政、税务主管部门规定的各项资产减值准备、风险准备等准备金支出。

（8）企业之间支付的管理费、企业内营业机构之间支付的租金和特许权使用费，以及非银行企业内营业机构之间支付的利息。

（9）与取得收入无关的其他支出。

**经典案例**

某企业某年度向投资者分红100万元，预缴企业所得税税款200万元，被市场监督管理部门罚款2万元，直接向某小学捐赠价值20万元的商品，向客户支付违约金5万元。上述支出中，哪些不允许在计算应纳税所得额时扣除？

【解析】向投资者分红100万元、预缴企业所得税税款200万元、被市场监督管理部门罚款2万元、直接向某小学捐赠价值20万元的商品属于不得税前扣除的项目，向客户支付的违约金允许扣除。

## 五、弥补亏损

亏损，是指企业依照规定将每一纳税年度的收入总额减除不征税收入、免税收入和各项扣除后小于零的数额。企业纳税年度发生的亏损，准予向以后年度结转，用以后年度的所得弥补，但结转年限最长不得超过五年。

自2018年1月1日起，当年具备高新技术企业或科技型中小企业资格的企业，其具备资格年度之前5个年度发生的尚未弥补完的亏损，准予结转以后年度弥补，最长结转年限由5年延长至10年。

高新技术企业，是指按照《科技部 财政部 国家税务总局关于修订印发〈高新技术企业认定管理办法〉的通知》(国科发火〔2016〕32号)规定认定的高新技术企业；科技型中小企业，是指按照《科技部 财政部 国家税务总局关于印发〈科技型中小企业评价办法〉的通知》(国科发政〔2017〕115号)规定取得科技型中小企业登记编号的企业。

经典案例

某企业2018年取得高新技术企业资格，其2013年发生的亏损最长能结转到哪一年弥补？如果2018年未取得高新技术企业资格，则2013年发生的亏损最长能结转到哪一年弥补？

【解析】如果未取得高新技术企业资格，则弥补截至2018年；因为取得高新技术企业资格，最长可弥补到2023年。请思考，2023年可能有同时到期的亏损，需要怎么按顺序弥补？

## 六、非居民企业的应纳税所得额

这里的非居民企业，是指依照外国（地区）法律成立且实际管理机构不在中国境内，但在中国境内未设立机构、场所且有来源于中国境内所得的企业，以及虽设立机构、场所但取得的所得与其所设机构、场所没有实际联系的企业。

对非居民企业取得来源于中国境内的股息、红利等权益性投资收益和利息、租金、特许权使用费所得、转让财产所得以及其他所得应当缴纳的企业所得税，实行源泉扣缴，以依照有关法律规定或者合同约定对非居民企业直接负有支付相关款项义务的单位或者个人为扣缴义务人。应纳税所得额按照下列方法计算：

（1）股息、红利等权益性投资收益和利息、租金、特许权使用费所得，以收入全额为应纳税所得额，不得扣除税法规定之外的税费支出。

（2）转让财产所得，以收入全额减除财产净值后的余额为应纳税所得额。

（3）其他所得，参照前两项规定的方法计算应纳税所得额。

经典案例

某非居民企业在中国境内未设立机构场所，某一纳税年度转让其所持有的中国境内企业股权取得收入 1 000 万元，该股权净值为 300 万元。请问：该非居民企业转让该项股权的企业所得税应纳税所得额是多少万元？

【解析】股权转让属于转让财产所得，以收入全额减除财产净值后的余额为应纳税所得额，应纳税所得额为 1 000–300=700（万元）。

# 第四节 资产的税务处理

企业的各项资产，包括固定资产、生物资产、无形资产、长期待摊费用、投资资产、存货等，以历史成本为计税基础。历史成本，是指企业取得该项资产时实际发生的支出。企业持有各项资产期间资产增值或者减值，除国务院财政、税务主管部门规定可以确认损益外，不得调整该资产的计税基础。

企业转让资产，该项资产的净值准予在计算应纳税所得额时扣除。资产的净值，是指有关资产、财产的计税基础减除已经按照规定扣除的折旧、折耗、摊销、准备金等后的余额。除国务院财政、税务主管部门另有规定外，企业在重组过程中，应当在交易发生时确认有关资产的转让所得或者损失，相关资产应当按照交易价格重新确定计税基础。

## 一、固定资产的税务处理

固定资产，是指企业为生产产品、提供劳务、出租或者经营管理而持有的、使用时间超过 12 个月的非货币性资产，包括房屋、建筑物、机器、机械、运输工具以及其他与生产经营活动有关的设备、器具、工具等。在计算应纳税所得额时，企业按照规定计算的固定资产折旧，准予扣除。

### （一）固定资产的计税基础

（1）外购的固定资产，以购买价款和支付的相关税费以及直接归属于使该资产达到预定用途发生的其他支出为计税基础；

（2）自行建造的固定资产，以竣工结算前发生的支出为计税基础；

（3）融资租入的固定资产，以租赁合同约定的付款总额和承租人在签订租赁合同过程中发生的相关费用为计税基础，租赁合同未约定付款总额的，以该资产的公允价值和承租人在签订租赁合同过程中发生的相关费用为计税基础；

（4）盘盈的固定资产，以同类固定资产的重置完全价值为计税基础；

（5）通过捐赠、投资、非货币性资产交换、债务重组等方式取得的固定资产，以该资产的公允价值和支付的相关税费为计税基础；

（6）改建的固定资产，除法定的支出外，以改建过程中发生的改建支出增加计税基础。

### （二）固定资产折旧扣除的范围

下列固定资产不得计算折旧扣除：

（1）房屋、建筑物以外未投入使用的固定资产；

（2）以经营租赁方式租入的固定资产；

（3）以融资租赁方式租出的固定资产；

（4）已足额提取折旧仍继续使用的固定资产；

（5）与经营活动无关的固定资产；

（6）单独估价作为固定资产入账的土地；

（7）其他不得计算折旧扣除的固定资产。

### （三）固定资产的折旧方法

固定资产按照直线法计算的折旧，准予扣除。企业应当自固定资产投入使用月份的次月起计算折旧；停止使用的固定资产，应当自停止使用月份的次月起停止计算折旧。企业应当根据固定资产的性质和使用情况，合理确定固定资产的预计净残值。固定资产的预计净残值一经确定，不得变更。

### （四）固定资产的折旧年限

除国务院财政、税务主管部门另有规定外，固定资产计算折旧的最低年限如下：

（1）房屋、建筑物，为 20 年；

（2）飞机、火车、轮船、机器、机械和其他生产设备，为 10 年；

（3）与生产经营活动有关的器具、工具、家具等，为 5 年；

（4）飞机、火车、轮船以外的运输工具，为 4 年；

（5）电子设备，为 3 年。

从事开采石油、天然气等矿产资源的企业，在开始商业性生产前发生的费用和有关固定资产的折耗、折旧方法，由国务院财政、税务主管部门另行规定。

## 二、生产性生物资产的税务处理

生产性生物资产，是指企业为生产农产品、提供劳务或者出租等而持有的生物资产，包括经济林、薪炭林、产畜和役畜等。

### （一）生产性生物资产的计税基础

生产性生物资产按照以下方法确定计税基础：

（1）外购的生产性生物资产，以购买价款和支付的相关税费为计税基础；

（2）通过捐赠、投资、非货币性资产交换、债务重组等方式取得的生产性生物资产，以该资产的公允价值和支付的相关税费为计税基础。

### （二）生产性生物资产的折旧方法

生产性生物资产按照直线法计算的折旧，准予扣除。企业应当自生产性生物资产投入使用月份的次月起计算折旧；停止使用的生产性生物资产，应当自停止使用月份的次月起停止计算折旧。企业应当根据生产性生物资产的性质和使用情况，合理确定生产性生物资产的预计净残值。生产性生物资产的预计净残值一经确定，不得变更。

### （三）生产性生物资产的折旧年限

生产性生物资产折旧的最低年限如下：

（1）林木类生产性生物资产，为 10 年；

（2）畜类生产性生物资产，为 3 年。

## 三、无形资产的税务处理

无形资产，是指企业为生产产品、提供劳务、出租或者经营管理而持有的、没有实物形态的非货币性长期资产，包括专利权、商标权、著作权、土地使用权、非专利技术、商誉等。在计算应纳税所得额时，企业按照规定计算的无形资产摊销费用，准予扣除。

### （一）无形资产的计税基础

无形资产按照以下方法确定计税基础：

（1）外购的无形资产，以购买价款和支付的相关税费以及直接归属于使该资产达到预定用途发生的其他支出为计税基础；

（2）自行开发的无形资产，以开发过程中该资产符合资本化条件后至达到预定用途前发生的支出为计税基础；

（3）通过捐赠、投资、非货币性资产交换、债务重组等方式取得的无形资产，以该资产的公允价值和支付的相关税费为计税基础。

### （二）无形资产计算摊销费用扣除的范围

下列无形资产不得计算摊销费用扣除：

（1）自行开发的支出已在计算应纳税所得额时扣除的无形资产；

（2）自创商誉；

（3）与经营活动无关的无形资产；

（4）其他不得计算摊销费用扣除的无形资产。

### （三）无形资产的摊销年限

无形资产按照直线法计算的摊销费用，准予扣除。无形资产的摊销年限不得低于 10 年。作为投资或者受让的无形资产，有关法律规定或者合同约定了使用年限的，可以按照规定或者约定的使用年限分期摊销。外购商誉的支出，在企业整体转让或者清算时，准予扣除。

## 四、长期待摊费用的税务处理

长期待摊费用，是指企业发生的应在一个年度以上或几个年度进行摊销的费用。在计算应纳税所得额时，企业发生的下列支出作为长期待摊费用，按照规定摊销的，准予扣除：

（1）已足额提取折旧的固定资产的改建支出，按照固定资产预计尚可使用年限分期摊销。

（2）租入固定资产的改建支出，按照合同约定的剩余租赁期限分期摊销。固定资产的改建支出，是指改变房屋或者建筑物结构、延长使用年限等发生的支出。改建的固定资产延长使用年限的，除另有规定外，应当适当延长折旧年限。

（3）固定资产的大修理支出，按照固定资产尚可使用年限分期摊销。该项支出，是指同时符合下列条件的支出：

①修理支出达到取得固定资产时的计税基础 50% 以上；

②修理后固定资产的使用年限延长 2 年以上。

（4）其他应当作为长期待摊费用的支出，自支出发生月份的次月起，分期摊销，摊销年限不得低于 3 年。

## 五、存货的税务处理

存货，是指企业持有以备出售的产品或者商品、处在生产过程中的在产品、在生产或者提供劳务过程中耗用的材料和物料等。企业使用或者销售存货，按照规定计算的存货成本，准予在计算应纳税所得额时扣除。存货按照以下方法确定成本：

（1）通过支付现金方式取得的存货，以购买价款和支付的相关税费为成本；

（2）通过支付现金以外的方式取得的存货，以该存货的公允价值和支付的相关税费为成本；

（3）生产性生物资产收获的农产品，以产出或者采收过程中发生的材料费、人工费和分摊的间接费用等必要支出为成本。

企业使用或者销售的存货的成本计算方法，可以在先进先出法、加权平均法、个别计价法中选用一种。计价方法一经选用，不得随意变更。

## 六、投资资产的税务处理

投资资产，是指企业对外进行权益性投资和债权性投资形成的资产。企业对外投资期间，投资资产的成本在计算应纳税所得额时不得扣除。企业在转让或者处置投资资产时，投资资产的成本，准予扣除。投资资产按照以下方法确定成本：

（1）通过支付现金方式取得的投资资产，以购买价款为成本；

（2）通过支付现金以外的方式取得的投资资产，以该资产的公允价值和支付的相关税费为成本。

## 七、资产损失的税务处理

资产，是指企业拥有或控制的、用于经营管理活动相关的资产，包括现金、银行存款、应收及预付款项（包括应收票据、各类垫款、企业之间往来款项）等货币性资产，存货、固定资产、无形资产、在建工程、生产性生物资产等非货币性资产，以及债权性投资和股权（权益）性投资。准予在企业所得税税前扣除的资产损失，是指企业在实际处置、转让上述资产过程中发生的合理损失（实际资产损失），以及企业虽未实际处置、转让上述资产，但符合规定条件计算确认的损失（法定资产损失）。

企业实际资产损失，应当在其实际发生且会计上已做损失处理的年度申报扣除；法定资产损失，在会计上已做损失处理的年度申报扣除。企业发生的资产损失，应按规定的程序和要求向主管税务机关申报后方能在税前扣除。未经申报的损失，不得在税前扣除。

企业以前年度发生的资产损失未能在当年税前扣除的，可以按照规定，向税务机关说明并进行专项申报扣除。其中，属于实际资产损失，准予追补至该项损失发生年度扣除，其追补确认期限一般不得超过五年。

企业因以前年度实际资产损失未在税前扣除而多缴的企业所得税税款，可在追补确认年度企业所得税应纳税款中予以抵扣，不足抵扣的，向以后年度递延抵扣。

# 第五节　企业所得税应纳税额的计算

## 一、居民企业应纳税额的计算

### （一）直接计算法

直接计算法即先计算出应纳税所得额，再计算应纳税额。计算公式如下：

应纳税所得额 = 企业每一纳税年度的收入总额 – 不征税收入 – 免税收入 – 各项扣除 – 允许弥补的以前年度亏损

企业所得税应纳税额 = 应纳税所得额 × 适用税率 – 减免税额 – 抵免税额

经典案例

某工业企业 2018 年收入总额为 5 000 万元，不征税收入为 0 万元，免税收入为 50 万元，允许扣除的成本、费用、税金及损失为 4 000 万元，允许弥补的以前亏损为 100 万元，无减免税额及抵免税额。计算该企业 2018 年企业所得税应纳税额。

【解析】企业所得税应纳税额 =（5 000–50–4 000–100）×25%=212.5（万元）

### （二）间接计算法

间接计算法即先确定利润总额，在此基础上进行纳税调整，从而计算出应纳税所得额及企业所得税应纳税额。计算公式如下：

应纳税所得额 = 利润总额 ± 纳税调整项目

企业所得税应纳税额 = 应纳税所得额 × 适用税率 – 减免税额 – 抵免税额

在实际工作中，企业所得税年度纳税申报表是按照间接法填写的。

经典案例

某商业企业 2018 年利润总额为 600 万元，取得国债利息收入 20 万元，发生业务招待费 100 万元，广告及业务宣传费 1 500 万元，公益性捐赠 80 万元，直接向某小学捐赠 10 万元。该企业当年营业收入为 7 000 万元。无其他纳税调整项目，无减免税额及抵免税额。计算该企业 2018 年企业所得税应纳税额。

【解析】1. 取得国债利息属于免税收入，应在会计利润基础上全额调减 20 万元。

2. 业务招待费：7 000 × 5‰ =35（万元）；100 × 60%=60（万元）。

业务招待费税前允许扣除 35 万元，应在会计利润基础上调增 60 万元。

3. 广告及业务宣传费：7 000 × 15%=1 050（万元）。

广告及业务宣传费应在会计利润的基础上调增：1 500–1 050=450（万元）。

4. 公益性捐赠：600 × 12%=72（万元）。

公益性捐赠应在会计利润的基础上调增：80–72=8（万元）。

5. 直接捐赠不允许税前扣除，应在会计利润的基础上全额调增。

据此，企业所得税应纳税额 =（600–20+65+450+8+10）× 25%=278.25（万元）。

## 二、境外所得抵扣税额的计算

企业取得的下列所得已在境外缴纳的所得税税额，可以从其当期应纳税额中抵免，抵免限额为该项所得依法计算的应纳税额；超过抵免限额的部分，可以在以后 5 个年度内，用每个年度抵免限额抵免当年应抵税额后的余额进行抵补。

（1）居民企业来源于中国境外的应税所得；

（2）非居民企业在中国境内设立机构、场所，取得发生在中国境外但与该机构、场所有实际联系的应税所得。

居民企业从其直接或者间接控制的外国企业分得的来源于中国境外的股息、红利等权益性投资收益，外国企业在境外实际缴纳的所得税税额中属于该项所得负担的部分，可以作为该居民企业的可抵免境外所得税税额，在规定的抵免限额内抵免。

已在境外缴纳的所得税税额，是指企业来源于中国境外的所得依照中国境外税收法律以及相关规定应当缴纳并已经实际缴纳的企业所得税性质的税款。

抵免限额，是指企业来源于中国境外的所得，依照我国税法的规定计算的应纳税额。

5个年度，是指从企业取得的来源于中国境外的所得，已经在中国境外缴纳的企业所得税性质的税额超过抵免限额的当年的次年起连续5个纳税年度。

直接控制，是指居民企业直接持有外国企业20%以上股份。

间接控制，是指居民企业以间接持股方式持有外国企业20%以上股份，具体认定办法由国务院财政、税务主管部门另行制定。

企业可以选择按国别（地区）分别计算［“分国（地区）不分项”］，或者不按国别（地区）汇总计算［“不分国（地区）不分项”］其来源于境外的应纳税所得额，并按照规定的税率，分别计算其可抵免境外所得税税额和抵免限额。上述方式一经选择，5年内不得改变。

经典案例

某居民企业2018年境内所得1 000万元，来源于境外A国分支机构所得200万元，已向A国缴纳所得税80万元；来源于境外B国分支机构所得300万元，已向B国缴纳所得税60万元。计算该企业2018年企业所得税应纳税额。

【解析】A国抵免限额：200×25%=50（万元）。

B国抵免限额：300×25%=75（万元），已向B国实际缴纳60万元，境内缴纳企业所得税时，实际可抵免税额为60万元。

企业所得税应纳税额 =（1 000+200+300）×25%–200×25%–60=265（万元）。

# 第六节　企业所得税的税收优惠

## 一、免税收入

（1）国债利息收入。

（2）符合条件的居民企业之间的股息、红利等权益性投资收益。不包括连续持有居民企业公开发行并上市流通的股票不足12个月取得的投资收益。

（3）在中国境内设立机构、场所的非居民企业从居民企业取得与该机构、场所有实际联系的股息、红利等权益性投资收益，具体规定同上。

（4）符合条件的非营利组织的收入。不包括非营利组织从事营利性活动取得的收入，但国务院财政、税务主管部门另有规定的除外。

## 二、定期或定额减税、免税

### （一）从事农、林、牧、渔业项目的所得

#### 1. 企业从事下列项目的所得，免征企业所得税

（1）蔬菜、谷物、薯类、油料、豆类、棉花、麻类、糖料、水果、坚果的种植；

（2）农作物新品种的选育；

（3）中药材的种植；

（4）林木的培育和种植；

（5）牲畜、家禽的饲养；

（6）林产品的采集；

（7）灌溉、农产品初加工、兽医、农技推广、农机作业和维修等农、林、牧、渔服务业项目；

（8）远洋捕捞。

2. 企业从事下列项目的所得，减半征收企业所得税

（1）花卉、茶以及其他饮料作物和香料作物的种植；

（2）海水养殖、内陆养殖。

### （二）从事国家重点扶持的公共基础设施项目投资经营的所得

国家重点扶持的公共基础设施项目，是指《公共基础设施项目企业所得税优惠目录》规定的港口码头、机场、铁路、公路、城市公共交通、电力、水利等项目。

企业从事上述国家重点扶持的公共基础设施项目的投资经营的所得，自项目取得第一笔生产经营收入所属纳税年度起，第 1 年至第 3 年免征企业所得税，第 4 年至第 6 年减半征收企业所得税。

企业承包经营、承包建设和内部自建自用上述项目，不得享受企业所得税优惠。

### （三）从事符合条件的环境保护、节能节水项目的所得

符合条件的环境保护、节能节水项目，包括公共污水处理、公共垃圾处理、沼气综合开发利用、节能减排技术改造、海水淡化等。项目的具体条件和范围由国务院财政、税务主管部门商国务院有关部门制定，报国务院批准后公布施行。

企业从事上述规定的符合条件的环境保护、节能节水项目的所得，自项目取得第一笔生产经营收入所属纳税年度起，第 1 年至第 3 年免征企业所得税，第 4 年至第 6 年减半征收企业所得税。

上述享受减免税优惠的项目，在减免税期限内转让的，受让方自受让之日起，可以在剩余期限内享受规定的减免税优惠；减免税期限届满后转让的，受让方不得就该项目重复享受减免税优惠。

### （四）符合条件的技术转让所得

符合条件的技术转让所得免征、减征企业所得税，是指一个纳税年度内，居民企业技术转让所得不超过 500 万元的部分，免征企业所得税；超过 500 万元的部分，减半征收企业所得税。计算公式为：

技术转让所得＝技术转让收入－技术转让成本－相关税费

技术转让收入是指当事人履行技术转让合同后获得的价款，不包括销售或转让设备、仪器、零部件、原材料等非技术性收入。不属于与技术转让项目密不可分的技术咨询、技术服务、技术培训等收入，不得计入技术转让收入。

技术转让成本是指转让的无形资产的净值，即该无形资产的计税基础减除在资产使用期间按照规定计算的摊销扣除额后的余额。

相关税费是指技术转让过程中实际发生的有关税费，包括除企业所得税和允许抵扣的增值税以外的各项税金及其附加、合同签订费用、律师费等相关费用及其他支出。

享受技术转让所得减免企业所得税优惠的企业，应单独计算技术转让所得，并合理分摊企业的期间费用；没有单独计算的，不得享受技术转让所得企业所得税优惠。

自 2015 年 10 月 1 日起，全国范围内的居民企业转让 5 年（含）以上非独占许可使用权取得的技术转让所得，纳入享受企业所得税优惠的技术转让所得范围。居民企业的年度技术转让所得不超过 500 万元的部分，免征企业所得税；超过 500 万元的部分，减半征收企业所得税。

知识窗

独占许可是许可权人（专利权人或商标权人）的一种许可权利，即只有被许可人可以使用许可人的专利或商标，其他人包括许可人本人均不得使用该专利或商标。独占许可协议即独占许可合同，是国际许可合同的一种，即在一定的地域和期限内，受让方对受让的技术享有独占的使用权，供方和任何第三方在规定的期限内都不得在该地域使用该种技术制造和进行产品销售。为此，受让方需向供方支付相当高的使用费和提成费。

## 三、低税率优惠

### （一）高新技术企业

国家需要重点扶持的高新技术企业，减按 15% 的税率征收企业所得税。自 2017 年 1 月 1 日起，在全国范围内对经认定的技术先进型服务企业，减按 15% 的税率征收企业所得税。

国家需要重点扶持的高新技术企业，是指拥有核心自主知识产权，并同时符合下列条件的企业：

（1）产品（服务）属于《国家重点支持的高新技术领域》规定的范围；

（2）研究开发费用占销售收入的比例不低于规定比例；

（3）高新技术产品（服务）收入占企业总收入的比例不低于规定比例；

（4）科技人员占企业职工总数的比例不低于规定比例；

（5）高新技术企业认定管理办法规定的其他条件。

《国家重点支持的高新技术领域》和高新技术企业认定管理办法由国务院科技、财政、税务主管部门商国务院有关部门制定，报国务院批准后公布施行。

技术先进型服务企业必须同时符合以下条件：

（1）在中国境内（不包括港、澳、台地区）注册的法人企业；

（2）从事《技术先进型服务业务认定范围（试行）》中的一种或多种技术先进型服务业务，采用先进技术或具备较强的研发能力；

（3）具有大专以上学历的员工占企业职工总数的 50% 以上；

（4）从事《技术先进型服务业务认定范围（试行）》中的技术先进型服务业务取得的收入占企业当年总收入的 50% 以上；

（5）从事离岸服务外包业务取得的收入不低于企业当年总收入的 35%。

从事离岸服务外包业务取得的收入，是指企业根据境外单位与其签订的委托合同，由于本企业或其直接转包的企业为境外单位提供《技术先进型服务业务认定范围（试行）》中所规定的信息技术外包服务（ITO）、技术性业务流程外包服务（BPO）和技术性知识流程外包服务（KPO），而从上述境外单位取得的收入。

### （二）小型微利企业

符合条件的小型微利企业，减按 20% 的税率征收企业所得税。

小型微利企业，是指从事国家非限制和禁止行业，并且同时符合年度应纳税所得额不超过 300 万元、从业人数不超过 300 人、资产总额不超过 5 000 万元这三个条件的企业。

自 2019 年 1 月 1 日至 2021 年 12 月 31 日，对小型微利企业年应纳税所得额不超过 100 万元的部分，减按 25% 计入应纳税所得额，按 20% 的税率缴纳企业所得税；对年应纳税所得额超过 100 万元但不超过 300 万元的部分，减按 50% 计入应纳税所得额，按 20% 的税率缴纳企业所得税。

### （三）符合条件的非居民企业

非居民企业在中国境内未设立机构、场所的，或者虽设立机构、场所但取得的所得与其所设机构、场所没有实际联系的，其来源于中国境内的所得，减按 10% 的税率征收企业所得税。下列所得可以免征企业所得税：

（1）外国政府向中国政府提供贷款取得的利息所得；

（2）国际金融组织向中国政府和居民企业提供优惠贷款取得的利息所得；

（3）经国务院批准的其他所得。

## 四、区域性税收优惠

### （一）民族地区税收优惠

民族自治地方的自治机关对本民族自治地方的企业应缴纳的企业所得税中属于地方分享的部分，可以决定减征或者免征。自治州、自治县决定减征或者免征的，须报省、自治区、直辖市人民政府批准。

对民族自治地方内国家限制和禁止行业的企业，不得减征或者免征企业所得税。

### （二）西部大开发税收优惠

自 2011 年 1 月 1 日至 2020 年 12 月 31 日，对设在西部地区的鼓励类产业企业减按 15% 的税率征收企业所得税。

上述鼓励类产业企业是指以《西部地区鼓励类产业目录》中规定的产业项目为主营业务，并且其主营业务收入占企业收入总额 70% 以上的企业。

西部地区包括重庆市、四川省、贵州省、云南省、西藏自治区、陕西省、甘肃省、宁夏回族自治区、青海省、新疆维吾尔自治区、新疆生产建设兵团、内蒙古自治区和广西壮族自治区。湖南省湘西土家族苗族自治州、湖北省恩施土家族苗族自治州、吉林省延边朝鲜族自治州，可以比照西部地区的税收政策执行。

## 五、特别项目税收优惠

### （一）加计扣除

#### 1. 研究开发费用

研究开发费用的加计扣除，是指企业为开发新技术、新产品、新工艺发生的研究开发费用，未形成无形资产计入当期损益的，在按照规定据实扣除的基础上，按照研究开发费用的 50% 加计扣除；形成无形资产的，按照无形资产成本的 150% 摊销。

企业开展研发活动中实际发生的研发费用，未形成无形资产计入当期损益的，在按规定据实扣除的基础上，在 2018 年 1 月 1 日至 2020 年 12 月 31 日期间，再按照实际发生额的 75% 在税前加计扣除；形成无形资产的，在上述期间按照无形资产成本的 175% 在税前摊销。

不适用税前加计扣除政策的行业包括：烟草制造业，住宿和餐饮业，批发和零售业，房地产业，租赁和商务服务业，娱乐业及财政部和国家税务总局规定的其他行业。

#### 2. 安置残疾人员及国家鼓励安置的其他就业人员所支付的工资

企业安置残疾人员所支付的工资的加计扣除，是指企业安置残疾人员的，在按照支付给残疾职工工资据实扣除的基础上，按照支付给残疾职工工资的 100% 加计扣除。残疾人员的范围适用《中华人民共和国残疾人保障法》的有关规定。

企业就支付给残疾职工的工资，在进行企业所得税预缴申报时，允许据实计算扣除；在年度终了进行企业所得税年度申报和汇算清缴时，再依规定计算加计扣除。

企业安置国家鼓励安置的其他就业人员所支付的工资的加计扣除办法，由国务院另行规定。

经典案例

某企业2018年开展研发活动实际发生研发费用100万元，未形成无形资产计入当期损益。该企业2018年企业所得税税前允许扣除的研发费用合计金额是多少万元？汇算清缴时如何做纳税调整？

【解析】合计允许扣除的研发费用：100×175%=175（万元）。

年终汇算清缴时，应在会计利润的基础上调减：175−100=75（万元）。

### （二）投资抵免

创业投资企业采取股权投资方式投资于未上市的中小高新技术企业2年以上的，可以按照其投资额的70%在股权持有满2年的当年抵扣该创业投资企业的应纳税所得额；当年不足抵扣的，可以在以后纳税年度结转抵扣。

全国范围内的有限合伙制创业投资企业采取股权投资方式投资于未上市的中小高新技术企业满2年（24个月）的，该有限合伙制创业投资企业的法人合伙人可按照其对未上市中小高新技术企业投资额的70%抵扣该法人合伙人从该有限合伙制创业投资企业分得的应纳税所得额，当年不足抵扣的，可以在以后纳税年度结转抵扣。

公司制创业投资企业采取股权投资方式直接投资于种子期、初创期科技型企业满2年（24个月）的，可以按照投资额的70%在股权持有满2年的当年抵扣该公司制创业投资企业的应纳税所得额；当年不足抵扣的，可以在以后纳税年度结转抵扣。

有限合伙制创业投资企业采取股权投资方式直接投资于初创科技型企业满2年的，法人合伙人可以按照对初创科技型企业投资额的70%抵扣法人合伙人从合伙创投企业分得的所得；当年不足抵扣的，可以在以后纳税年度结转抵扣。

初创科技型企业，应同时符合以下条件：

（1）在中国境内（不包括港、澳、台地区）注册成立、实行查账征收的居民企业；

（2）接受投资时，从业人数不超过200人，其中具有大学本科以上学历的从业人数不低于30%；资产总额和年销售收入均不超过3 000万元；

（3）接受投资时设立时间不超过5年（60个月）；

（4）接受投资时以及接受投资后2年内未在境内外证券交易所上市；

（5）接受投资当年及下一纳税年度，研发费用总额占成本费用支出的比例不低于20%。

创业投资企业，应同时符合以下条件：

（1）在中国境内（不含港、澳、台地区）注册成立、实行查账征收的居民企业或合伙创投企业，并且不属于被投资初创科技型企业的发起人；

（2）符合《创业投资企业管理暂行办法》（发展改革委等10部门令第39号）规定或者《私募投资基金监督管理暂行办法》（证监会令第105号）关于创业投资基金的特别规定，按照上述规定完成备案且规范运作；

（3）投资后2年内，创业投资企业及其关联方持有被投资初创科技型企业的股权比例合计应低于 50%。

### （三）减计收入

（1）企业综合利用资源，生产符合国家产业政策规定的产品所取得的收入，可以在计算应纳税所得额时减计收入。企业以《资源综合利用企业所得税优惠目录》规定的资源作为主要原材料，生产国家非限制和禁止并符合国家和行业相关标准的产品取得的收入，减按 90% 计入收入总额。原材料占生产产品材料的比例不得低于《资源综合利用企业所得税优惠目录》规定的标准。

（2）自 2017 年 1 月 1 日至 2019 年 12 月 31 日，对金融机构农户小额贷款的利息收入，在计算应纳税所得额时，按 90% 计入收入总额。

（3）自 2017 年 1 月 1 日至 2019 年 12 月 31 日，对保险公司为种植业、养殖业提供保险业务取得的保费收入，在计算应纳税所得额时，按 90% 计入收入总额。

（4）自 2017 年 1 月 1 日至 2019 年 12 月 31 日，对经省级金融管理部门（金融办、局等）批准成立的小额贷款公司取得的农户小额贷款利息收入，在计算应纳税所得额时，按 90% 计入收入总额。

### （四）抵免应纳税额

企业购置用于环境保护、节能节水、安全生产等专用设备的投资额，可以按一定比例实行税额抵免。

税额抵免，是指企业购置并实际使用《环境保护专用设备企业所得税优惠目录》《节能节水专用设备企业所得税优惠目录》和《安全生产专用设备企业所得税优惠目录》规定的环境保护、节能节水、安全生产等专用设备的，该专用设备的投资额的 10% 可以从企业当年的应纳税额中抵免；当年不足抵免的，可以在以后 5 个纳税年度结转抵免。

享受该项企业所得税优惠的企业，应当实际购置并自身实际投入使用前款规定的专用设备；企业购置上述专用设备在 5 年内转让、出租的，应当停止享受企业所得税优惠，并补缴已经抵免的企业所得税税款。

### （五）加速折旧

企业的固定资产由于技术进步等原因，确需加速折旧的，可以缩短折旧年限或者采取加速折旧的方法。可以采取缩短折旧年限或者采取加速折旧的方法的固定资产，包括：

（1）由于技术进步，产品更新换代较快的固定资产；

（2）常年处于强震动、高腐蚀状态的固定资产。

采取缩短折旧年限方法的，最低折旧年限不得低于法规规定折旧年限的 60%；采取加速折旧方法的，可以采取双倍余额递减法或者年数总和法。

对符合条件的生物药品制造业，专用设备制造业，铁路、船舶、航空航天和其他运输设备制造业，计算机、通信和其他电子设备制造业，仪器仪表制造业，信息传输、软件和信息技术服务业等行业企业，2014 年 1 月 1 日后购进的固定资产（包括自行建造）；对轻工、纺织、机械、汽车四个领域重点行业企业 2015 年 1 月 1 日后新购进的固定资产（包括自行建造），允许缩短折旧年限或采取加速折旧方法可缩短折旧年限或采取加速折旧的方法。上述行业业务为主营业务，其固定资产投入使用当年主营业务收入占企业收入总额 50%（不含）以上的企业。

企业在 2018 年 1 月 1 日至 2020 年 12 月 31 日期间新购进的设备、器具，单位价值不超过 500 万元的，允许一次性计入当期成本费用在计算应纳税所得额时扣除，不再分年度计算折旧。设备、器具，是指除房屋、建筑物以外的固定资产（简称固定资产）。固定资产在投入使用月份的次月所属年度一次性税前扣除。企业选择享受一次性税前扣除政策的，其资产的税务处理可与会计处理不一致。单位价值超过 500 万元的固定资产，仍按照《企业所得税法》及其实施条例等相关规定执行。

## 六、专项政策税收优惠

### （一）鼓励软件产业和集成电路产业发展的优惠政策

集成电路线宽小于 0.8 微米（含）的集成电路生产企业，经认定后，在 2017 年 12 月 31 日前自获利年度起计算优惠期，第一年至第二年免征企业所得税，第三年至第五年按照 25% 的法定税率减半征收企业所得税，并享受至期满为止。

集成电路线宽小于 0.25 微米或投资额超过 80 亿元的集成电路生产企业，经认定后，减按 15% 的税率征收企业所得税，其中经营期在 15 年以上的，在 2017 年 12 月 31 日前自获利年度起计算优惠期，第一年至第五年免征企业所得税，第六年至第十年按照 25% 的法定税率减半征收企业所得税，并享受至期满为止。

我国境内新办的集成电路设计企业和符合条件的软件企业，经认定后，在 2017 年 12 月 31 日前自获利年度起计算优惠期，第一年至第二年免征企业所得税，第三年至第五年按照 25% 的法定税率减半征收企业所得税，并享受至期满为止。

国家规划布局内的重点软件企业和集成电路设计企业，如当年未享受免税优惠的，可减按 10% 的税率征收企业所得税。

符合条件的软件企业按照《财政部 国家税务总局关于软件产品增值税政策的通知》（财税〔2011〕100 号）规定取得的即征即退增值税款，由企业专项用于软件产品研发和扩大再生产并单独进行核算，可以作为不征税收入，在计算应纳税所得额时从收入总额中减除。

集成电路设计企业和符合条件软件企业的职工培训费用，应单独进行核算并按实际发生额在计算应纳税所得额时扣除。

企业外购的软件，凡符合固定资产或无形资产确认条件的，可以按照固定资产或无形资产进行核算，其折旧或摊销年限可以适当缩短，最短可为 2 年（含）。

集成电路生产企业的生产设备，其折旧年限可以适当缩短，最短可为3年（含）。

### （二）鼓励证券投资基金发展的优惠政策

对证券投资基金从证券市场中取得的收入，包括买卖股票、债券的差价收入，股权的股息、红利收入，债券的利息收入及其他收入，暂不征收企业所得税。对投资者从证券投资基金分配中取得的收入，暂不征收企业所得税。对证券投资基金管理人运用基金买卖股票、债券的差价收入，暂不征收企业所得税。

自2014年11月17日起，对合格境外机构投资者（简称QFII）、人民币合格境外机构投资者（简称RQFII）取得来源于中国境内的股票等权益性投资资产转让所得，暂免征收企业所得税。

自2018年11月7日至2021年11月6日，对境外机构投资境内债券市场取得的债券利息收入暂免征收企业所得税。

企业同时从事适用不同企业所得税待遇的项目的，其优惠项目应当单独计算所得，并合理分摊企业的期间费用；没有单独计算的，不得享受企业所得税优惠。

### （三）经营性文化事业单位转制为企业的税收优惠政策

经营性文化事业单位转制为企业，自转制注册之日起五年内免征企业所得税。2018年12月31日之前已完成转制的企业，自2019年1月1日起可继续免征五年企业所得税。

经营性文化事业单位，是指从事新闻出版、广播影视和文化艺术的事业单位。转制包括整体转制和剥离转制。其中，整体转制包括（图书、音像、电子）出版社、非时政类报刊出版单位、新华书店、艺术院团、电影制片厂、电影（发行放映）公司、影剧院、重点新闻网站等整体转制为企业；剥离转制包括新闻媒体中的广告、印刷、发行、传输网络等部分，以及影视剧等节目制作与销售机构，从事业体制中剥离出来转制为企业。

### （四）企业招用建档立卡贫困人口及失业人员的税收优惠

企业招用建档立卡贫困人口，以及在人力资源社会保障部门公共就业服务机构登记失业半年以上且持《就业创业证》或《就业失业登记证》（注明“企业吸纳税收政策”）的人员，与其签订1年以上期限劳动合同并依法缴纳社会保险费的，自签订劳动合同并缴纳社会保险当月起，在3年内按实际招用人数予以定额依次扣减增值税、城市维护建设税、教育费附加、地方教育附加和企业所得税优惠。定额标准为每人每年6 000元，最高可上浮30%，各省、自治区、直辖市人民政府可根据本地区实际情况在此幅度内确定具体定额标准。城市维护建设税、教育费附加、地方教育附加的计税依据是享受本项税收优惠政策前的增值税应纳税额。

按上述标准计算的税收扣减额应在企业当年实际应缴纳的增值税、城市维护建设税、教育费附加、地方教育附加和企业所得税税额中扣减，当年扣减不完的，不得结转下年使用。

# 第七节 企业所得税的源泉扣缴

## 一、源泉扣缴适用非居民企业

非居民企业在中国境内未设立机构、场所的，或者虽设立机构、场所但取得的所得与其所设机构、场所没有实际联系的，其来源于中国境内的所得应缴纳的所得税实行源泉扣缴，以支付人为扣缴义务人。税款由扣缴义务人在每次支付或者到期应支付时，从支付或者到期应支付的款项中扣缴。

支付，包括现金支付、汇拨支付、转账支付和权益兑价支付等货币支付和非货币支付。

到期应支付的款项，是指支付人按照权责发生制原则应当计入相关成本、费用的应付款项。

扣缴义务人与非居民企业签订与企业所得税法规定的所得有关的业务合同时，凡合同中约定由扣缴义务人实际承担应纳税款的，应将非居民企业取得的不含税所得换算为含税所得计算并解缴应扣税款。

小思考

请思考：股权转让交易双方为非居民企业且在境外交易的，如何进行申报纳税？

由取得所得的非居民企业自行或委托代理人向被转让股权的境内企业所在地主管税务机关申报纳税。被转让股权的境内企业应协助税务机关向非居民企业征缴税款。

## 二、应税所得及应纳税额的计算

依照《企业所得税法》对非居民企业应当缴纳的企业所得税实行源泉扣缴的，应当依法计算应纳税所得额。

### （一）股息、红利等权益性投资收益和利息、租金、特许权使用费所得

股息、红利等权益性投资收益和利息、租金、特许权使用费所得，以收入全额为应纳税所得额。

非居民企业取得应源泉扣缴的所得为股息、红利等权益性投资收益的，相关应纳税款扣缴义务发生之日为股息、红利等权益性投资收益实际支付之日。

### （二）转让财产所得

转让财产所得以收入全额减除财产净值后的余额为应纳税所得额。

转让财产所得包含转让股权等权益性投资资产所得。股权转让收入减除股权净值后的余额为股权转让所得应纳税所得额。股权转让收入是指股权转让人转让股权所收取的

对价，包括货币形式和非货币形式的各种收入。股权净值是取得该股权的计税基础。股权的计税基础是股权转让人投资入股时向中国居民企业实际支付的出资成本，或购买该项股权时向该股权的原转让人实际支付的股权受让成本。股权在持有期间发生减值或者增值，按照国务院财政、税务主管部门规定可以确认损益的，股权净值应进行相应调整。企业在计算股权转让所得时，不得扣除被投资企业未分配利润等股东留存收益中按该项股权所可能分配的金额。

非居民企业采取分期收款方式取得应源泉扣缴所得税的同一项转让财产所得的，其分期收取的款项可先视为收回以前投资财产的成本，待成本全部收回后，再计算并扣缴应扣税款。

### （三）其他所得

其他所得，参照前两项规定的方法计算应纳税所得额。

经典案例

境外A企业为非居民企业，境内B企业和C企业为居民企业，A企业三次投资C企业，合计持有C企业40%的股权，第一次投资人民币100万元，第二次投资人民币200万元，第三次投资人民币400万元。2016年1月8日，A企业与B企业签订股权转让合同，以人民币1 000万元的价格转让其持有的C企业30%的股权给B企业。计算：A企业转让股权应纳税所得税税额为多少万元？

【解析】A企业持有C企业40%股权的全部成本为700（100+200+400）万元，本次交易转让比例为75%（30%÷40%），该被转让的C企业30%股权对应的成本则为525（700×75%）万元，A企业股权转让交易的应纳税所得额为475（1 000–525）万元。

## 三、支付人和扣缴义务人

对非居民企业在中国境内取得工程作业和劳务所得应缴纳的所得税，税务机关可以指定工程价款或者劳务费的支付人为扣缴义务人。

支付人，是指依照有关法律规定或者合同约定对非居民企业直接负有支付相关款项义务的单位或者个人。支付人自行委托代理人或指定其他第三方代为支付相关款项，或者因担保合同或法律规定等原因由第三方保证人或担保人支付相关款项的，仍由委托人、指定人或被保证人、被担保人承担扣缴义务。

扣缴义务人，由县级以上税务机关指定，并同时告知扣缴义务人所扣税款的计算依据、计算方法、扣缴期限和扣缴方式。可以指定扣缴义务人的情形包括：①预计工程作业或者提供劳务期限不足一个纳税年度且有证据表明不履行纳税义务的；②没有办理税务登记或者临时税务登记且未委托中国境内的代理人履行纳税义务的；③未按照规定期限办理企业所得税纳税申报或者预缴申报的。

## 四、税务管理

依法应当扣缴的所得税，扣缴义务人未依法扣缴或者无法履行扣缴义务的，由纳税人在所得发生地缴纳。纳税人未依法缴纳的，税务机关可以从该纳税人在中国境内其他收入项目的支付人应付的款项中，追缴该纳税人的应纳税款。

扣缴义务人每次代扣的税款，应当自代扣之日起 7 日内缴入国库，并向所在地的税务机关报送扣缴企业所得税报告表。

在中国境内存在多处所得发生地的，由纳税人选择其中之一申报缴纳企业所得税。该纳税人在中国境内的其他收入，是指该纳税人在中国境内取得的其他各种来源的收入。

税务机关在追缴该纳税人应纳税款时，应当将追缴理由、追缴数额、缴纳期限和缴纳方式等告知该纳税人。

## 五、非居民企业所得税汇算清缴

### （一）汇算清缴对象

依照外国（地区）法律成立且实际管理机构不在中国境内，但在中国境内设立机构、场所的非居民企业，无论盈利或者亏损，均应按照法律规定参加所得税汇算清缴。

企业具有下列情形之一的，可不参加当年度的所得税汇算清缴：

（1）临时来华承包工程和提供劳务不足 1 年，在年度中间终止经营活动且已经结清税款；

（2）汇算清缴期内已办理注销；

（3）其他经主管税务机关批准可不参加当年度所得税汇算清缴。

### （二）汇算清缴时限

企业应当自年度终了之日起 5 个月内，向税务机关报送年度企业所得税纳税申报表，并汇算清缴，结清应缴应退税款。

企业在年度中间终止经营活动的，应当自实际经营终止之日起 60 日内，向税务机关办理当期企业所得税汇算清缴。

### （三）申报纳税

企业办理所得税年度申报时，应当如实填写和报送报表、资料。企业采用电子方式办理纳税申报的，应附报纸质纳税申报资料。企业因特殊原因，不能在规定期限内办理年度所得税申报，应当在年度终了之日起 5 个月内，向主管税务机关提出延期申报申请。主管税务机关批准后，可以适当延长申报期限。

企业申报年度所得税后，经主管税务机关审核，需补缴或退还所得税的，应在收到主管税务机关送达的《非居民企业所得税汇算清缴涉税事宜通知书》后，按规定时限将税款补缴入库，或按照主管税务机关的要求办理退税手续。

经批准采取汇总申报缴纳所得税的企业，其履行汇总纳税的机构、场所，应当于每年 5 月 31 日前，向汇缴机构所在地主管税务机关索取《非居民企业汇总申报企业所得税证明》；企业其他机构、场所应当于每年 6 月 30 日前将《汇总申报纳税证明》及其财务会计报告送交其所在地主管税务机关。

企业在所得税汇算清缴期限内，发现当年度所得税申报有误的，应当在年度终了之日起 5 个月内向主管税务机关重新办理年度所得税申报。

#### （四）法律责任

（1）企业未按规定期限办理年度所得税申报且未经主管税务机关批准延期申报，或报送资料不全、不符合要求的，应在收到主管税务机关送达的《责令限期改正通知书》后按规定时限补报。

企业未按规定期限办理年度所得税申报且未经主管税务机关批准延期申报的，主管税务机关除责令其限期申报外，可按照税收征管法的规定处以 2 000 元以下的罚款，逾期仍不申报的，可处以 2 000 元以上 10 000 元以下的罚款，同时核定其年度应纳税额，责令其限期缴纳。企业在收到主管税务机关送达的《非居民企业所得税应纳税款核定通知书》后，应在规定时限内缴纳税款。

（2）企业未按规定期限办理所得税汇算清缴，主管税务机关除责令其限期办理外，对发生税款滞纳的，按照税收征管法的规定，加收滞纳金。

（3）企业同税务机关在纳税上发生争议时，依照《中华人民共和国税收征收管理法》相关规定执行。

## 第八节　企业所得税的征收管理

### 一、纳税地点

#### （一）居民企业的纳税地点

居民企业以企业登记注册地为纳税地点；但登记注册地在境外的，以实际管理机构所在地为纳税地点。居民企业在中国境内设立不具有法人资格的营业机构的，应当汇总计算并缴纳企业所得税。企业汇总计算并缴纳企业所得税时，应当统一核算应纳税所得额，具体办法由国务院财政、税务主管部门另行制定。

#### （二）非居民企业的纳税地点

非居民企业在中国境内设立机构、场所的，就其所设机构、场所取得的来源于中国境内的所得，以及发生在中国境外但与其所设机构、场所有实际联系的所得，缴纳的企业所得税以机构、场所所在地为纳税地点。非居民企业在中国境内设立两个或者两个以上机构、场所的，经税务机关审核批准，可以选择由其主要机构、场所汇总缴纳企业所得税。

非居民企业在中国境内未设立机构、场所的，或者虽设立机构、场所但取得的所得与其所设机构、场所没有实际联系的，其来源于中国境内的所得应缴纳企业所得税；以扣缴义务人所在地为纳税地点。

除国务院另有规定外，企业之间不得合并缴纳企业所得税。

主要机构、场所，应当同时符合下列条件：

（1）对其他各机构、场所的生产经营活动负有监督管理责任；

（2）设有完整的账簿、凭证，能够准确反映各机构、场所的收入、成本、费用和盈亏情况。

（3）经税务机关审核批准，是指经各机构、场所所在地税务机关的共同上级税务机关审核批准。

非居民企业经批准汇总缴纳企业所得税后，需要增设、合并、迁移、关闭机构、场所或者停止机构、场所业务的，应当事先由负责汇总申报缴纳企业所得税的主要机构、场所向其所在地税务机关报告；需要变更汇总缴纳企业所得税的主要机构、场所的，依照前述规定办理。

## 二、纳税期限

企业所得税按纳税年度计算。纳税年度自公历1月1日起至12月31日止。企业在一个纳税年度中间开业，或者终止经营活动，使该纳税年度的实际经营期不足12个月的，应当以其实际经营期为一个纳税年度。企业依法清算时，应当以清算期间作为一个纳税年度。

企业所得税分月或者分季预缴。企业应当自月份或者季度终了之日起15日内，向税务机关报送预缴企业所得税纳税申报表，预缴税款。

企业应当自年度终了之日起5个月内，向税务机关报送年度企业所得税纳税申报表，并汇算清缴，结清应缴应退税款。企业在报送企业所得税纳税申报表时，应当按照规定附送财务会计报告和其他有关资料。

企业根据规定分月或者分季预缴企业所得税时，应当按照月度或者季度的实际利润额预缴；按照月度或者季度的实际利润额预缴有困难的，可以按照上一纳税年度应纳税所得额的月度或者季度平均额预缴，或者按照经税务机关认可的其他方法预缴。预缴方法一经确定，该纳税年度内不得随意变更。

企业在纳税年度内无论盈利或者亏损，都应当依照企业所得税法规定的期限，向税务机关报送预缴企业所得税纳税申报表、年度企业所得税纳税申报表、财务会计报告和税务机关规定应当报送的其他有关资料。

企业在年度中间终止经营活动的，应当自实际经营终止之日起60日内，向税务机关办理当期企业所得税汇算清缴。企业应当在办理注销登记前，就其清算所得向税务机关申报并依法缴纳企业所得税。

## 三、核定征收办法

### （一）核定征收的适用

核定征收适用于居民企业纳税人。纳税人具有下列情形之一的，核定征收企业所得税：

（1）依照法律、行政法规的规定可以不设置账簿的；

（2）依照法律、行政法规的规定应当设置但未设置账簿的；

（3）擅自销毁账簿或者拒不提供纳税资料的；

（4）虽设置账簿，但账目混乱或者成本资料、收入凭证、费用凭证残缺不全，难以查账的；

（5）发生纳税义务，未按照规定的期限办理纳税申报，经税务机关责令限期申报，逾期仍不申报的；

（6）申报的计税依据明显偏低，又无正当理由的。

### （二）核定征收方法

税务机关应根据纳税人具体情况，对核定征收企业所得税的纳税人，核定应税所得率或者核定应纳所得税额。

#### 1. 核定应税所得率

具有下列情形之一的，核定其应税所得率：

（1）能正确核算（查实）收入总额，但不能正确核算（查实）成本费用总额的；

（2）能正确核算（查实）成本费用总额，但不能正确核算（查实）收入总额的；

（3）通过合理方法，能计算和推定纳税人收入总额或成本费用总额的。

采用应税所得率方式核定征收企业所得税的，应纳所得税额计算公式为：

$$\text{应纳所得税税额} = \text{应纳税所得额} \times \text{适用税率}$$

$$\text{应纳税所得额} = \text{应税收入额} \times \text{应税所得率}$$

或

$$\text{应纳税所得额} = \text{成本（费用）支出额} \times (1- \text{应税所得率}) \times \text{应税所得率}$$

其中，“应税收入额”等于收入总额减去不征税收入和免税收入后的余额。收入总额为企业以货币形式和非货币形式从各种来源取得的收入。

#### 2. 核定应纳税额

税务机关采用下列方法核定征收企业所得税：

（1）参照当地同类行业或者类似行业中经营规模和收入水平相近的纳税人的税负水

平核定；

（2）按照应税收入额或成本费用支出额定率核定；

（3）按照耗用的原材料、燃料、动力等推算或测算核定；

（4）按照其他合理方法核定。

采用上述所列一种方法不足以正确核定应纳税所得额或应纳税额的，可以同时采用两种以上的方法核定。采用两种以上方法测算的应纳税额不一致时，可按测算的应纳税额从高核定。

### （三）纳税申报

纳税人实行核定应税所得率方式的，按下列规定申报纳税：

（1）主管税务机关根据纳税人应纳税额的大小确定纳税人按月或者按季预缴，年终汇算清缴。预缴方法一经确定，一个纳税年度内不得改变。

（2）纳税人应依照确定的应税所得率计算纳税期间实际应缴纳的税额，进行预缴。按实际数额预缴有困难的，经主管税务机关同意，可按上一年度应纳税额的 1/12 或 1/4 预缴，或者按经主管税务机关认可的其他方法预缴。

（3）纳税人预缴税款或年终进行汇算清缴时，应按规定填写《中华人民共和国企业所得税月（季）度预缴纳税申报表（B 类）》，在规定的纳税申报时限内报送主管税务机关。

纳税人实行核定应纳所得税税额方式的，按下列规定申报纳税：

（1）纳税人在应纳所得税税额尚未确定之前，可暂按上年度应纳所得税税额的 1/12 或 1/4 预缴，或者按经主管税务机关认可的其他方法，按月或按季分期预缴。

（2）在应纳所得税税额确定以后，减除当年已预缴的所得税额，余额按剩余月份或季度均分，以此确定以后各月或各季的应纳税额，由纳税人按月或按季填写《中华人民共和国企业所得税月（季）度预缴纳税申报表（B 类）》，在规定的纳税申报期限内进行纳税申报。

（3）纳税人年度终了后，在规定的时限内按照实际经营额或实际应纳税额向税务机关申报纳税。申报额超过核定经营额或应纳税额的，按申报额缴纳税款；申报额低于核定经营额或应纳税额的，按核定经营额或应纳税额缴纳税款。

## 四、跨地区经营汇总纳税征收管理办法

### （一）适用范围

居民企业在中国境内跨地区设立不具有法人资格分支机构的，该居民企业为跨地区经营汇总纳税企业，除另有规定外，适用跨地区经营汇总纳税征收管理办法。

国有邮政企业（包括中国邮政集团公司及其控股公司和直属单位）、中国工商银行股份有限公司、中国农业银行股份有限公司、中国银行股份有限公司、国家开发银行股份有限公司、中国农业发展银行、中国进出口银行、中国投资有限责任公司、中国建设

银行股份有限公司、中国建银投资有限责任公司、中国信达资产管理股份有限公司、中国石油天然气股份有限公司、中国石油化工股份有限公司、海洋石油天然气企业［包括中国海洋石油总公司、中海石油（中国）有限公司、中海油田服务股份有限公司、海洋石油工程股份有限公司］、中国长江电力股份有限公司等企业缴纳的企业所得税（包括滞纳金、罚款）为中央收入，全额上缴中央国库，其企业所得税征收管理不适用跨地区经营汇总纳税征收管理办法。另外，铁路运输企业所得税征收管理不适用跨地区经营汇总纳税征收管理办法。

### （二）征收办法

汇总纳税企业实行“统一计算、分级管理、就地预缴、汇总清算、财政调库”的企业所得税征收管理办法。

统一计算，是指总机构统一计算包括汇总纳税企业所属各个不具有法人资格分支机构在内的全部应纳税所得额、应纳税额。

分级管理，是指总机构、分支机构所在地的主管税务机关都有对当地机构进行企业所得税管理的责任，总机构和分支机构应分别接受机构所在地主管税务机关的管理。

就地预缴，是指总机构、分支机构应按本办法的规定，分月或分季分别向所在地主管税务机关申报预缴企业所得税。

汇总清算，是指在年度终了后，总机构统一计算汇总纳税企业的年度应纳税所得额、应纳所得税额，抵减总机构、分支机构当年已就地分期预缴的企业所得税款后，多退少补。

财政调库，是指财政部定期将缴入中央国库的汇总纳税企业所得税待分配收入，按照核定的系数调整至地方国库。

### （三）总机构和具有主体生产经营职能的二级分支机构的税收征管

总机构和具有主体生产经营职能的二级分支机构，就地分摊缴纳企业所得税。

二级分支机构，是指汇总纳税企业依法设立并领取非法人营业执照（登记证书）且总机构对其财务、业务、人员等直接进行统一核算和管理的分支机构。上年度认定为小型微利企业的，其二级分支机构不就地分摊缴纳企业所得税。新设立的二级分支机构，设立当年不就地分摊缴纳企业所得税。当年撤销的二级分支机构，自办理注销税务登记之日所属企业所得税预缴期间起，不就地分摊缴纳企业所得税。

### （四）税款预缴和汇算清缴

#### 1. 税款预缴

汇总纳税企业按照《企业所得税法》规定汇总计算的企业所得税，包括预缴税款和汇算清缴应缴应退税款，50% 在各分支机构间分摊，各分支机构根据分摊税款就地办理缴库或退库；50% 由总机构分摊缴纳，其中，25% 就地办理缴库或退库，25% 就地全额缴入中央国库或退库。

企业所得税分月或者分季预缴，由总机构所在地主管税务机关具体核定。

总机构应将本期企业应纳所得税税额的 50%，在每月或季度终了后 15 日内就地申报预缴。总机构应将本期企业应纳所得税税额的另外 50% 部分，按照各分支机构应分摊的比例，在各分支机构之间进行分摊，并及时通知到各分支机构；各分支机构应在每月或季度终了之日起 15 日内，就其分摊的所得税税额就地申报预缴。

汇总纳税企业预缴申报时，总机构除报送企业所得税预缴申报表和企业当期财务报表外，还应报送汇总纳税企业分支机构所得税分配表和各分支机构上一年度的年度财务报表（或年度财务状况和营业收支情况）；分支机构除报送企业所得税预缴申报表（只填列部分项目）外，还应报送经总机构所在地主管税务机关受理的汇总纳税企业分支机构所得税分配表。

### 2. 汇算清缴

汇总纳税企业应当自年度终了之日起 5 个月内，由总机构汇总计算企业年度应纳所得税税额，扣除总机构和各分支机构已预缴的税款，计算出应缴应退税款，按规定的税款分摊方法计算总机构和分支机构的企业所得税应缴应退税款，分别由总机构和分支机构就地办理税款缴库或退库。

汇总纳税企业在纳税年度内预缴企业所得税税款少于全年应缴企业所得税税款的，应在汇算清缴期内由总、分机构分别结清应缴的企业所得税税款；预缴税款超过应缴税款的，主管税务机关应及时按有关规定分别办理退税，或者经总、分机构同意后分别抵缴其下一年度应缴企业所得税税款。

汇总纳税企业汇算清缴时，总机构除报送企业所得税年度纳税申报表和年度财务报表外，还应报送汇总纳税企业分支机构所得税分配表、各分支机构的年度财务报表和各分支机构参与企业年度纳税调整情况的说明；分支机构除报送企业所得税年度纳税申报表（只填列部分项目）外，还应报送经总机构所在地主管税务机关受理的汇总纳税企业分支机构所得税分配表、分支机构的年度财务报表（或年度财务状况和营业收支情况）和分支机构参与企业年度纳税调整情况的说明。

## 本章小结

企业所得税，是指对中华人民共和国境内的企业和其他取得收入的组织以其生产经营所得为课税对象所征收的一种所得税，是在计算企业实现的会计利润的基础上，对收入总额、各类成本费用项目、各种资产处理按照税法规定的范围和标准进行纳税调整，从而形成应纳税所得额，对应纳税所得额扣除规定的抵免税额和减免税额后，按照适用税率计算出应纳税额。

企业所得税的纳税人分为居民企业和非居民企业，分别承担不同的纳税义务。企业所得税实行比例税率，以应纳税所得额作为计税依据。企业每一纳税年度的收入总额，减除不征税收入、免税收入、各项扣除以及允许弥补的以前年度亏损后的余额，为应纳税所得额。其中，收入总额包括销售货物收入，提供劳务收入，转让财产收入，股息、红利等权益性投资收益，利息收入，租金收入，特许权使用费收入，接受捐赠收入及其他收入。不征税收入包括财政拨款和依法收取并纳入财政管理的行政事业性收费、政府性基金等。免税收入包括国债利息收入和符合条件的股息、红利等权益性投资收益及符合条件的非营利组织的收入等。

企业实际发生的与取得收入有关的、合理的支出，包括成本、费用、税金、损失和其他支出，准予在计算应纳税所得额时扣除。其中，企业发生的合理的工资、薪金支出准予扣除；社会保险费准予扣除；补充养老保险费、补充医疗保险费，分别在不超过职工工资总额5%标准内的部分，准予扣除；企业在生产经营活动中发生的合理的、不需要资本化的借款费用，准予扣除；企业发生的职工福利费支出，不超过工资、薪金总额14%的部分，准予扣除；企业拨缴的工会经费，不超过工资、薪金总额2%的部分，准予扣除；企业发生的职工教育经费支出，不超过工资、薪金总额8%的部分，准予扣除，超过部分，准予在以后纳税年度结转扣除；企业发生的业务招待费支出，按照发生额的60%扣除，但最高不得超过当年销售（营业）收入的5‰；企业发生的符合条件的广告费和业务宣传费支出，不超过当年销售（营业）收入15%的部分，准予扣除，超过部分，准予在以后纳税年度结转扣除；企业发生的符合条件的公益性捐赠支出，在年度利润总额12%以内的部分，准予扣除，超过部分，准予结转以后三年内扣除。另外，企业发生的保险费、手续费及佣金、租赁费、环境保护专项资金、劳动保护费、总机构分摊的费用、党组织工作经费、有关资产的费用等，均可按照税法规定的范围在计算应纳税所得额时扣除。

在计算应纳税所得额时，不得扣除的支出包括：向投资者支付的股息、红利等权益性投资收益款项，企业所得税税款，税收滞纳金，罚金、罚款和被没收财物的损失，规定以外的捐赠支出，赞助支出，未经核定的准备金支出，企业之间支付的管理费、企业内营业机构之间支付的租金和特许权使用费、非银行企业内营业机构之间支付的利息，以及与取得收入无关的其他支出。

企业的各项资产，包括固定资产、生物资产、无形资产、长期待摊费用、投资资产、存货等，按照税法规定的范围和标准进行纳税调整。

企业所得税的税收优惠具体包括：免税收入；从事农、林、牧、渔业项目的所得；从事国家重点扶持的公共基础设施项目投资经营的所得；从事符合条件的环境保护、节能节水项目的所得；符合条件的技术转让所得；高新技术企业、小型微利企业、符合条件的非居民企业的低税率优惠；研究开发费用、安置残疾人员及国家鼓励安置的其他就业人员所支付的工资适用加计扣除税收优惠。另外，在规定的范围内可以适用投资抵免、减计收入、抵免应纳税额、加速折旧及专项政策税收优惠。

非居民企业在中国境内未设立机构、场所的，或者虽设立机构、场所但取得的所得与其所设机构、场所没有实际联系的，其来源于中国境内的所得应缴纳的所得税实行源泉扣缴，以支付人为扣缴义务人。

企业所得税实行按年计算、分月或者分季预缴、年终汇算清缴、多退少补的税收征管办法。

## 基础知识测评

1. 企业所得税关于居民和非居民纳税人是怎样规定的？
2. 企业所得税的收入总额包括哪些？
3. 企业所得税的不征税收入包括哪些？
4. 企业所得税关于广告和业务宣传费的税前扣除是怎样规定的？
5. 什么是企业所得税所称的公益性捐赠？
6. 企业所得税关于业务招待费的税前扣除是怎样规定的？
7. 企业所得税关于小型微利企业优惠政策的规定是什么？
8. 企业所得税关于研发费用加计扣除的规定是什么？
9. 企业所得税关于境外所得抵免的规定是什么？
10. 企业所得税跨地区经营企业的管理办法是怎样规定的？

## 岗位能力测评

1. 某公司为生产节能环保设备的增值税一般纳税人。2019 年 3 月，公司聘请会计师事务所帮其办理 2018 年企业所得税汇算清缴时，会计师事务所得到的该公司 2018 年的业务资料如下：

（1）全年取得产品销售收入 11 700 万元，发生的产品销售成本 2 114.25 万元，发生的营业税金及附加 386.14 万元，发生的销售费用 600 万元、管理费用 500 万元（含业务招待费 106.5 万元）、财务费用 400 万元。取得营业外收入 312 万元、投资收益 457 万元。

（2）全年成本费用中包含实际发生的工资、薪金总额为 3 000 万元，含向本企业安置的 3 名残疾人员支付的工资、薪金 10.5 万元。

（3）全年成本费用中包含实际发生的职工福利费 450 万元、职工教育经费 90 万元、拨缴的工会经费 40 万元。

（4）4 月 6 日，为总经理配备一辆轿车并投入使用，支出 52.8 万元（该公司确定折旧年限 4 年，残值率 5%）。会计师事务所发现此项业务尚未进行会计处理。

计算：该公司 2018 年企业所得税应纳税额。

2. 某工业企业2018年生产经营情况如下：

（1）主营业务收入3 000万元，主营业务成本2 000万元，缴纳增值税70万元，营业税金及附加8.4万元。

（2）销售费用220万元，其中含广告费60万元。

（3）管理费用300万元，其中业务招待费20万元，住房公积金12万元，基本社会保障性缴款33万元。

（4）财务费用38.6万元。

（5）营业外支出43万元，其中，支付工商罚款2万元，公益性捐赠支出40万元，赞助支出1万元。

（6）全年支付工资150万元，列支职工福利费28万元，列支职工教育经费5万元，列支工会经费4万元，未上缴；职工福利费和职工教育经费期初均无余额。

（7）电子类设备原值18万元，本年计提折旧8.55万元。

（8）2017年亏损20万元。

（9）2018年已预缴企业所得税60万元。

要求：计算2018年汇算清缴应补（退）的企业所得税。

## 职考链接

1. 居民企业甲公司主要从事空调销售业务。2016年甲公司的销售收入为2 000万元，其他业务收入为500万元，年度利润总额为600万元。2016年度甲公司实际支出的广告费和业务宣传费为400万元。甲公司申报缴纳2016年企业所得税时，未将下列收入计入应纳税所得额：①从境内居民企业乙有限责任公司分得的股息60万元；②依据法律代收的一项政府性基金30万元，该基金在当年未上缴财政。

要求：根据上述资料，分别回答下列问题（答案中的金额单位用“万元”表示）。

（1）计算甲公司在清算2016年企业所得税应纳税所得额时准予扣除的广告费和业务宣传费。

（2）甲公司从乙有限责任公司分得的股息是否应计入应纳税所得额？简要说明理由。

（3）甲公司代收的政府性基金是否应计入应纳税所得额？简要说明理由。

2. 居民企业甲公司主要从事日化产品的生产和销售，2014年有关涉税事项如下：

（1）为了推广新型洗涤剂，公司推出了“买一赠一”的促销活动，凡购买一件售价40元（不含税）的新型洗涤剂，附赠一瓶原价10元（不含税）的洗洁精。公司按照每件40元确认了新型洗涤剂的销售收入，按照每瓶10元确认了洗洁精的销售收入。

（2）发生尚未形成无形资产的新产品研究开发费用42万元。其中，列支检测仪器的折旧费2万元，该检测仪器既用于研发活动，又用于日常生产的常规性检测。

（3）4月购进一台机器设备并投入使用，取得的增值税专用发票注明金额600万元，税额102万元（已抵扣），公司按照5年直线法计提了折旧。该设备不符合加速折旧的条件，计算折旧的年限为10年，不考虑净残值。

（4）以一项土地使用权对外投资，该土地使用权的账面原值为5 000万元，评估的公允价值为8 000万元，评估增值3 000万元计入了当期收益。

（5）向环保部门支付罚款5万元，支付诉讼费1万元。

（6）向关联企业支付管理费10万元。

要求：根据上述资料及企业所得税法律制度的规定，回答下列问题：

（1）甲公司对新型洗涤剂和洗洁精的销售收入的确认是否正确？说明理由。

（2）甲公司在计算应纳税所得额时，研究开发费用允许加计扣除的金额是多少？

（3）甲公司在计算应纳税所得额时，购进的机器设备折旧费需要纳税调整的金额是多少？

（4）甲公司以土地使用权对外投资的评估增值收益，应如何进行企业所得税的税务处理？

（5）甲公司支付的罚款和诉讼费，在计算应纳税所得额时是否准予扣除？分别说明理由。

（6）甲公司向关联企业支付的管理费，在计算应纳税所得额时是否准予扣除？说明理由。

# 第五章 个人所得税法律制度

## 岗位要求

### 知识目标

- 了解我国个人所得税的发展历史和征收管理制度。
- 理解个人所得税的类型、特点，我国个人所得税的税目、税率。
- 掌握我国个人所得税的纳税人、征税范围与征税环节，个人所得税的税率及计税依据，应纳税额的计算方法，税收优惠。

### 能力目标

- 能够准确区分个人所得的类型。
- 针对不同的应税所得类型，能够确定税率及费用扣除标准。
- 会熟练计算各种类型个人所得的应纳税额。
- 能够对不同类型所得征税办法的区别进行分析。

## 关键词

个人所得税　居民纳税人　非居民纳税人　扣缴义务人　综合所得　工资、薪金　劳务报酬　稿酬　特许权使用费　经营所得　偶然所得　超额累进税率　收入额　公益捐赠　专项扣除　专项附加扣除　累计预扣法

导入案例

2019 年 1 月，某外资企业的中国员工张某获得当月工资 6 500 元，当月奖金 4 000 元；外籍员工 Mike 获得当月工资 6 500 元，当月奖金 4 000 元，Mike 已在中国工作三年，公司已扣除员工的基本社保金。当月，该企业组织员工慰问贫困山区某小学，张某与 Mike 均从工资中拿出 500 元向该小学直接捐赠。

根据上述材料，分析回答下列问题：

1. 张某和 Mike 的税收待遇是否一样?
2. 针对张某和 Mike 的工资应如何计算个人所得税?
3. 个人所得税纳税人应如何分类?

# 第一节 个人所得税概述

## 一、个人所得税的概念和特征

### （一）个人所得税的概念

个人所得税是以个人（自然人）取得的各项应税所得为征税对象的一种税收。

对个人所得的理解分为狭义和广义两种。狭义的个人所得，仅限于每年经常、反复发生的所得。广义的个人所得，是指个人在一定期间内，各种来源或方式所获得的一切利益，无论是偶然的还是临时的，是货币的还是实物的。目前，我国所实行的个人所得税，是以广义的个人所得概念为基础的。

### （二）个人所得税的特征

#### 1. 征收模式

长期以来，我国个人所得税采用的是分类所得，即将个人取得的各种所得划分为 11 类，分别适用不同的费用减除规定、不同的税率和不同的计税方法。实行分类课征制度，可以广泛采用代扣代缴税款的办法，简化纳税手续，方便征纳双方，同时也对部分纳税人实行自行申报制度，加强管控。自 2019 年 1 月 1 日起，个人所得税的征收模式从分类模式转为混合模式，将原有的 11 个税目合并为三大类型、9 个税目分别进行征收。

#### 2. 税率形式

分类所得一般采用比例税率，综合所得采用累进税率。比例税率计算简便，便于实行代扣代缴；累进税率可以合理调节收入调节分配，体现公平。我国现行个人所得税根据各类个人所得的不同性质和特点，将这两种形式的税率运用于个人所得税。其中，对综合所得和经营所得采用累进税率。对财产租赁、财产转让等其他类型所得，采用比例税率。

#### 3. 费用扣除标准

对综合所得和经营所得，每月减除费用 5 000 元；对财产租赁所得，每次收入不超过 4 000 元的减除 800 元，每次收入 4 000 元以上的减除 20% 的费用；对利息股息红利所得和偶然所得，没有费用扣除。自 2019 年 1 月 1 日起，对综合所得在扣除基本减除费用标准和“三险一金”等专项扣除外，还增加了专项附加扣除项目。

4. 征收方法

我国个人所得税法规定，对纳税人的应纳税额分别采取由支付单位代扣代缴和纳税人自行申报两种方法。对凡是可以在应税所得的支付环节扣缴个人所得税的，均由扣缴义务人履行代扣代缴义务。对于没有扣缴义务人的，以及个人在两个以上取得工资、薪金所得的，由纳税人自行申报纳税。此外，对其他不便于扣缴税款的，亦规定由纳税人自行申报纳税。

## 二、个人所得税的立法原则

### （一）调节收入分配，体现社会公平

在谋求经济增长和实行市场经济体制的发展中国家，社会收入分配差距在一定时期的扩大是不可避免的。改革开放以来，随着经济的发展，我国人民的生活水平不断提高，一部分人已达到较高的收入水平。因此，有必要对个人收入进行适当的税收调节。在保证人们基本生活不受影响的前提下，本着高收入者多纳税、中等收入者少纳税、低收入者不纳税的原则，通过征收个人所得税来缓解社会收入分配不公的矛盾，有利于在不损害效率的前提下，体现社会公平，保持社会稳定。

### （二）增强纳税意识，树立义务观念

由于历史的原因和计划经济体制的影响，我国公民的纳税意识一直较为淡薄，义务观念比较缺乏。通过宣传个人所得税法，建立个人所得税的纳税申报、源泉扣缴制度，通过强化个人所得税的征收管理和对违反税法行为的处罚等措施，可以逐步培养、普及全民依法履行纳税义务的观念，有利于提高全体人民的公民意识和法制意识，为社会主义市场经济的发展创造良好的社会环境。

### （三）扩大聚财渠道，增加财政收入

个人所得税是市场经济发展的产物，个人所得税收入是随着一国经济的市场化、工业化、城市化程度和人均 GDP 水平提高而不断增长的。目前，一些主要的西方发达国家都实行以所得税为主体的税制，个人所得税的规模和比重均比较大。就我国目前情况看，由于个人总体收入水平不高，个人所得税收入还十分有限。但是，个人所得税仍然不失为一个收入弹性和增长潜力较大的税种，是国家财政收入的一个重要来源。随着社会主义市场经济体制的建立和我国经济的进一步发展，我国居民的收入水平将逐步提高，个人所得税税源将不断扩大，个人所得税收入占国家税收总额的比重将逐年增加，最终将发展成具有活力的一个主体税种。

知识窗

**我国《个人所得税法》的发展历程**

我国个人所得税法经历了多次修正。1980 年 9 月 10 日第五届全国人民代表大会第三次会议通过《中华人民共和国个人所得税法》(简称《个人所得税法》);1993 年 10 月 31 日第一次修正;1999 年 8 月 30 日第二次修正;2005 年 10 月 27 日第三次修正;2007 年 6 月 29 日第四次修正;2007 年 12 月 29 日第五次修正;2011 年 6 月 30 日第六次修正。2018 年 8 月 31 日,《关于修改〈中华人民共和国个人所得税法〉的决定》经十三届全国人民代表大会常务委员会第五次会议表决通过,标志着我国个人所得税混合模式的初步确立。

## 第二节　个人所得税的纳税人、征税对象及税率

### 一、纳税人

个人所得税的纳税人是指在中国境内有住所，或者无住所而在境内居住满 183 天的个人，以及无住所又不居住或居住不满 183 天但从中国境内取得所得的个人。其包括中国公民、个体工商户、外籍个人、香港、澳门、台湾同胞等。根据纳税人的住所和在中国境内居住的时间，分为居民纳税人和非居民纳税人。

#### （一）居民纳税人

根据《个人所得税法》规定，在中国境内有住所，或者无住所且在一个纳税年度内居住满 183 天的个人，为居民纳税人。居民纳税人从中国境内和境外取得的所得，依法缴纳个人所得税。在中国境内有住所，是指因户籍、家庭、经济利益关系而在中国境内习惯性居住。从中国境内和境外取得的所得，分别是指来源于中国境内的所得和来源于中国境外的所得。

在中国境内无住所的个人，在中国境内居住累计满 183 天的年度连续不满 6 年的，经向主管税务机关备案，其来源于中国境外且由境外单位或者个人支付的所得，免予缴纳个人所得税；在中国境内居住累计满 183 天的任一年度中有一次离境超过 30 天的，其在中国境内居住累计满 183 天的年度的连续年限重新起算。

#### （二）非居民纳税人

在中国境内无住所又不居住，或者无住所且在一个纳税年度内居住不满 183 天的个人，为非居民纳税人。非居民纳税人承担有限纳税义务，仅就其从中国境内取得的所得，依法缴纳个人所得税。

中国境内取得的所得，是指来源于中国境内的所得。例如，境外某工程师通过互联网将个人设计的项目转让给中国境内的某企业，中国企业支付设计使用费，这样，这位

外国工程师就其来源于中国境内的设计使用费在中国缴纳个人所得税。

在中国境内无住所的个人，在一个纳税年度内在中国境内居住累计不超过 90 天的，其来源于中国境内的所得，由境外雇主支付且不由该雇主在中国境内的机构、场所负担的部分，免予缴纳个人所得税。

**重点提示**

在本章的导入案例中，中国员工张某为中国的居民纳税人，外籍员工 Mike 根据在中国境内停留时间的标准也被认定为中国的居民纳税人。张某和 Mike 需要就来源于中国境内的所得和来源于中国境外的所得，依法缴纳个人所得税。

#### （三）扣缴义务人

扣缴义务人，是指凡支付个人应纳税所得的企业（公司）、事业单位、机关、社团组织、军队、驻华机构、个体户等单位或者个人。按照税法规定代扣代缴个人所得税是扣缴义务人的法定义务，必须依法履行。

扣缴义务人向个人支付应纳税所得（包括现金、实物和有价证券）时，不论纳税人是否属于本单位人员，均应代扣代缴其应纳的个人所得税税款。所说的支付，包括现金支付、汇拨支付、转账支付和以有价证券、实物以及其他形式的支付。

### 二、所得来源的确定

从中国境内取得的所得，是指来源于中国境内的所得。下列所得，不论支付地点是否在中国境内，均为来源于中国境内的所得：

（1）因任职、受雇、履约等而在中国境内提供劳务取得的所得；

（2）将财产出租给承租人在中国境内使用而取得的所得；

（3）许可各种特许权在中国境内使用而取得的所得；

（4）转让中国境内的不动产等财产或者在中国境内转让其他财产取得的所得；

（5）从中国境内企业、事业单位、其他组织以及居民个人取得的利息、股息、红利所得。

### 三、征税对象

个人所得税的征税范围包括个人取得各项应税所得。自 2018 年 10 月起，我国将个人所得分为 9 个税目，归为三大类型。综合所得包括工资、薪金，劳务报酬，稿酬，特许权使用费所得；经营所得包括个体工商户生产经营所得和个人对企事业单位承包承租所得等；其他所得包括利息、股息、红利所得，财产租赁，财产转让，偶然所得等其他非劳动所得。

#### （一）综合所得

##### 1. 工资、薪金所得

工资、薪金所得是指个人因任职或受雇而取得的工资、薪金、奖金、年终加薪、劳动分红、津贴、补贴以及与任职或者受雇有关的其他所得。

下列项目不属于工资、薪金性质的补贴、津贴或者不属于纳税人本人工资、薪金所得项目的收入，不征收个人所得税。具体包括：①独生子女补贴；②执行公务员工资制度未纳入基本工资总额的补贴、津贴差额和家属成员的副食品补贴；③托儿补助费；④差旅费津贴、误餐补助。

个人因与用人单位解除劳动关系而取得的一次性补偿收入（包括用人单位发放的经济补偿金、生活补助费和其他补助费用），其收入超过当地上一年职工平均工资 3 倍数额部分的一次性补偿收入，应计入工资、薪金所得，计算缴纳个人所得税。

退休人员再任职取得的收入，符合相关条件的，应计入工资、薪金所得，计算缴纳个人所得税。离退休人员除按规定领取离退休工资或养老金外，另从原任职单位取得的各类补贴、奖金、实物，不属于免税的退休工资、离休工资、离休生活补助费，应计入工资、薪金所得，计算缴纳个人所得税。

职工获得企业的股份、非货币性福利、买断工龄获得的一次性补偿获得的一次性收入等也作为工资、薪金所得。

企业减员增效和行政、事业单位、社会团体在机构改革中未达到离退休年龄，提前离岗且未办理离退休手续（内部退养）的职工，从原任职单位取得的工资、薪金，不属于离退休工资，应按工资、薪金所得计算缴纳个人所得税。职工内退后重新就业的，取得的工资、薪金所得，应与其从原单位取得的同一月份的工资、薪金所得合并计算缴纳个人所得税。

个人缴纳的补充养老保险金、补充医疗保险金属于工资、薪金的组成部分，在计算个人所得税时，不得从当月的工资、薪金所得中扣除。

**重点提示**

根据上述税法规定，在本章的导入案例中，无论是中国员工张某还是外籍员工 Mike，在计算个人所得税时其当月奖金都应与当月工资合并计算，属于工资、薪金所得。

### 2. 劳务报酬所得

劳务报酬所得，是指个人从事劳务取得的所得，包括从事设计、装潢、安装、制图、化验、测试、医疗、法律、会计、咨询、讲学、翻译、审稿、书画、雕刻、影视、录音、录像、演出、表演、广告、展览、技术服务、介绍服务、经纪服务、代办服务以及其他劳务取得的所得。

区分“劳务报酬所得”和“工资、薪金所得”，主要看是否存在雇佣与被雇佣的关系。“工资、薪金所得”是指个人从事非独立劳动，从所在单位（雇主）领取的报酬，存在雇佣与被雇佣的关系，即在机关、团体、学校、部队、企事业单位及其他组织中任职受雇而得到的报酬；而“劳务报酬所得”则是指个人独立从事某种技艺，独立提供某种劳务而取得的报酬，一般不存在雇佣关系。个人所得税所列各项“劳务报酬所得”一般属于个人独立从事自由职业取得的所得或属于独立个人劳动所得。所谓的独立个人劳动所得，是指个人从事的是由自己自由提供的，不受他人指定、安排和具体管理的劳动。个人兼职取得的收入应属于劳务报酬所得。

#### 3. 稿酬所得

稿酬所得，是指个人因其作品以图书、报刊形式出版、发表而取得的所得。这里所说的作品，包括文学作品、书画作品、摄影作品，以及其他作品。

#### 4. 特许权使用费所得

特许权使用费所得，是指个人提供专利权、商标权、著作权、非专利技术以及其他特许权的使用权取得的所得；提供著作权的使用权取得的所得，不包括稿酬所得。

作者将自己的文字作品手稿原件或复印件拍卖取得的所得，在项目上按“特许权使用费”征收个人所得税。

### （二）经营所得

（1）个体工商户从事生产、经营活动取得的所得，个人独资企业投资人、合伙企业的个人合伙人来源于境内注册的个人独资企业、合伙企业生产、经营的所得；

（2）个人依法从事办学、医疗、咨询以及其他有偿服务活动取得的所得；

（3）个人对企业、事业单位承包经营、承租经营以及转包、转租取得的所得；

（4）个人从事其他生产、经营活动取得的所得。

### （三）其他所得

#### 1. 利息、股息、红利所得

利息、股息、红利所得，是指个人拥有债权、股权而取得的利息、股息、红利所得。利息，是指个人的存款利息、贷款利息和购买各种债券的利息。股息，也称股利，是指股票持有人根据股份制公司章程规定，凭股票定期从股份公司取得的投资盈利。红利，也称公司（企业）分红，是指股份公司或企业根据应分配的利润按股份分配超过股息部分的利润。股份制企业在分配股息、红利时，以股票形式向股东个人支付应得的股息、红利（派发红股），应以派发红股的股票票面金额为收入额，按利息、股息、红利项目计征个人所得税。

#### 2. 财产租赁所得

财产租赁所得，是指个人出租不动产、机器设备、车船以及其他财产取得的所得。确认财产租赁所得的纳税义务人，应以产权凭证为依据。无产权凭证的，由主管税务机关根据实际情况确定纳税义务人。产权所有人死亡，在未办理产权继承手续期间，该财产出租而有租金收入的，以领取租金的个人为纳税义务人。

个人取得房屋转租收入属于“财产租赁所得”项目。取得转租收入的个人向房屋出租方支付的租金，凭房屋租赁合同和合法支付凭据允许在计算个人所得税时，从该项转租收入中扣除。

#### 3. 财产转让所得

财产转让所得，是指个人转让有价证券、股权、合伙企业中的财产份额、不动产、机器设备、车船以及其他财产取得的所得。

个人将投资于在中国境内成立的企业或组织（不包括个人独资企业和合伙企业）的股权或股份，转让给其他个人或法人的行为，按照“财产转让所得”项目，依法计算缴纳个人所得税。

个人因各种原因终止投资、联营、经营合作等行为，从被投资企业或合作项目投资企业的其他投资者以及合作项目的经营合作人取得股权转让收入、违约金、补偿金、赔偿金及以其他名目收回的款项等，均属于个人所得税应税收入，应按照“财产转让所得”项目适用的规定计算缴纳个人所得税。

个人以非货币性资产投资，属于个人转让非货币性资产和投资同时发生。对个人转让非货币性资产的所得，应按照“财产转让所得”项目，依法计算缴纳个人所得税。

#### 4. 偶然所得

偶然所得，是指个人得奖、中奖、中彩以及其他偶然性质的所得。得奖是指参加各种有奖竞赛活动，取得名次得到的奖金；中奖、中彩是指参加各种有奖活动，如有奖储蓄，或者购买彩票，经过规定程序，抽中、摇中号码而取得的奖金。

企业对累积消费达到一定额度的顾客，给予额外抽奖机会，个人的获奖所得，按照“偶然所得”项目，全额缴纳个人所得税。

个人从非任职单位取得的奖金，不属于工资、薪金所得项目，应按“偶然所得”或其他所得计算缴纳个人所得税。

个人取得的所得，难以界定应纳税所得项目的，由主管税务机关确定。

重点提示

居民个人取得综合所得，按纳税年度合并计算个人所得税；非居民个人取得综合所得，按月或者按次分项计算个人所得税。纳税人取得经营所得和其他所得，依法分别计算个人所得税。

## 四、税率

### （一）综合所得适用税率

综合所得，适用 3%~45% 的超额累进税率。具体税率如表 5-1 所示。

表 5-1　个人所得税税率表（综合所得适用）

| 级　数 | 全年应纳税所得额 | 税率（%） | 速算扣除数 |
| --- | --- | --- | --- |
| 1 | 不超过 36 000 元的 | 3 | 0 |
| 2 | 超过 36 000 元至 144 000 元的部分 | 10 | 2 520 |
| 3 | 超过 144 000 元至 300 000 元的部分 | 20 | 16 920 |
| 4 | 超过 300 000 元至 420 000 元的部分 | 25 | 31 920 |
| 5 | 超过 420 000 元至 660 000 元的部分 | 30 | 52 920 |
| 6 | 超过 660 000 元至 960 000 元的部分 | 35 | 85 920 |
| 7 | 超过 960 000 元的部分 | 45 | 181 920 |

对于上述税率表的适用，应注意以下两点：

第一，本表所称全年应纳税所得额是指依照法律规定，居民个人取得综合所得以每一纳税年度收入额减除费用 6 万元以及专项扣除、专项附加扣除和依法确定的其他扣除后的余额。

第二，非居民个人取得工资、薪金所得，劳务报酬所得，稿酬所得和特许权使用费所得，依照本表按月换算后计算应纳税额。按月换算税率表如表 5-2 所示。

表 5-2　个人所得税税率表（按月换算的综合所得适用）

| 级　数 | 全月应纳税所得额 | 税率（%） | 速算扣除数 |
| --- | --- | --- | --- |
| 1 | 不超过 3 000 元的 | 3 | 0 |
| 2 | 超过 3 000 元至 12 000 元的部分 | 10 | 210 |
| 3 | 超过 12 000 元至 25 000 元的部分 | 20 | 1 410 |
| 4 | 超过 25 000 元至 35 000 元的部分 | 25 | 2 660 |
| 5 | 超过 35 000 元至 55 000 元的部分 | 30 | 4 410 |
| 6 | 超过 55 000 元至 80 000 元的部分 | 35 | 7 160 |
| 7 | 超过 80 000 元的部分 | 45 | 15 160 |

### （二）经营所得适用税率

经营所得，适用 5%~35% 的超额累进税率。具体税率如表 5-3 所示。

表 5-3　个人所得税税率表（经营所得适用）

| 级　数 | 全年应纳税所得额 | 税率（%） | 速算扣除数 |
| --- | --- | --- | --- |
| 1 | 不超过 30 000 元的 | 5 | 0 |
| 2 | 超过 30 000 元至 90 000 元的部分 | 10 | 1 500 |
| 3 | 超过 90 000 元至 300 000 元的部分 | 20 | 10 500 |
| 4 | 超过 300 000 元至 500 000 元的部分 | 30 | 40 500 |
| 5 | 超过 500 000 元的部分 | 35 | 65 500 |

对于上述税率表的适用，应注意本表所称全年应纳税所得额是指依照法律规定，以每一纳税年度的收入总额减除成本、费用以及损失后的余额。

### （三）其他所得适用税率

利息、股息、红利所得，财产租赁所得，财产转让所得和偶然所得，适用比例税率，税率为 20%。

自 2001 年 1 月 1 日起，对个人出租住房取得的所得暂减按 10% 的税率征收个人所得税。

# 第三节　个人所得税应纳税额的计算

## 一、应纳税所得额的确定

个人所得税的计税依据是纳税人取得的应纳税所得额。应纳税所得额为个人取得的各项收入减去税法规定的费用扣除金额和减免税收入后的余额。个人所得的形式，包括现金、实物、有价证券和其他形式的经济利益。所得为实物的，应当按照取得的凭证上所注明的价格计算应纳税所得额，无凭证的实物或者凭证上所注明的价格明显偏低的，参照市场价格核定应纳税所得额；所得为有价证券的，根据票面价格和市场价格核定应纳税所得额；所得为其他形式的经济利益的，参照市场价格核定应纳税所得额。

### （一）居民个人综合所得应纳税所得额的确定

综合所得，包括工资、薪金所得，劳务报酬所得，稿酬所得，特许权使用费所得四项。居民个人的综合所得，以每一纳税年度的收入额减除费用 6 万元以及专项扣除、专项附加扣除和依法确定的其他扣除后的余额，为应纳税所得额。其中，劳务报酬所得、稿酬所得、特许权使用费所得以收入减除 20% 的费用后的余额为收入额。稿酬所得的收入额减按 70% 计算。

#### 1. 专项扣除

专项扣除，包括居民个人按照国家规定的范围和标准缴纳的基本养老保险、基本医疗保险、失业保险等社会保险费和住房公积金等。

#### 2. 专项附加扣除

专项附加扣除，包括子女教育、继续教育、大病医疗、住房贷款利息、住房租金、赡养老人六项。从 2019 年 1 月 1 日起，对综合所得的纳税人在原有费用扣除标准基础上增加专项附加扣除。

（1）子女教育专项附加扣除。纳税人的子女接受学前教育（年满 3 岁至小学入学前）及全日制学历教育的相关支出，按照每个子女每月 1 000 元的标准定额扣除。

学历教育包括义务教育（小学、初中教育）、高中阶段教育（普通高中、中等职业、技工教育）、高等教育（大学专科、大学本科、硕士研究生、博士研究生教育）。

父母可以选择由其中一方按扣除标准的 100% 扣除，也可以选择由双方分别按扣除标准的 50% 扣除，具体扣除方式在一个纳税年度内不能变更。

纳税人子女在中国境外接受教育的，纳税人应当留存境外学校录取通知书、留学签证等相关教育的证明资料备查。

（2）继续教育专项附加扣除。纳税人在中国境内接受学历（学位）继续教育的支出，在学历（学位）教育期间按照每年 4 800 元（每月 400 元）定额扣除，但不能超过 48 个月。

纳税人接受技能人员职业资格继续教育、专业技术人员职业资格继续教育支出，在取得相关证书的当年，定额扣除 3 600 元。

（3）大病医疗专项附加扣除。在一个纳税年度内，纳税人发生的与基本医保相关的医药费用支出，扣除医保报销后个人负担（医保目录范围内的自付部分）累计超过 15 000 元的部分，由纳税人在办理年度汇算清缴时，在 80 000 元限额内据实扣除。

纳税人发生的医药费用支出可以选择由本人或者其配偶扣除；未成年子女发生的医药费用支出可以选择由其父母一方扣除。纳税人及其配偶、未成年子女发生的医药费用支出，分别计算扣除额。

（4）住房贷款利息专项附加扣除。纳税人本人或配偶使用商业银行或住房公积金个人住房贷款为本人或其配偶购买住房，发生的首套住房贷款利息支出，在偿还贷款期间，可以按照每年 12 000 元（每月 1 000 元）标准定额扣除，不得超过 240 个月。非首套住房贷款利息支出，纳税人不得扣除。纳税人只能享受一套首套住房贷款利息扣除。

经夫妻双方约定，可以选择由其中一方扣除，具体扣除方式在一个纳税年度内不能变更。夫妻双方婚前分别购买住房发生的首套住房贷款，其贷款利息支出，婚后可以选择其中一套购买的住房，由购买方按扣除标准的 100% 扣除，也可以由夫妻双方对各自购买的住房分别按扣除标准的 50% 扣除，具体扣除方式在一个纳税年度内不能变更。

（5）住房租金专项附加扣除。纳税人本人及配偶在纳税人的主要工作城市没有住房，而在主要工作城市租赁住房发生的租金支出，可以按照以下标准定额扣除：①承租的住房位于直辖市、省会城市、计划单列市以及国务院确定的其他城市，扣除标准为每年 14 400 元（每月 1 200 元）；②承租的住房位于其他城市的，市辖区户籍人口超过 100 万的，扣除标准为每年 12 000 元（每月 1000 元）；③承租的住房位于其他城市的，市辖区户籍人口不超过 100 万（含）的，扣除标准为每年 9 600 元（每月 800 元）。主要工作城市是指纳税人任职受雇所在城市，无任职受雇单位的，为其经常居住城市。

夫妻双方主要工作城市相同的，只能由一方扣除住房租金支出。夫妻双方主要工作城市不相同的，并且各自在其主要工作城市都没有住房的，可以分别扣除住房租金支出。住房租金支出由签订租赁住房合同的承租人扣除。纳税人及其配偶不得同时分别享受住房贷款利息专项附加扣除和住房租金专项附加扣除。纳税人应当留存住房租赁合同。

（6）赡养老人专项附加扣除。纳税人赡养一位及以上被赡养人的赡养支出，统一按照以下标准定额扣除：①纳税人为独生子女的，按照每月 2 000 元的标准定额扣除；②

纳税人为非独生子女的，由其与兄弟姐妹分摊每月 2 000 元的扣除额度，每人分摊的额度不能超过每月 1 000 元。可以由赡养人均摊或者约定分摊，也可以由被赡养人指定分摊。约定或者指定分摊的须签订书面分摊协议，指定分摊优先于约定分摊。具体分摊方式和额度在一个纳税年度内不能变更。

被赡养人是指年满 60 岁的父母，以及子女均已去世的年满 60 岁的祖父母、外祖父母。纳税人赡养两位及以上老人的，不按老人人数加倍扣除。

#### 3. 其他扣除

其他扣除，包括个人缴付符合国家规定的企业年金、职业年金，个人购买符合国家规定的商业健康保险、税收递延型商业养老保险的支出，以及国务院规定的可以扣除的其他项目。

专项扣除、专项附加扣除和依法确定的其他扣除，以居民个人一个纳税年度的应纳税所得额为限额；一个纳税年度扣除不完的，不结转以后年度扣除。

### （二）非居民个人的综合所得应纳税所得额的确定

非居民个人取得综合所得，按月或者按次分项计算个人所得税。

非居民个人的工资、薪金所得，以每月减除 5 000 元为应纳税所得额。劳务报酬所得、稿酬所得、特许权使用费所得，以每次收入额为应纳税所得额。

劳务报酬所得、稿酬所得、特许权使用费所得以收入减除 20% 的费用后的余额为收入额。稿酬所得的收入额减按 70% 计算。

### （三）经营所得应纳税所得额的确定

经营所得，以每一纳税年度的收入总额减除成本、费用以及损失后的余额，为应纳税所得额。

收入总额，是指个体工商户、个人独资企业、合伙企业及个人从事生产、经营以及与生产、经营有关的活动所取得的各项收入，包括商品（产品）销售收入、营运收入、劳务服务收入、工程价款收入、财产出租或转让收入、利息收入、其他收入和营业外收入。成本、费用，是指个体工商户、个人独资企业、合伙企业以及个人从事生产、经营所发生的各项直接支出和分配计入成本的间接费用及销售费用、管理费用、财务费用；损失，是指个体工商户、个人独资企业、合伙企业以及个人从事其他生产经营活动发生的固定资产和存货的盘亏、毁损、报废损失，转让财产损失、坏账损失，自然灾害等不可抗力因素造成的损失及其他损失。

#### 1. 允许扣除项目

个体工商户、个人独资企业、合伙企业以及个人的生产、经营所得，以每一纳税年度的收入总额，扣减税法允许扣除的成本、费用、税金、损失、其他支出以及允许弥补的以前年度亏损后的余额，为应纳税所得额。

（1）从事生产、经营的纳税义务人对个体工商户、个人独资企业和合伙企业向其从业人员实际支付的合理的工资、薪金支出，允许在税前据实扣除。

（2）个体工商户、个人独资企业和合伙企业拨缴的工会经费、发生的职工福利费、职工教育经费支出分别在工资、薪金总额 2%、14%、2.5% 的标准内据实扣除。

（3）个体工商户、个人独资企业和合伙企业每一纳税年度发生的广告费和业务宣传费用不超过当年销售（营业）收入 15% 的部分，可据实扣除；超过部分，准予在以后纳税年度结转扣除。

（4）个体工商户、个人独资企业和合伙企业每一纳税年度发生的与其生产经营业务直接相关的业务招待费支出，按照发生额的 60% 扣除，但最高不得超过当年销售（营业）收入的 5‰。

（5）个体工商户、个人独资企业和合伙企业在生产经营中的借款利息支出，未超过中国人民银行规定的同类、同期贷款利率计算的数额部分，准予扣除。

（6）个体工商户、个人独资企业和合伙企业发生的与生产经营有关的财产保险、运输保险以及从业人员的养老、医疗保险及其他保险费用支出，按国家有关规定的标准计算扣除。

（7）个体工商户、个人独资企业和合伙企业将其所得通过中国境内的社会团体、国家机关向教育或者其他社会公益事业以及遭受严重自然灾害地区、贫困地区的捐赠，捐赠额不超过其应纳个人所得税的 30% 的部分可以据实扣除。

（8）个体工商户、个人独资企业和合伙企业在生产经营过程中，应当分别核算生产经营费用和个人、家庭费用。对于生产经营与个人、家庭生活混用难以分清的费用，其 40% 视为与生产经营有关的费用，准予扣除。

### 2. 不得税前扣除项目

（1）个体工商户业主的工资支出；

（2）个人所得税税款；

（3）税收滞纳金；

（4）罚金、罚款和被没收财物的损失；

（5）不符合扣除规定的捐赠支出；

（6）赞助支出；

（7）用于个人和家庭的支出；

（8）与生产经营无关的其他支出；

（9）国家税务总局规定不准扣除的其他支出。

个体工商户、个人独资企业、合伙企业以及个人从事生产、经营活动，未提供完整、准确的纳税资料而不能正确计算应纳税所得额的，由主管税务机关核定其应纳税所得额。

取得经营所得的个人，没有综合所得的，计算其每一纳税年度的应纳税所得额时，应当减除费用 6 万元、专项扣除、专项附加扣除以及依法确定的其他扣除。专项附加扣除在办理汇算清缴时减除。

### （四）其他所得应纳税所得额的确定

#### 1. 财产租赁所得

财产租赁所得，每次收入不超过 4 000 元的，减除费用 800 元；4 000 元以上的，减除 20% 的费用，其余额为应纳税所得额。

#### 2. 财产转让所得

财产转让所得，以一次转让财产的收入额减除财产原值和合理费用后的余额，为应纳税所得额。合理税费，是指卖出财产时按照规定支付的有关税费。财产原值按照下列方法确定：

（1）有价证券，财产原值为买入价以及买入时按照规定交纳的有关费用；

（2）建筑物，财产原值为建造费或者购进价格以及其他有关费用；

（3）土地使用权，财产原值为取得土地使用权所支付的金额、开发土地的费用及其他相关费用；

（4）机器设备、车船，财产原值为购进价格、运输费、安装费以及其他有关费用；

（5）其他财产参照以上方法确定。

纳税义务人未提供完整、准确的财产原值凭证，不能正确计算财产原值的，由主管税务机关核定其财产原值。

#### 3. 利息、股息、红利和偶然所得

利息、股息、红利所得和偶然所得，以每次收入额为应纳税所得额。

### （五）应纳税所得额的特殊规定

#### 1. 公益捐赠

个人将其所得通过中国境内的公益性社会组织、国家机关对教育、扶贫、济困等公益慈善事业进行捐赠，捐赠额未超过纳税人申报的应纳税所得额 30% 的部分，可以从其应纳税所得额中扣除；国务院规定对公益慈善事业捐赠实行全额税前扣除的，从其规定。

根据规定，个人通过非营利性的社会团体和国家机关（包括中国红十字会）向红十字事业的捐赠，向福利性、非营利性的老年服务机构的捐赠，对公益性青少年活动场所（包括新建的场所）的捐赠，向农村义务教育的捐赠，向宋庆龄基金会等六家单位的捐赠，对中国医药卫生事业发展基金会的捐赠，对中国教育发展基金会的捐赠，对中国老龄事业发展基金会等八家单位的捐赠，对县级以上总工会的捐赠，对中华快车基金会等五家单位的捐赠，在计算个人所得税时准予全额扣除。

### 2. 境外所得

居民纳税人对来源于境内和境外的所得计算缴纳个人所得税。居民个人从中国境外取得的所得，可以从其应纳税额中抵免已在境外缴纳的个人所得税税额，但抵免额不得超过该纳税人境外所得依照我国《个人所得税法》规定计算的应纳税额。已在境外缴纳的个人所得税税额，是指居民个人来源于中国境外的所得，依照该所得来源国家（地区）的法律应当缴纳且实际已经缴纳的所得税税额。

纳税人境外所得依照法律规定计算的应纳税额，是居民个人抵免已在境外缴纳的综合所得、经营所得以及其他所得的所得税税额的限额（简称抵免限额）。除国务院财政、税务主管部门另有规定外，来源于中国境外一个国家（地区）的综合所得抵免限额、经营所得抵免限额以及其他所得抵免限额之和，为来源于该国家（地区）所得的抵免限额。

居民个人在中国境外一个国家（地区）实际已经缴纳的个人所得税税额，低于依规定计算出的、来源于该国家（地区）所得的抵免限额的，应当在中国缴纳差额部分的税款；超过来源于该国家（地区）所得的抵免限额的，其超过部分不得在本纳税年度的应纳税额中抵免，但是可以在以后纳税年度来源于该国家（地区）所得的抵免限额的余额中补扣。补扣期限最长不得超过五年。

居民个人申请抵免已在境外缴纳的个人所得税税额，应当提供境外税务机关出具的税款所属年度的有关纳税凭证。

### 3. 两个或两个以上的个人共同取得同一项目所得

两个或两个以上的个人共同取得同一项目收入的，如编著一本书，参加同一场演出等，应当对每个人取得的收入分别按照税法规定减除费用后计算纳税，即实行“先分、后扣、再税”的办法。

重点提示

在本章的导入案例中，张某与Mike均从工资中拿出500元直接捐赠给贫困山区小学，根据税法对公益捐赠的认定标准，两人的捐赠均不属于公益捐赠，不得在计算个人所得税时进行税前扣除。

## （六）每次收入的确定

（1）非居民个人取得的劳务报酬所得、稿酬所得、特许权使用费所得，属于一次性收入的，以取得该项收入为一次；属于同一项目连续性收入的，以一个月内取得的收入为一次。

（2）财产租赁所得，以一个月内取得的收入为一次。

（3）利息、股息、红利所得，以支付利息、股息、红利时取得的收入为一次。

（4）偶然所得，以每次取得该项收入为一次。

## 二、应纳税额的计算

2018 年 12 月 19 日，国家税务总局发布《关于全面实施新个人所得税法若干征管衔接问题的公告》，规定扣缴义务人对居民个人工资、薪金所得，劳务报酬所得，稿酬所得，特许权使用费所得实行预扣预缴、年终汇算清缴个人所得税的计算方法。

### （一）居民个人综合所得的计税方法

#### 1. 工资、薪金所得预扣预缴税额的计算

扣缴义务人向居民个人支付工资、薪金所得时，应当按照累计预扣法计算预扣税款，并按月办理全员全额扣缴申报。具体计算公式如下：

本期应预扣预缴税额 =（累计预扣预缴应纳税所得额 × 预扣率 – 速算扣除数）– 累计减免税额 – 累计已预扣预缴税额

累计预扣预缴应纳税所得额 = 累计收入 – 累计免税收入 – 累计减除费用 – 累计专项扣除 – 累计专项附加扣除 – 累计依法确定的其他扣除

其中：累计减除费用，按照 5 000 元 / 月乘以纳税人当年截至本月在本单位的任职受雇月份数计算。

上述公式中，计算居民个人工资、薪金所得预扣预缴税额的预扣率、速算扣除数，按《个人所得税预扣率表》执行，如表 5-4 所示。

表 5-4 个人所得税预扣率表（居民个人工资、薪金所得预扣预缴适用）

| 级　数 | 累计预扣预缴应纳税所得额 | 预扣率（%） | 速算扣除数 |
| --- | --- | --- | --- |
| 1 | 不超过 36 000 元的部分 | 3 | 0 |
| 2 | 超过 36 000 元至 144 000 元的部分 | 10 | 2 520 |
| 3 | 超过 144 000 元至 300 000 元的部分 | 20 | 16 920 |
| 4 | 超过 300 000 元至 420 000 元的部分 | 25 | 31 920 |
| 5 | 超过 420 000 元至 660 000 元的部分 | 30 | 52 920 |
| 6 | 超过 660 000 元至 960 000 元的部分 | 35 | 85 920 |
| 7 | 超过 960 000 元的部分 | 45 | 181 920 |

经典案例

王某为中国境内公司职员，2019 年每月应发工资 20 000 元，每月发生“三险一金”等专项扣除为 800 元，王某父母均已超过 60 岁且王某为独生子，无其他附加扣除情况。计算王某 1 月、2 月和 3 月预扣个人所得税税额。

【解析】王某的工资、薪金收入缴纳的个人所得税按月预扣预缴，费用扣除 5 000 元 / 月，专项扣除 800 元 / 月，赡养老人专项附加扣除 2 000 元 / 月。计算如下：

1 月：应纳税所得额 =20 000–5 000–800–2 000=12 200（元）。

根据表 5-4，适用第 1 档税率，应预扣税额 =12 200 × 3%=366（元）。

2 月：应纳税所得额 =20 000 × 2–5 000 × 2–800 × 2–2 000 × 2=24 400（元）。

根据表 5-4，适用第 1 档税率，累计应纳税额 =24 400×3%=732（元）；

应预扣税额 =732–366=366（元）。

3 月：应纳税所得额 =20 000×3–5 000×3–800×3–2 000×3=36 600（元）。

根据表 5-4，适用第 2 档税率，累计应纳税额 =36 600×10%–2 520=1 140（元）；应预扣税额 =1 140–366–366=408（元）。

### 2. 劳务报酬预扣预缴税额的计算

扣缴义务人向居民个人支付劳务报酬所得，按次或者按月预扣预缴个人所得税。年终汇算清缴时，按收入的 80% 经过各项扣除后计入应纳税所得额计税。具体计算公式如下：

劳务报酬所得应预扣预缴税额 = 预扣预缴应纳税所得额 × 预扣率 – 速算扣除数

其中：劳务报酬所得以收入减除费用后的余额为收入额，以每次收入额为预扣预缴应纳税所得额。劳务报酬所得每次收入不超过 4 000 元的，减除费用按 800 元计算；每次收入 4 000 元以上的，减除费用按 20% 计算。劳务报酬所得适用 20%~40% 的超额累进预扣率，具体如表 5-5 所示。

表 5-5 个人所得税预扣率表（居民个人劳务报酬所得预扣预缴适用）

| 级 数 | 预扣预缴应纳税所得额 | 预扣率（%） | 速算扣除数 |
|---|---|---|---|
| 1 | 不超过 20 000 元的 | 20 | 0 |
| 2 | 超过 20 000 元至 50 000 元的部分 | 30 | 2 000 |
| 3 | 超过 50 000 元的部分 | 40 | 7 000 |

经典案例

某会计师于 2019 年 2 月为某公司提供财务咨询，获得咨询收入 36 000 元，计算其预扣个人所得税税额。

【解析】个人为其他单位提供咨询，具有独立个人劳务的性质，其咨询收入属于劳务报酬所得。因该次收入超过 4 000 元，减除费用按 20% 计算。

应纳税所得额 =36 000×（1–20%）=28 800（元）。

根据表 5-5，适用税率为 30%，应预扣预缴税额 =28 800×30%–2 000=6 640（元）。

### 3. 稿酬所得预扣预缴税额的计算

扣缴义务人向居民个人支付稿酬所得，按次预扣预缴个人所得税，适用 20% 的比例预扣率。年终汇算清缴时，按收入的 80% 计入应纳税所得额，并减按 70% 计税。具体计算公式如下：

稿酬所得应预扣预缴税额 = 预扣预缴应纳税所得额 ×20%

其中：稿酬所得以收入减除费用后的余额为收入额，以每次收入额为预扣预缴应纳税所得额，稿酬所得的收入额减按 70% 计算。稿酬所得每次收入不超过 4 000 元的，减除费用按 800 元计算；每次收入 4 000 元以上的，减除费用按 20% 计算。

某作者于 2019 年 3 月出版一部小说，获得稿酬 3 000 元，2019 年 4 月因小说畅销又加印，获得稿酬 10 000 元。计算其稿酬所得预扣个人所得税税额。

【解析】先出版后加印，两次稿酬所得按规定属于一次收入的性质，需合并计算应纳税所得额。

合并稿酬预扣应纳税额 =（3 000+10 000）×（1–20%）×70%×20%=1 456（元）。

实际上，两笔所得是先后取得的，实际计税时应分两次缴纳税款。

出版时，预扣应纳税额 =（3 000–800）×70%×20%=308（元）；

加印时，预扣应纳税额 =1 456–308=1 148（元）。

经典案例

#### 4. 特许权使用费预扣预缴税额的计算

扣缴义务人向居民个人支付特许权使用费所得，按次预扣预缴个人所得税，适用 20% 的比例预扣率。年终汇算清缴时，按收入的 80% 计入应纳税所得额计税。具体计算公式为：

特许权使用费所得应预扣预缴税额 = 预扣预缴应纳税所得额 ×20%

其中：特许权使用费所得以收入减除费用后的余额为收入额，以每次收入额为预扣预缴应纳税所得额。特许权使用费所得每次收入不超过 4 000 元的，减除费用按 800 元计算；每次收入为 4 000 元以上的，减除费用按 20% 计算。

某作家的一部作品被影视公司改编为电视剧，影视公司向其支付特许权使用费 800 000 元。假设该作家专项扣除合计 84 000 元 / 年，无其他收入和附加扣除项目。请计算预扣个人所得税税额及年终汇算清缴税额。

【解析】剧本使用费属于特许权使用费，不属于稿酬。

特许权使用费发生时，预扣税额 =800 000×（1–20%）×20%=128 000（元）；

年终汇算清缴时，应纳税所得额 =800 000×80%=640 000（元）。

该作家无其他收入，综合所得年度的收入额减除费用 6 万元以及专项扣除、专项附加扣除和依法确定的其他扣除后的余额，为应纳税所得额。按表 5-1 适用第 5 档税率 30%，则个人所得税应纳税额 =（640 000–60 000–84 000）×30%–52 920=95 880（元）；应退税额 =128 000–95 880=32 120（元）。

经典案例

#### 5. 年终奖应纳税额的计算

年终奖包括个人一次取得的数月奖金、年终加薪或劳动分红，应并入当年综合所得计税。

对纳税人在 2019 年 1 月 1 日至 2021 年 12 月 31 日取得的全年一次性奖金，可以不并入当年综合所得，以奖金全额除以 12 个月的数额，按照综合所得月度税率表（见表 5-2）

确定适用税率和速算扣除数，单独计算纳税，以避免部分纳税人因全年一次性奖金并入综合所得后提高适用税率。

经典案例

李某在北京市工作并租房居住，每月支出房租 2 000 元。2019 年每月工资 8 000 元，12 月取得年终奖 18 200 元，请计算李某 2019 年全年应纳个人所得税。

【解析】李某主要工作城市为北京市，按专项附加扣除规定，房租每月定额扣除 1 500 元。年终奖是否单独计税会影响纳税效果。

（1）年终奖单独计税。

全年工薪应纳税所得额 =（8 000 × 12– 5 000 × 12– 1 500 × 12）=18 000（元）

全年工薪应纳税额 =18 000 × 3%=540（元）。

年终奖单独计税，18 200 ÷ 12 ≈ 1 516.67（元），根据税率表确定其适用税率为 3%，速算扣除数为 0。

年终奖应纳个人所得税税额 =18 200 × 3%=546（元）。

李某全年应纳税额合计 =540+546=1 086（元）。

（2）年终奖并入综合所得。

全年综合所得应纳税所得额 =（8 000 × 12+18 200–5 000 × 12–1 500 × 12）=36 200（元）。

全年综合所得应纳税额 =36 200 × 10%–2 520=1 100（元）。

### 6. 一次性补偿收入应纳税额的计算

（1）个人与用人单位解除劳动关系取得的一次性补偿收入。

个人与用人单位解除劳动关系取得的一次性补偿收入，在当地上一年职工平均工资 3 倍以内的部分，免征个人所得税；超过 3 倍数额的部分，视为一次取得数月工资、薪金收入，以超过部分除以个人工作年限（超过 12 年按 12 年计算），以商数确定所使用的税率计算个人所得税。

经典案例

国有企业职工王某，于 2019 年 3 月 31 日与企业解除劳动合同关系，王某在该企业已工作 20 年，领取一次性补偿 150 000 元，同时领取当月工资 5 500 元。假定当地上一年职工年平均工资为 18 000 元，王某应缴纳的个人所得税是多少？

【解析】王某 3 月的工资超过了 5 000 元，应纳个人所得税 =（5 500–5 000）× 3%=15（元）；

领取的一次性补偿金超过当地上一年平均工资 3 倍以上的部分，即超额部分缴纳个人所得税。王某在企业的工作年限按 12 年计算。

确定一次性补偿金的适用税率，个人所得税 =（150 000–18 000 × 3）÷ 12= 8 000（元），适用税率为 10%，速算扣除数为 210 元；一次性补偿金应纳税额 =（150 000–18 000 × 3）× 10%–210=9 390（元）。

王某 3 月应纳个人所得税合计 =15+9 390=9 405（元）。

（2）内部退养。实行内部退养的个人在办理内部退养手续后到法定离退休年龄之间从原任职单位取得的工资、薪金，不属于离退休工资，应按“工资、薪金所得”项目缴纳个人所得税。

个人在办理内部退养手续后从原任职单位取得的一次性收入，应按办理内部退养手续后到法定离退休年龄之间的所属月份进行平均，并与领取当月的工薪所得合并后减除当月费用扣除标准，以余额为基数确定适用税率，再将当月工薪加上取得的一次性收入，减去费用扣除标准，按适用税率缴纳个人所得税。即：

应纳个人所得税税额 =［（当月工资、薪金所得 + 一次性内部退养收入）– 费用扣除标准］× 适用税率 – 速算扣除数。

职工内退后重新就业的，取得的工资、薪金所得，应与其从原单位取得的同一月份的工资、薪金所得合并计算缴纳个人所得税。离退休后返聘所取得的工资、薪金收入，以及离退休后重新就业取得的工资、薪金收入，属于个人离退休后重新受雇取得的收入，应按工资、薪金所得计算缴纳个人所得税。

经典案例

2019 年 1 月，李先生距离退休还有 1 年零 8 个月（20 个月），在工作单位办理了内退手续，单位给予一次性补助 20 000 元。李先生内退后每个月工资 6 500 元，没有其他奖金和补贴。试计算李先生 2019 年 1 月的应纳个人所得税税额。

【解析】一次性补助 20 000 ÷ 20=1 000（元）。

每月收入（6 500+1 000）–5 000=2 500（元），适用 3% 的税率。

李先生应纳个人所得税税额 =（6 500+20 000–5 000）× 3% =645（元）。

### 7. 从两处或两处以上取得工资、薪金所得应纳税额的计算

在外商投资企业、外国企业和外国驻华机构工作的中方人员取得的工资、薪金收入，凡是由雇用单位和派遣单位分别支付的，支付单位应扣缴其应纳的个人所得税，以纳税人每月全部工资、薪金收入减除规定费用后的余额为应纳税所得额。

为便于征管，采取由支付者一方减除费用的方法，即只有雇用单位在支付工资、薪金时，按税法规定减除费用，计算扣缴税款；派遣单位支付的工资、薪金不再减除费用，以支付全额直接确定适用税率，计算扣缴税款。

经典案例

张某是 A 公司职员，2019 年 1 月被单位派到某外商投资企业 B 公司工作，外派期间 A 公司每月支付张某工资 5 000 元，B 公司每月支付张某工资 8 800 元。张某每月支付房租 1 800 元。A 公司、B 公司及张某居住地点均位于北京市。计算张某在外派期间每月的应纳个人所得税税额。

【解析】A 公司为派遣单位，B 公司为雇用单位。

B 公司每月向张某支付工薪时，应根据 8 800 元和专项附加扣除来计算并代扣代缴其个人所得税，B 公司代扣代缴个人所得税税额 =（8 800–5 000–1 500）×3% =69（元）。

A 公司每月向张某支付工薪时，应根据 5000 元计算代扣代缴其个人所得税税额，A 公司代扣代缴个人所得税税额 =5 000×3%=150（元）。

张某 1 月工薪共应纳个人所得税税额 =69+150= 219（元）。

### （二）非居民个人综合所得的计税方法

非居民个人取得工资、薪金所得，劳务报酬所得，稿酬所得和特许权使用费所得，有扣缴义务人的，由扣缴义务人按月或者按次代扣代缴税款，不办理汇算清缴。非居民个人的综合所得按月或按次计税，并按如下方法分别确定应纳税所得额。

（1）工资、薪金所得以每月收入额减除 5 000 元后的余额为应纳税所得额；

（2）劳务报酬所得以每次收入减除 20% 费用后的余额（收入额）为应纳税所得额；

（3）稿酬所得以每次收入减除 20% 费用后的余额再减按 70%（收入额）为应纳税所得额；

（4）特许权使用费所得以每次收入减除 20% 费用后的余额（收入额）为应纳税所得额。

非居民个人的综合所得，适用于按月换算的综合所得税率表（见表 5-2），具体计算公式如下：

非居民个人综合所得应纳税额 = 应纳税所得额 × 税率 – 速算扣除数

经典案例

美国某公司员工 Sam 于 2019 年 3 月 1 日被国外总部派往中国上海分公司，当天入境，在中国工作两个月，每月从中国分公司获得工资人民币 25 200 元 / 月，美国总部每月支付给 Sam 工资折合人民币 20 000 元。2019 年 5 月 3 日离境。试计算 Sam 每月在中国应纳个人所得税。

【解析】根据我国个人所得税法，Sam 属于非居民纳税人，且在华居住时间未达到 90 天，只就来源于中国境内的工薪所得按照归属于境内工作天数比例计算缴纳个人所得税，适用于税率表 5-2。判定居民在华居住时间时，出入境当天不计算在内；但计算工薪应纳税额时，如果非居民纳税人当月有来自于境外的工薪，出入境当天按半天计算。

3 月应纳税所得额 =（25 200–5 000）×30.5/31=19 874.19（元），适用税率为 20%，速算扣除数为 1410 元；

3 月应纳个人所得税额 =19 874.19×20% –1410=2 564.84（元）；

4 月应纳个人所得税额 =（25 200–5 000）×20% –1 410=2 630（元）。

### （三）经营所得的计税方法

经营所得以每一纳税年度的收入总额减除成本、费用以及损失等后的余额，为应纳税所得额，按照表 5-3 确定税率，计算应纳税额。具体计算公式如下：

个人所得税应纳税额 = 应纳税所得额 × 适用税率 – 速算扣除数
= （全年收入总额 – 相关成本、费用、税金、损失、其他支出及以前一年度亏损）
× 适用税率 – 速算扣除数

经典案例

个体工商户赵某 2019 年全年营业收入额为 60 万元，营业成本 20 万元，营业费用 10 万元，其中含赵某用于家庭的房租支出 4 万元，各项税金及附加 8 000 元，业余时间参加山区支教活动向山区小学直接捐赠 5 000 元。2019 年赵某应纳个人所得税税额为多少？

【解析】个体工商户业主个人法定费用扣除标准为每月 5 000 元，或者全年 60 000 元。个人进行直接捐赠不属于税法认定的公益捐赠，不允许税前扣除。

全年应纳税所得额 =60–（20+10–4+0.8）–6=27.2（万元），适用税率 20%。

全年应纳个人所得税税额 =272 000 × 20%–10 500=43 900（元）。

经典案例

刘先生为某单位职工，于 2019 年 1 月承包本单位的对外经营餐厅，与单位签署的承包合同中约定，刘先生每月从单位获得 10 000 元工资，没有承包提成或其他分红。由于经营业绩良好，刘先生重新与单位签订合同，合同约定，从 2020 年 1 月起，刘先生每年固定上交承包费用 8 万元，并且每月从单位领取工资 3 000 元。2020 年，该餐厅实现经营利润 18 万元。刘先生无专项附加扣除费用。试计算 2019 年和 2020 年刘先生应纳个人所得税税额是多少？

【解析】2019 年刘先生只获得每月的固定工资收入，对餐厅的经营利润不享有所有权，其所得属于综合所得中的工资、薪金所得，以此计算缴纳个人所得税。每月税前扣除标准为 5 000 元，全年扣除 6 万元，2019 年全年应纳个人所得税税额 =（10 000 × 12–5 000 × 12）× 10%–2 520=3 480（元）。

2020 年刘先生对其承包经营所得拥有所有权，其承包所得不属于工资、薪金所得，适用经营所得的五级超额累进税率，其取得的工薪收入应与承包所得合并计算应纳个人所得税税额。

2020 年全年应纳税所得额 =180 000–80 000+3 000 × 12–60 000=76 000（元）。

2020 年应纳个人所得税税额 =76 000 × 10%–2 520=5 080（元）。

个人投资兴办两个或两个以上企业的（包括参与兴办），年度终了时，应汇总从所有企业取得的应纳税所得额，据此确定适用税率并计算缴纳应纳税额。投资者兴办两个或两个以上企业的，准予扣除的个人费用应选择在其中一个企业的生产经营所得中扣除。

企业的年度亏损，允许用本企业下一年度的生产经营所得弥补，下一年度所得不足弥补的，允许逐年延续弥补，但最长不得超过 5 年。投资者兴办两个或两个以上企业的，企业的年度经营亏损不能跨企业弥补。

### （四）其他所得的计税方法

#### 1. 利息、股息、红利所得

根据税法关于应纳税所得额的规定，利息、股息、红利收入不允许费用扣除，按每次取得的收入额为应纳税所得额，并计算应纳个人所得税。计算公式如下：

个人所得税应纳税额 = 每次收入额 ×20%

经典案例

赵某为一家公司股东，于 2019 年 1 月取得公司上一年度分红 100 000 元，计算其应纳个人所得税税额。

【解析】赵某取得的 100 000 元收入为应纳税所得额；应纳个人所得税税额 =100 000×20%=20 000（元）。

#### 2. 财产租赁所得

财产租赁所得，每次收入不超过 4 000 元的，减除费用 800 元；4 000 元以上的，减除 20% 的费用，其余额为应纳税所得额，适用 20% 的比例税率，计算公式如下：

个人所得税应纳税额 =［每次收入额 – 准予扣除项目 – 修缮费用（每次 800 元为限）–800］×20%

或者　应纳税额 =［每次收入额 – 准予扣除项目 – 修缮费用（每次 800 元为限）］×（1–20%）×20%

经典案例

李先生于 2019 年 4 月将其自有住房出租给他人居住，租期 1 年，每月取得租金收入 5 000 元，缴纳相关税金 200 元。请计算 2019 年李先生的房租收入应纳个人所得税税额。

【解析】对个人住房出租用于居住的，按 10% 的优惠税率缴纳个人所得税。按月计算应纳税额。

每月应纳税所得额 =5 000×（1–20%）–200=3 800（元）。

每月应纳个人所得税税额 =3 800×10%=380（元）。

2019 年应纳个人所得税税额合计 =380×9=3 420（元）。

#### 3. 财产转让所得

财产转让所得，以转让财产的收入额减除财产原值和合理费用后的余额，为应纳税所得额。适用 20% 的比例税率，计算公式如下：

个人所得税应纳税额 =（每次转让财产收入总额 – 财产原值 – 合理费用）×20%

经典案例

刘某 2013 年以 100 万元购入房屋一套，2019 年 2 月通过房屋中介机构将其出售，售价 180 万元，支付的相关税费 20.5 万元，向中介机构支付手续费 3 000 元。请计算刘某该项房屋转让的应纳个人所得税税额。

【解析】扣除买入原值和相关税费，确定应纳税所得额，再计算应纳税额。

应纳税所得额 =180–100–20.5–0.3=59.2（万元）。

应纳个人所得税税额 =59.2 × 20%=11.84（万元）。

### 4. 偶然所得

根据税法关于应纳税所得额的规定，偶然所得不允许费用扣除，按每次取得的收入额为应纳税所得额，适用 20% 比例税率，计算应纳个人所得税税额。计算公式如下：

个人所得税应纳税额 = 应纳税所得额 ×20%

经典案例

张某参加商场举办的抽奖活动，获得的奖品是一台价值 5 000 元的洗衣机，请计算其应纳个人所得税税额。

【解析】以 5 000 元作为应纳税所得额；应纳个人所得税税额 =5 000 × 20%=1 000（元）。

# 第四节　个人所得税的税收优惠

## 一、免税项目

### 1. 省级人民政府、国务院部委和中国人民解放军军以上单位，以及外国组织、国际组织颁发的科学、教育、技术、文化、卫生、体育、环境保护等方面的奖金

此项优惠应注意以下两点：

第一，只有一定级别以上的单位或组织颁发的奖金才能免税；

第二，必须是科学、教育、技术、文化、卫生、体育、环境保护等方面的奖金才能免税。

### 2. 国债和国家发行的金融债券利息

国债利息，是指个人持有中华人民共和国财政部发行的债券而取得的利息；国家发行的金融债券利息，是指个人持有经国务院批准发行的金融债券而取得的利息。

### 3. 按照国家统一规定发给的补贴、津贴

按照国务院规定发给的政府特殊津贴、院士津贴、资深院士津贴，以及国务院规定免纳个人所得税的其他补贴、津贴。

经国务院批准，对中国科学院院士的院士津贴，按每人每月 200 元标准，免征个人所得税；对资深院士每人每年 10 000 元，免征个人所得税。

生育妇女按照县级以上人民政府根据国家有关规定制定的生育保险办法，取得的生育津贴、生育医疗费或其他属于生育保险性质的津贴、补贴，免征个人所得税。

### 4. 福利费、抚恤金、救济金

福利费，是指根据国家有关规定，从企业、事业单位、国家机关、社会团体提留的

福利费或者工会经费中支付给个人的生活补助费；救济金，是指各级人民政府民政部门支付给个人的生活困难补助费。

2012 年 5 月 19 日《财政部国家税务总局关于职业教育等营业税若干政策问题的通知》（财税〔2008〕62 号）对受灾地区个人取得的抚恤金、救济金，免征个人所得税。

### 5. 保险赔款

对于个人自己缴纳的商业保险（保费全部返还的除外）而取得的无赔款优待收入，不作为个人的应纳税收入,免征个人所得税。具备《失业保险条例》规定条件的失业人员，领取的失业保险金，免予征收个人所得税。

### 6. 军人的转业费、复员费

转业费是对军官、文职干部、士官经批准退出现役转业到地方工作而发给个人的各种费用的统称，包括专业安家补助费、转业生活补助费和转业回乡差旅费等。

复员费是对军官、文职干部、士官经批准退出现役做复员安置时发给个人的各种费用的统称。其中，包括安家补助费、回乡生产补助费和医药生活补助费等。获得这些收入都要出具相关证明才能免税。

### 7. 按照国家统一规定发给干部、职工的安家费、退职费、退休工资、离休工资、离休生活补助费

对国有企业职工，因企业依据《中华人民共和国破产法》宣告破产，从破产企业取得的一次性安置费收入，免征个人所得税。国有企业职工与企业解除劳动合同取得的一次性补偿收入，在当地上一年企业职工年平均工资的 3 倍以内的，可免征个人所得税。

### 8. 依照我国有关法律规定应予免税的各国驻华使馆、领事馆的外交代表、领事官员和其他人员的所得

依照我国法律规定应予免税的各国驻华使馆、领事馆的外交代表、领事官员和其他人员的所得，是指依照《中华人民共和国外交特权与豁免条例》和《中华人民共和国领事特权与豁免条例》规定免税的所得。

### 9. 中国政府参加的国际公约、签订的协议中规定免税的所得

这主要是我国签署的双边税收协定中所规定的免税所得。税收协定是两个或两个以上的国家就税收管辖权的划分、避免国际双重征税、避免国际逃避税以及国际税务合作等问题所达成的条约。税收协定基本上是两个国家之间签订的双边规定。

### 10. 其他经国务院财政部门批准免税的所得

（1）个人转让自用达 5 年以上且是唯一的家庭生活用房取得的所得；个人转让股票获得的转让差额，即资本利得，暂免征收个人所得税。

（2）用股票溢价形成的资本公积转增资本，不属于股息、红利性质的分配，对个人取得的转增资本数额，不作为个人所得，不征收个人所得税。

（3）按照国家规定单位为职工缴纳和个人缴纳的“三险一金”免予征收个人所得税。

（4）对个人购买福利彩票、体育彩票，一次中奖收入在 1 万元以下（含 1 万元）的暂免征收个人所得税，超过 1 万元的，全额征收个人所得税。

（5）对于个人取得单张有奖发票奖金所得不超过 800 元（含 800 元）的，暂免征收个人所得税；个人取得单张有奖发票奖金所得超过 800 元的，应全额按照个人所得税法规定的“偶然所得”税目征收个人所得税。

（6）个人办理代扣代缴手续，按规定取得的扣缴手续费，免征个人所得税。

## 二、减税项目

（1）稿酬所得。稿酬所得以每次收入额减按 70% 计入所得额。

（2）财产租赁所得。个人出租居民住房的，其租金收入减按 10% 的税率征收。

（3）有下列情形之一的，经批准可以减征个人所得税，减征的幅度和期限由省、自治区、直辖市人民政府规定：残疾、孤老人员和烈属的所得；因严重自然灾害造成重大损失的；其他经国务院财政部门批准减税的。

## 三、暂免征收项目

### （一）外籍个人暂免征收个人所得税项目

（1）外籍个人以非现金形式或实报实销形式取得的住房补贴、伙食补贴、搬迁费、洗衣费。

（2）外籍个人按合理标准取得的境内、境外出差补贴。

（3）外籍个人取得的探亲费、语言训练费、子女教育费等，经当地税务机关审核批准为合理的部分。

（4）外籍个人从外商投资企业取得的股息、红利所得。

（5）凡符合下列条件之一的外籍专家取得的工资、薪金所得，可免征个人所得税：根据世界银行专项贷款协议由世界银行直接派往我国工作的外国专家；联合国组织直接派往我国工作的专家；为联合国援助项目来华工作的专家；援助国派往我国专为该国援助项目工作的专家；根据两国政府签订的文化交流项目来华工作两年以内的文教专家，其工资、薪金所得由该国负担的；根据我国大专院校国际交流项目来华工作两年以内的文教专家，其工资、薪金所得由该国负担的；通过民间科研协定来华工作的专家，其工资、薪金所得由该国政府机构负担的。

另外，2019 年 1 月 1 日至 2021 年 12 月 31 日，外籍个人符合居民个人条件的，可以选择享受个人所得税专项附加扣除，也可以选择按照相关规定享受住房补贴、语言训练费、子女教育费等津补贴免税优惠政策，但不得同时享受。外籍个人一经选择，在一个纳税年度内不得变更。自 2022 年 1 月 1 日起，外籍个人不再享受住房补贴、语言训练费、子女教育费津补贴免税优惠政策，应按规定享受专项附加扣除。

### （二）利息、股息、红利所得

储蓄存款在 2012 年 10 月 9 日（含 10 月 9 日）后孳生的利息，暂免征收个人所得税。

个人投资者从上市公司取得的股息、红利所得，减按 10% 的税率征收。

# 第五节　个人所得税的征收管理

我国个人所得税实行源泉扣缴和自行申报相结合的征收管理方式。综合所得按月或按次预扣预缴应纳税额，年终汇算清缴；经营所得按年计税；其他所得按月纳税。

## 一、源泉扣缴

### （一）扣缴义务人

个人所得税，以所得人为纳税义务人，以支付所得的单位或者个人为扣缴义务人。其包括企业（公司）、事业单位、机关、社会团体、军队、驻华机构（不包括外国驻华使领馆和联合国及其他依法享有外交特权与豁免的国际组织驻华机构）、个体工商户等单位或个人。按照税法规定代扣代缴个人所得税是扣缴义务人的法定义务，必须依法履行。

扣缴义务人应当按照国家规定办理全员全额扣缴申报。全员全额扣缴申报，是指扣缴义务人在代扣税款的次月内，向主管税务机关报送其支付所得个人的基本信息、支付所得数额、扣缴税款的具体数额和总额以及其他相关涉税信息。全员全额扣缴申报的管理办法，由国务院税务主管部门制定。

### （二）应扣缴税款的所得项目

扣缴义务人在向个人支付下列所得时，应代扣代缴个人所得税。这些项目是：工资、薪金所得；对企事业单位的承包经营、承租经营所得；劳务报酬所得；稿酬所得；特许权使用费所得；财产租赁所得；财产转让所得；利息、股息、红利所得；偶然所得，以及经国务院财政部门确定征税的其他所得。

### （三）扣缴义务人的法定义务

扣缴义务人在向个人支付应税款项时，应当依照税法规定代扣税款，按时缴库，并专项记载备查。扣缴义务人在向个人支付应纳税所得（包括现金支付、汇拨支付、转账支付和以有价证券、实物以及其他形式支付）时，不论纳税人是否属于本单位人员，均应代扣代缴其应纳的个人所得税税款。

扣缴义务人依法履行代扣代缴税款义务，纳税人不得拒绝。如果纳税人拒绝履行纳税义务，扣缴义务人应当及时报告税务机关处理，并暂时停止支付其应纳税所得。否则，纳税人应缴纳的税款由扣缴义务人补缴。同时，扣缴义务人还要就应扣未扣、应收未收的税款缴纳滞纳金或罚款。应补缴的税款按下列公式计算：

应纳税所得额 =（支付的收入额 – 费用扣除标准 – 速算扣除数）÷（1– 税率）

应纳税额 = 应纳税所得额 × 适用税率 – 速算扣除数

扣缴义务人在扣缴税款时，必须向纳税人开具税务机关统一印制的代扣代收税款凭证，并且详细注明纳税人姓名、工作单位、家庭住址和身份证或护照号码（无上述证件的，可用其他能有效证明身份的证件）等个人情况。

对工资、薪金所得和利息、股息、红利所得等，因纳税人众多，不便一一开具代扣代收税款凭证的，经主管税务机关同意，可不开具代扣代收税款凭证，但应通过一定的形式告知纳税人已扣缴税款。

纳税人为持有完税依据而向扣缴义务人索取代扣代收税款凭证的，扣缴义务人不得拒绝。扣缴义务人向纳税人提供非正式扣税凭证的，纳税人可以拒收。

扣缴义务人应设立代扣代缴税款账簿，正确反映个人所得税的扣缴情况，并如实填写《扣缴个人所得税报告表》及其他有关资料。扣缴义务人每月扣缴的税款，应当在次月 15 日内缴入国库，并向主管税务机关报送《扣缴个人所得税报告表》、代扣代收税款凭证和包括每个纳税人姓名、单位、职务、收入、税款等内容的支付个人收入明细表，以及税务机关要求报送的其他有关资料。

工资、薪金所得应纳的税款，按月计征，由扣缴义务人或者纳税义务人在次月 15 日内缴入国库，并且向税务机关报送纳税申报表。

### （四）扣缴义务人的法律责任

扣缴义务人应当按照规定保存与专项附加扣除相关的资料。税务机关可以对纳税人提供的专项附加扣除信息进行抽查，具体办法由国务院税务主管部门另行规定。税务机关发现纳税人提供虚假信息的，应当责令改正并通知扣缴义务人；情节严重的，有关部门应当依法予以处理，纳入信用信息系统并实施联合惩戒。

扣缴义务人的法人代表（或单位主要负责人）、财会部门的负责人及具体办理代扣代缴税款的有关人员，共同对依法履行代扣代缴义务负法律责任。根据税法规定，扣缴义务人有偷税或者抗税行为的，除依法追缴税款，处以罚款（罚金）外，对情节严重的，还需追究直接责任人的刑事责任。

## 二、自行申报纳税

### （一）申报纳税的所得项目

有下列情形之一的，纳税人应当依法办理纳税申报：

（1）取得综合所得需要办理汇算清缴；

（2）取得应税所得没有扣缴义务人；

（3）取得应税所得，扣缴义务人未扣缴税款；

（4）取得境外所得；

（5）因移居境外注销中国户籍；

（6）非居民个人在中国境内从两处以上取得工资、薪金所得；

（7）国务院规定的其他情形。

扣缴义务人应当按照国家规定办理全员全额扣缴申报，并向纳税人提供其个人所得和已扣缴税款等信息。

### （二）申报纳税地点

申报纳税地点一般应为收入来源地的税务机关。但是，纳税人在两处或两处以上取得工资、薪金所得的，可选择并固定在一地税务机关申报纳税；从境外取得所得的，应向境内户籍所在地或经常居住地税务机关申报纳税。

对在中国境内几地工作或者提供劳务的临时来华人员，应以税法所规定的申报纳税日期为准，在某一地区达到申报纳税的日期，即应在该地申报纳税。但为了方便纳税，也可准予个人提出申请，经批准后固定在一地申报纳税。

对由在华企业或办事机构发放工资、薪金的外籍纳税人，由在华企业或办事机构集中向当地税务机关申报纳税。纳税人要求变更申报纳税地点的，须经原主管税务机关批准。纳税人的纳税地点一经确定，除特殊情况外，5 年内不得变更。

### （三）年终汇算清缴

#### 1. 居民个人综合所得

居民个人取得综合所得，按年计算个人所得税；有扣缴义务人的，由扣缴义务人按月或者按次预扣预缴税款；需要办理汇算清缴的，应当在取得所得的次年 3 月 1 日至 6 月 30 日内办理汇算清缴。

居民个人向扣缴义务人提供专项附加扣除信息的，扣缴义务人按月预扣预缴税款时应当按照规定予以扣除，不得拒绝。

#### 2. 非居民个人综合所得

非居民个人取得工资、薪金所得，劳务报酬所得，稿酬所得和特许权使用费所得，有扣缴义务人的，由扣缴义务人按月或者按次代扣代缴税款，不办理汇算清缴。

#### 3. 经营所得

纳税人取得经营所得，按年计算个人所得税，由纳税人在月度或者季度终了后 15 日内向税务机关报送纳税申报表，并预缴税款；在取得所得的次年 3 月 31 日前办理汇算清缴。

取得经营所得的个人，没有综合所得的，计算其每一纳税年度的应纳税所得额时，应当减除费用 6 万元、专项扣除、专项附加扣除以及依法确定的其他扣除。专项附加扣除在办理汇算清缴时减除。

#### 4. 利息、股息、红利所得，财产租赁所得，财产转让所得和偶然所得

纳税人取得利息、股息、红利所得，财产租赁所得，财产转让所得和偶然所得，按月或者按次计算个人所得税，有扣缴义务人的，由扣缴义务人按月或者按次代扣代缴税款。

#### 5. 其他情形的纳税申报与汇算清缴

（1）纳税人取得应税所得没有扣缴义务人的，应当在取得所得的次月 1 日内向税务机关报送纳税申报表，并缴纳税款。

（2）纳税人取得应税所得，扣缴义务人未扣缴税款的，纳税人应当在取得所得的次年 6 月 30 日前，缴纳税款；税务机关通知限期缴纳的，纳税人应当按照期限缴纳税款。

（3）居民个人从中国境外取得所得的，应当在取得所得的次年 3 月 1 日至 6 月 30 日内申报纳税。

（4）非居民个人在中国境内从两处以上取得工资、薪金所得的，应当在取得所得的次月 15 日内申报纳税。

（5）纳税人因移居境外注销中国户籍的，应当在注销中国户籍前办理税款清算。

### （四）纳税申报方式

自行申报纳税人可以直接申报纳税（邮寄申报、网上申报、手机 App 申报或窗口申报方式自行申报），或者委托他人代为申报。其中，采取邮寄方式申报纳税的，以邮寄地的邮戳日期为实际申报日期。网上申报的，如需补税，应到主管税务机关征收窗口取得《税收缴款书》等完税凭证的，到指定银行缴纳税款。

## 本章小结

个人所得税是以个人（自然人）取得的各项应税所得为征收对象的一种税收。我国根据纳税人的住所和在中国境内居住的时间，将个人分为居民纳税人和非居民纳税人。自 2018 年 10 月起，我国个人所得划分为 9 个税目，归为综合所得、经营所得和其他所得三大类型，分别适用不同的费用减除标准、不同的税率和不同的计税方法。

居民个人综合所得包括工资、薪金所得，劳务报酬所得，稿酬所得，特许权使用费所得四项，以每一纳税年度的收入额减除费用 6 万元以及专项扣除、专项附加扣除和依法确定的其他扣除后的余额，为应纳税所得额。其中，劳务报酬所得、稿酬所得、特许权使用费所得以收入减除 20% 的费用后的余额为收入额，稿酬所得的收入额减按 70%

计算。扣缴义务人对居民个人工资、薪金所得，劳务报酬所得，稿酬所得，特许权使用费所得适用七级超额累进税率，并按月预扣、年终汇算清缴个人所得税。

非居民个人取得综合所得，按月或者按次分项计算个人所得税。非居民个人的工资、薪金所得，以每月减除5 000元为应纳税所得额。劳务报酬所得、稿酬所得、特许权使用费所得，以每次收入额为应纳税所得额。适用按月换算综合所得税率表计算应纳税额。非居民个人取得综合所得不汇算清缴。

经营所得以每一纳税年度的收入总额减除成本、费用以及损失后的余额，为应纳税所得额。经营所得适用个人所得税五级超额累进税率，计算应纳税额。取得经营所得的个人，没有综合所得的，计算其每一纳税年度的应纳税所得额时，应当减除费用6万元以及专项扣除、专项附加扣除和依法确定的其他扣除。专项附加扣除在办理汇算清缴时减除。

其他所得中，财产租赁所得允许扣除项目包括法定扣除标准、相关税费和修缮费用；财产转让所得允许扣除财产原值及相关税费；利息、股息、红利所得，偶然所得和其他所得没有法定扣除标准，以每次收入全额计税。其他各类所得均适用20%的比例税率并按次纳税。

个人所得税的税收优惠包括免税项目、减税项目和暂免征收项目。我国个人所得税实行源泉扣缴和自行申报相结合的征收管理方式。综合所得按月或按次预扣预缴应纳税额，年终汇算清缴；经营所得按年计税；其他所得按月纳税。扣缴义务人应依法代扣代缴个人所得税；属于自行申报纳税项目的，纳税人应自行申报纳税，并进行年终汇算清缴。

## 基础知识测评

1. 如何理解个人所得税的特点？
2. 我国现行个人所得税将个人所得划分为哪些类型？
3. 针对不同的个人所得类型，允许扣除的项目有何区别？
4. 我国个人所得税的税率有哪几种形式？
5. 税前工资和税后工资如何分别计算个人所得税？
6. 工资、薪金中的年终奖应如何计算个人所得税？
7. 劳务报酬和稿酬所得的计税方法有何区别？
8. 财产租赁所得财产转让所得的计税方法有何区别？
9. 简要叙述我国个人所得税的税收优惠类型。
10. 如何看待源泉扣缴和自行申报制度？

## 岗位能力测评

1. 工程师李某在北京市某公司任职，2019 年取得收入如下：

（1）每月工资 15 000 元，12 月取得年终奖 8 000 元；

（2）3 月出版一部专著，取得稿酬 40 000 元，并将其中 10 000 元通过民政部门捐给贫困地区；

（3）3 月为其他公司员工培训，取得报酬 35 000 元，该公司未代扣代缴其个人所得税；

（4）李某父母年龄均超过 60 岁，一个儿子正在上高中，每月支付住房贷款 1 500 元。

要求：根据资料，分析并计算李某 3 月的预扣税额和年终汇算清缴税额。

2. 王先生在北京某公司任职，2019 年 1 月取得收入情况如下：

（1）每月工资收入 10 000 元，并取得上年年终奖 12 000 元；

（2）接受某公司邀请担任技术顾问，当月取得收入 35 000 元，从中拿出 2 000 元通过希望工程基金会捐给希望工程；

（3）撰写的一部专著由境外某出版社出版，稿酬 36 000 元，已在境外缴纳所得税 3 000 元；

（4）购入 1 000 份企业债券，每份买入价 10 元，购进过程中支付的税费共计 150 元，本月以每份 15 元的价格卖出 600 份，支付卖出债券的税费共计 110 元；

（5）在北京租房，每月房租支出 2 000 元，在其他城市购买住房，每月支付住房贷款 1 800 元，父母均超过 60 岁。

要求：根据资料，分析并计算王先生的预扣税额。

3. 李某于 2019 年 4 月将其自有的房屋作为商店出租给一个个体业主，租期 2 年，年租金 28 000 元。5 月因房屋陈旧而进行了简单维修，李某负担维修费用 2 400 元。

要求：根据资料，分析并计算李某 4 月和 5 月的应纳个人所得税税额。

# 第六章 其他税收法律制度

## 岗位要求

### 知识目标

- 了解关税、房产税等 14 种税的税收优惠及征收管理制度。
- 理解关税、房产税等 14 种税的概念。
- 掌握关税、房产税等 14 种税的纳税人、征税范围、税率、计税依据及应纳税额的计算。

### 能力目标

- 会判断纳税人的经济行为涉及的税种。
- 能根据税率、计税依据等计算应纳税额。
- 能综合应用税收优惠等规定，进行简单的税收筹划。

## 关键词

关税　滑准税　完税价格　房产税　契税　土地增值税　城镇土地使用税　车船税　印花税　资源税　城市维护建设税　教育费附加　环境保护税　车辆购置税　船舶吨税　耕地占用税　烟叶税

导入案例

某国有企业2018年全年发生如下经济行为：

（1）根据预算进口3辆小汽车，单位自用2辆，转让给其他单位1辆。小汽车海关完税价格为210万元。

（2）将办公用房屋出租给某企业使用，年租金30万元。

（3）将300平方米办公用房屋转让给A企业，取得转让所得1 000万元。

（4）经有关单位审批，占用5 000平方米耕地用于建房。

（5）该国家企业工作人员张某个人转让自有住房一套，取得转让所得200万元。另外，赠予儿子一套住房，并与赵某交换一套住房。由于房屋价值不同，张某另支付赵某房屋差价50万元。

根据上述资料，分析回答下列问题：

1. 该企业因进口并转让小汽车需要缴纳哪些税？

2. 该企业因出租办公用房屋需要缴纳哪些税？

3. 该企业因转让办公用房屋需要缴纳哪些税？作为受让人，A企业需要缴纳哪些税？

4. 张某、赵某、张某之子需要缴纳哪些税？

5. 该企业全年应缴纳哪些税？

# 第一节　关税法律制度

## 一、关税的概念

关税，是指中华人民共和国海关以准许进出境的货物、物品为征税对象而征收的一种税。关税同其他税收的性质一样，征税主体都是国家，不同的是其他税收主要由税务机关征收，而关税由海关征收。关税的征税对象是进出境的货物和物品，不进出关境的不征税，具有较强的涉外性。

我国现行关税法律规范主要包括：2000年7月修正颁布的《中华人民共和国海关法》（简称《海关法》）《中华人民共和国进出口关税条例》（2017年修订）《中华人民共和国进出口税则》《中华人民共和国进境物品进口税税率表》和《中华人民共和国海关入境旅客行李物品和个人邮递物品征收进口税办法》等。

## 二、关税的分类

### （一）按征税对象分类

按征税对象进行分类，可将关税分为进口关税、出口关税和过境关税。

进口关税是海关对进口货物和物品所征收的关税，它是关税中最主要的一种征税形式。出口关税是海关对出口货物和物品所征收的关税。征收出口关税会提高本国产品在国外的售价，削弱同别国产品竞争的市场能力，不利于扩大出口，部分国家会基于限制本国某些产品或自然资源的输出等原因，对部分出口货物征收出口关税。过境关税是对由境外起运、通过境内继续运往境外的货物所征收的关税。过境货物在海关监管下进出境，不准流入本国市场，对本国生产没有影响，征收过境关税主要是为了增加财政收入，各国相继取消过境关税。我国目前关税征收分为进口关税和出口关税两大类。

### （二）按征税标准分类

按征税标准进行分类，可将关税分为从量税、从价税两种。此外，各国常用的征税标准还有复合税、选择税、滑准税等。

从量税以货物的重量、长度、面积、容积、数量等计量单位为征税标准，实行定额税率。从量税最大的优点在于对数量众多、体积庞大、价值低廉的产品的征税手续简便，不考虑物品的质量与价格，节省征收费用，快速通关。从价税以货物的价格为征税标准，一般实行比例税率。从价税具有税负公平、明确的特点，但也具有完税价格不易确定、通关缓慢的缺点。

此外，复合税是指在同一税目中，征税时采用从量和从价两种税率计征税款。选择税是指在同一税目中，征税时由海关选择从价或从量一种方式计征税款。滑准税是指预先按产品的价格高低分档制定若干不同的税率，根据进出口商品价格的变动而增减进出口税率的一种关税。商品价格上涨时，采用较低税率，商品价格下跌时则采用较高税率，其目的是使该种商品的国内市场价格保持稳定，免受国际市场价格波动的影响。

## 三、关税纳税人

进口货物的收货人、出口货物的发货人、进出境物品的所有人是关税的纳税义务人。进出境物品的所有人包括该物品的所有人和推定为所有人的人。一般情况下，对于携带进境的物品，推定其携带人为所有人；对分离运输的行李，推定相应的进出境旅客为所有人；对以邮递方式进境的物品，推定其收件人为所有人；以邮递或其他运输方式出境的物品，推定其寄件人或托运人为所有人。

## 四、关税征税范围

关税的征税范围是准许进出境的货物和物品。货物是指贸易性商品；物品是指入境旅客随身携带的行李物品、个人邮递物品、各种运输工具上的服务人员携带进口的自用物品、馈赠物品以及通过其他方式进境的个人物品。

## 五、关税税率

### （一）税率的种类

我国的关税可分为进口关税和出口关税。其中，进口关税税率可分为最惠国税率、协定税率、特惠税率、普通税率、关税配额税率、暂定税率、报复性税率等。进口货物适用何种关税税率是以进口货物的原产地为标准的。进口关税一般采用比例税率，实行从价计征的办法，但对啤酒、原油等少数货物则实行从量计征。对广播用录像机、放像机、摄像机等实行复合计征。

（1）最惠国税率。适用于原产于共同适用最惠国待遇条款的世界贸易组织成员的进口货物，或原产于与我国签订有相互给予最惠国待遇条款的双边贸易协定的国家或者地区的进口货物，以及原产于我国境内的进口货物。

（2）协定税率。适用于原产于与我国签订含有关税优惠条款的区域性贸易协定的国家或者地区的进口货物。

（3）特惠税率。适用于原产于与我国签订含有特殊关税优惠条款的贸易协定的国家或者地区的进口货物。

（4）普通税率。适用于原产于上述国家和地区以外的其他国家或地区的进口货物，以及原产地不明的进口货物。

（5）关税配额税率。按照国家规定实行关税配额管理的进口货物，关税配额以内的，适用关税配额税率；关税配额以外的，其税率的适用按照其他税率执行。

（6）暂定税率。是在优惠税率的基础上暂时执行的、更为优惠的关税税率。适用最惠国税率的进口货物有暂定税率的，应当适用暂定税率；适用协定税率、特惠税率的进口货物有暂定税率的，应当从低适用税率；适用普通税率的进口货物，不适用暂定税率。适用出口税率的出口货物有暂定税率的，应当适用暂定税率。

（7）报复性税率。任何国家或者地区违反与我国签订或者共同参加的贸易协定及相关协定，对我国在贸易方面采取禁止、限制、加征关税或者其他影响正常贸易的措施的，对原产于该国家或者地区的进口货物可适用报复性关税税率。具体针对的货物、适用的国别、税率、期限和征收办法，由国务院关税税则委员会决定并公布。

### （二）税率的适用

进出口货物应依照《中华人民共和国海关进出口税则》的规定确定适用的税率，具体时点如下：

（1）进出口货物，应当适用海关接受该货物申报进口或者出口之日实施的税率。

（2）进口货物到达前，经海关核准先行申报的，应当适用装载该货物的运输工具申报进境之日实施的税率。

（3）有下列情形之一，需缴纳税款的，应当适用海关接受申报办理纳税手续之日实施的税率：保税货物经批准不复运出境的；减免税货物经批准转让或者移作他用的；暂时进境货物经批准不复运出境，以及暂时出境货物经批准不复运进境的；租赁进口货物，分期缴纳税款的。

（4）因纳税义务人违反规定需要追征税款的，应当适用该行为发生之日实施的税率；

行为发生之日不能确定的，适用海关发现该行为之日实施的税率。

## 六、关税计税依据

根据《中华人民共和国进出口关税条例》（简称《进出口关税条例》），我国进出口货物关税，以从价计征、从量计征或者国家规定的其他方式征收。其中从价计征以进出口货物的完税价格为计税依据。

### （一）进口货物的完税价格

进口货物的完税价格由海关以该货物的成交价格为基础审查确定，并且应当包括该货物运抵中华人民共和国境内输入地点起卸前的运输费及其相关费用、保险费。进口货物的成交价格，是指卖方向中华人民共和国境内销售该货物时，买方为进口该货物向卖方实付、应付的且按照规定调整后的价款总额，包括直接支付的价款和间接支付的价款。

#### 1. 应当计入完税价格的费用

（1）由买方负担的购货佣金以外的佣金和经纪费；

（2）由买方负担的在审查确定完税价格时与该货物视为一体的容器的费用；

（3）由买方负担的包装材料费用和包装劳务费用；

（4）与该货物的生产和向中华人民共和国境内销售有关的，由买方以免费或者以低于成本的方式提供并可以按适当比例分摊的料件、工具、模具、消耗材料及类似货物的价款，以及在境外开发、设计等相关服务的费用；

（5）作为该货物向中华人民共和国境内销售的条件，买方必须支付的、与该货物有关的特许权使用费；

（6）卖方直接或者间接从买方获得的该货物进口后转售、处置或者使用的收益。

#### 2. 不应计入完税价格的税收、费用

（1）厂房、机械、设备等货物进口后进行建设、安装、装配、维修和技术服务的费用；

（2）进口货物运抵境内输入地点起卸后的运输费及其相关费用、保险费；

（3）进口关税及国内税收。

#### 3. 确定完税价格的其他方法

进口货物的成交价格不符合规定条件，或者成交价格不能确定的，海关经了解有关情况，并与纳税义务人进行价格磋商后，依次以下列价格估定该货物的完税价格：

（1）相同货物的成交价格估价方法，即与该货物同时或者大约同时向中华人民共和国境内销售的相同货物的成交价格。

（2）类似货物的成交价格估价方法，即与该货物同时或者大约同时向中华人民共和国境内销售的类似货物的成交价格。

（3）倒扣价格估价方法，即海关以进口货物、相同或类似进口货物在境内的销售价

格为基础，扣除境内发生的有关费用后，审查确定进口货物完税价格的估价方法。

（4）计算价格估价方法，即按照下列各项总和计算的价格：生产该货物所使用的料件成本和加工费用，向中华人民共和国境内销售同等级或者同种类货物通常的利润和一般费用，该货物运抵境内输入地点起卸前的运输及其相关费用、保险费。

（5）合理估价方法，即以合理方法估定价格，这是对海关估价的一项补救措施。

纳税义务人向海关提供有关资料后，可以提出申请，可以颠倒上述第（3）项和第（4）项的适用次序。

### （二）出口货物的完税价格

出口货物的完税价格由海关以该货物的成交价格为基础审查确定，并且应当包括货物运至中华人民共和国境内输出地点装载前的运输及其相关费用、保险费。出口货物的成交价格，是指该货物出口销售时，卖方为出口该货物应当向买方直接收取和间接收取的价款总额。

下列税收、费用不计入出口货物的完税价格：①出口关税；②在货物价款中单独列明的货物运至中华人民共和国境内输出地点装卸后的运输及其相关费用、保险费；③在货物价款中单独列明由卖方承担的佣金。

出口货物的成交价格不能确定的，海关经了解有关情况，并与纳税义务人进行价格磋商后，依次以下列价格估定该货物的完税价格：

（1）与该货物同时或者大约同时向同一国家或者地区出口的相同货物的成交价格。

（2）与该货物同时或者大约同时向同一国家或者地区出口的类似货物的成交价格。

（3）按照下列各项总和计算的价格：境内生产相同或者类似货物的料件成本、加工费用；通常的利润和一般费用；境内发生的运输费及其相关费用、保险费。

（4）以合理方法估定的价格。

## 七、关税应纳税额的计算

### （一）从价税应纳关税税额的计算

从价税应纳关税税额的计算公式为：

从价税应纳关税税额 = 完税价格 × 关税税率

经典案例

某公司从日本进口铁盘条 10 万吨，其成交价格为 77.75 万元，运抵我国境内输入地点起卸前的运输费 12 万元，保险费 3.5 万元，专利使用费 7.8 万元。已知进口关税税率为 15%，计算应纳关税税额。

【解析】进口货物的完税价格由海关以该货物的成交价格为基础审查确定，并应当包括该货物运抵我国境内输入地点起卸前的运输及其相关费用、保险费。计算如下：

应纳关税税额 =（77.75+12+3.5+7.8）×15%=15.157 5（万元）。

### （二）从量税应纳税额的计算

从量税应纳关税税额的计算公式为：

从量税应纳关税税额 = 货物数量 × 单位税额

经典案例

某公司进口美国生产的“蓝带”牌啤酒 600 箱，每箱 24 瓶，每瓶容积 500 毫升，价格为 18 660 元。已知适用税率为 3 元 / 升。计算应纳关税税额。

【解析】应纳关税税额 =600×24×500÷1 000×3=21 600（元）。

### （三）复合税应纳税额的计算

复合税应纳关税税额的计算公式为：

复合税应纳关税税额 = 货物数量 × 单位税额 + 完税价格 × 关税税率

经典案例

某公司进口 2 台日本生产的电视摄像机，价格为 80 860 元。已知每台完税价格高于 30 000 元的货物，从量税为每台 13 280 元；从价税率为 3%。计算应纳关税税额。

【解析】应纳关税税额 =2×13 280+80 860×3%=28 985.8（元）。

## 八、关税税收优惠

关税的减税、免税分为法定性减免税、政策性减免税和临时性减免税。

《中华人民共和国海关法》和《进出口关税条例》中规定的减免税，称为法定性减免税，对有下列情形之一的货物，经海关审查无误后可以免税：

（1）一票货物关税税额、进口环节增值税或者消费税税额在人民币 50 元以下的；

（2）无商业价值的广告品及货样；

（3）国际组织、外国政府无偿赠送的物资；

（4）进出境运输工具装载的途中必需的燃料、物料和饮食用品；

（5）因故退还的中国出口货物，可以免征进口关税，但已征收的出口关税，不予退还；

（6）因故退还的境外进口货物，可以免征出口关税，但已征收的进口关税不予退还。

对有下列情形之一的进口货物，海关可以酌情减免税：

（1）在境外运输途中或者在起卸时，遭受到损坏或者损失的；

（2）起卸后海关放行前，因不可抗力遭受损坏或者损失的；

（3）海关查验时已经破漏、损坏或者腐烂，经证明不是保管不慎造成的。

为境外厂商加工、装配成品和为制造外销产品而进口的原材料、辅料、零件、部件、配套件和包装物料，海关按照实际加工出口的成品数量免征进口关税；或者对进口料、件先征进口关税，再按照实际加工出口的成品数量予以退税。

中国缔结或参加的国际条约规定减征、免征关税的货物、物品，海关应当按照规定减免关税。

## 九、关税征收管理

关税是在货物实际进出境时，即在纳税人按进出口货物通关规定向海关申报后、海关放行前一次性缴纳。进出口货物的收发货人或其代理人应当在海关签发税款缴款凭证次日起 15 日内（星期日和法定节假日除外）向指定银行缴纳税款。逾期不缴的，除依法追缴外，由海关自到期次日起至缴清税款之日止，按日征收欠缴税额 0.5‰ 的滞纳金。

自 2016 年 6 月 1 日起，旅客携运进出境的行李物品有下列情形之一的，海关暂不予放行：

（1）旅客不能当场缴纳进境物品税款的；

（2）进出境的物品属于许可证件管理的范围，但旅客不能当场提交的；

（3）进出境的物品超出自用合理数量，按规定应当办理货物报关手续或其他海关手续，其尚未办理的；

（4）对进出境物品的属性、内容存疑，需要由有关主管部门进行认定、鉴定、验核的；

（5）按规定暂不予以放行的其他行李物品。

有下列情形之一的，纳税人可以从缴纳税款之日起的 1 年内，书面声明理由，连同纳税收据向海关申请退税，逾期不予受理。

（1）由于海关误征，多缴纳税款的；

（2）海关核准免验的进口货物在完税后，发现有短卸情况，经海关审查认可的；

（3）已征出口关税的货物，因故未装运出口申报退关，经海关查验属实的。

海关应当自受理退税申请之日起 30 日内做出书面答复，并通知退税申请人。进出口货物完税后，如发现少征或漏征税款，海关有权在 1 年内予以补征；如因收发货人或其代理人违反规定而造成少征或漏征税款的，海关在 3 年内可追缴。

# 第二节　房产税法律制度

## 一、房产税的概念

房产税是一种以房屋为征税对象，依据房屋的计税价值或房屋的租金，对产权所有人、承典人、房屋代管人或使用人征收的一种财产税。

1986 年 9 月国务院颁布的《中华人民共和国房产税暂行条例》（简称《房产税暂行条例》），同年 9 月财政部、国家税务总局印发的《关于房产税若干具体问题的解释和暂行规定》，以及国务院、财政部、国家税务总局依据经济发展实际陆续制定颁布的关于房产税的法规、规章，共同构成了我国现阶段房产税法律制度。

## 二、房产税纳税人

房产税纳税人，是指在我国城市、县城、建制镇和工矿区内拥有房屋产权的单位和个人。其具体包括产权所有人、承典人、房产代管人或者使用人。

房产税的征税对象是房屋。所谓房屋，是指有屋面和围护结构（有墙或两边有柱），能够遮风避雨，可供人们在其中生产、工作、学习、娱乐、居住或储藏物资的场所。

（1）产权属于国家所有的，其经营管理的单位为纳税人；产权属于集体和个人的，集体单位和个人为纳税人。

（2）产权出典的，承典人为纳税人。在房屋的管理和使用中，产权出典，是指产权所有人为了某种需要，将自己房屋的产权，在一定期限内转让（出典）给他人使用而取得出典价款的一种融资行为。产权所有人（房主）称为房屋出典人；支付现金或实物取得房屋支配权的人称为房屋的承典人。承典人向出典人交付一定的典价后，在典期内获取抵押物品的支配权，并可转典。产权的典价一般要低于卖价。出典人在规定期间内须归还典价的本金和利息，方可赎回出典房屋的产权。由于在房屋出典期间，产权所有人已无权支配房屋，因此，税法规定对房屋具有支配权的承典人为纳税人。

（3）产权所有人、承典人均不在房产所在地的，房产代管人或者使用人为纳税人。

（4）产权未确定以及租典纠纷未解决的，房产代管人或者使用人为纳税人。租典纠纷是指产权所有人在房产出典和租赁关系上，与承典人、租赁人发生各种争议，特别是有关权利和义务的争议悬而未决的。此外，还有一些产权归属不清的问题，也都属于租典纠纷。

（5）纳税单位和个人无租使用房产管理部门、免税单位及纳税单位的房产，由使用人代为缴纳房产税。

房地产开发企业建造的商品房，在出售前，不征收房产税，但对出售前房地产开发业已使用或出租、出借的商品房应按规定征收房产税。

## 三、房产税征税范围

房产税的征税范围为城市、县城、建制镇和工矿区的房屋。其中，城市是指经国务院批准设立的市。县城是指未设立建制镇的县人民政府所在地。建制镇是指经省、自治区、直辖市人民政府批准设立的建制镇。工矿区是指工商业比较发达，人口比较集中，符合国务院规定的建制镇标准，但尚未设立镇建制的大中型工矿企业所在地。开征房产税的工矿区须经省、自治区、直辖市人民政府批准。

独立于房屋之外的建筑物，如围墙、烟囱、水塔、菜窖、室外游泳池等不属于房产税的征税范围。

## 四、房产税税率

我国现行房产税采用比例税率。从价计征和从租计征实行不同标准的比例税率。

（1）从价计征的，房产税税率为1.2%。

（2）从租计征的，房产税税率为12%。

## 五、房产税计税依据

房产税以房产的计税价值或房产租金收入为计税依据。按房产计税价值征税的，称为从价计征；按房产租金收入征税的，称为从租计征。

### （一）从价计征的房产税的计税依据

从价计征的房产税，是以房产余值为计税依据的。房产余值是指依照房产原值一次减除10%~30%后的剩余价值。具体扣减比例由省、自治区、直辖市人民政府确定。对于从价计征的房产税的各种情形，应明确下列相关规定。

#### 1. 房产原值的界定

房产原值是指纳税人按照会计制度规定，在账簿固定资产科目中记载的房屋原价。自2009年1月1日起，对依照房产原值计税的房产，不论是否记载在会计账簿固定资产科目中，均应按照房屋原价计算缴纳房产税。房屋原价应根据国家有关会计制度规定进行核算。对纳税人未按国家会计制度核算并记载的，应按规定予以调整或重新评估。

#### 2. 对房屋附属设备和配套设施的计税规定

房产原值应包括与房屋不可分割的各种附属设备或一般不单独计算价值的配套设施。其主要包括：暖气、卫生、通风、照明、煤气等设备；各种管线，如蒸汽、压缩空气、石油、给水排水等管道及电力、电讯、电缆导线；电梯、升降机、过道、晒台等。

凡以房屋为载体，不可随意移动的附属设备和配套设施，如给排水、采暖、消防、中央空调、电气及智能化楼宇设备等，无论在会计核算中是否单独记账与核算，都应计入房产原值，计征房产税。

纳税人对原有房屋进行改建、扩建的，要相应增加房屋的原值。对更换房屋附属设备和配套设施的，在将其价值计入房产原值时，可扣减原来相应设备和设施的价值；对附属设备和配套设施中易损坏、需要经常更换的零配件，更新后不再计入房产原值。

#### 3. 对于投资联营的房产的计税规定

（1）对以房产投资联营、投资者参与投资利润分红、共担风险的，按房产余值作为计税依据计缴房产税。

（2）对以房产投资收取固定收入、不承担经营风险的，实际上是以联营名义取得房屋租金，应以出租方取得的租金收入为计税依据计缴房产税。

此外，由于租赁费包括购进房屋的价款、手续费、借款利息等，融资租赁房屋与一般出租房屋的“租金”内涵不同，并且租赁期满后，当承租方偿还最后一笔租赁费时，房屋产权要转移到承租方。这实际是一种变相的分期付款购买固定资产的形式，所以在计征房产税时应以房产余值计算征收。由承租人自融资租赁合同约定开始日的次月起依照房产余值缴纳房产税。合同未约定开始日的，由承租人自合同签订的次月起依照房产余值缴纳房产税。

#### 4. 居民住宅区内业主共有的经营性房产的计税规定

自2007年1月1日起，对居民住宅内业主共有的经营性房产，由实际经营（包括自营和出租）的代管人或使用人缴纳房产税。其中，自营的依照房产原值减除10%~30%后的余值计征，没有房产原值或不能将业主共有房产与其他房产的原值准确划分开的，由房产所在地地方税务机关参照同类房产核定房产原值；出租房产的，按照租金收入计征。

### （二）从租计征的房产税的计税依据

房产出租的，以房屋出租取得的租金收入为计税依据，计缴房产税。计征房产税的租金收入不含增值税。

房产的租金收入，是指房屋产权所有人出租房产使用权所取得的报酬，包括货币收入和实物收入。对以劳务或其他形式为报酬抵付房租收入的，应根据当地同类房产的租金水平，确定一个标准租金从租计征。

纳税人对个人出租房屋的租金收入申报不实或申报数与同一地段同类房屋的租金收入相比明显不合理的，税务部门可以按照《中华人民共和国税收征收管理法》的有关规定，采取科学合理的方法核定其应纳税额。

重点提示

导入案例中，企业是房产所有权人，应当缴纳房产税。此案例中，房屋用于出租，房产税应当适用从租计征，以租金收入作为计税依据。此外，企业因出租办公用房屋而取得租金收入、因出租行为而签订相应租赁合同，所以该企业会涉及缴纳企业所得税、印花税。

## 六、房产税应纳税额的计算

### （一）从价计征的房产税应纳税额的计算

从价计征是按房产的原值减除一定比例后的余值计征，其计算公式为：

从价计征的房产税应纳税额 = 应税房产原值 ×（1– 扣除比例）×1.2%

公式中，扣除比例幅度为10%~30%，具体减除幅度由省、自治区、直辖市人民政府规定。

### （二）从租计征的房产税应纳税额的计算

从租计征是按房产的租金收入计征，其计算公式为：

从租计征的房产税应纳税额 = 租金收入 ×12%（或4%）

对个人出租住房，按4%的税率征收房产税。对企事业单位、社会团体和其他组织按市场价格向个人出租用于居住的房屋，减按4%的税率征收房产税。

经典案例

某企业一幢房产原值 600 000 元，已知房产税税率为 1.2%，当地规定的房产税扣除比例为 30%。计算该房产年度应纳房产税税额。

【解析】应纳房产税税额 =600 000×（1–30%）×1.2%=5 040（元）。

某公司有一套价值 1 000 万元的房产，为了获取收益，将其中临街价值 500 万元的房屋出租给了某品牌连锁店，月租金 5 万元。当地政府规定允许按房产原值减除 20% 后的余值计征房产税。计算该公司当年应纳房产税税额。

【解析】应纳房产税税额 =500×（1–20%）×1.2%+5×12×12%=4.8+7.2=12（万元）。

## 七、房产税税收优惠

（1）国家机关、人民团体、军队自用的房产免征房产税。但上述免税单位的出租房产以及非自身业务使用的生产、营业用房，不属于免税范围。

（2）由国家财政部门拨付事业经费（全额或差额）的单位（学校、医疗卫生单位、托儿所、幼儿园、敬老院以及文化、体育、艺术类单位）所有的、本身业务范围内使用的房产免征房产税。

由国家财政部门拨付事业经费的单位，其经费来源实行自收自支后，从事业单位实行自收自支的年度起，免征房产税 3 年。

上述单位所属的附属工厂、商店、招待所等不属于单位公务、业务的用房，应照章纳税。

（3）宗教寺庙、公园、名胜古迹自用的房产免征房产税。宗教寺庙自用的房产，是指举行宗教仪式等的房屋和宗教人员使用的生活用房屋。公园、名胜古迹自用的房产，是指供公共参观游览的房屋及其管理单位的办公用房屋。

宗教寺庙、公园、名胜古迹中附设的营业单位，如影剧院、饮食部、茶社、照相馆等所使用的房产及出租的房产，不属于免税范围，应照章征税。

（4）个人所有非营业用的房产免征房产税。个人所有的非营业用房，主要是指居民住房，不分面积多少，一律免征房产税。对个人拥有的营业用房或者出租的房产，不属于免税房产，应照章征税。

（5）经财政部批准免税的其他房产。

1）毁损不堪居住的房屋和危险房屋，经有关部门鉴定，在停止使用后，可免征房产税。

2）纳税人因房屋大修导致连续停用半年以上的，在房屋大修期间免征房产税，免征税额由纳税人在申报缴纳房产税时自行计算扣除，并在申报表附表或备注栏中做相应说明。

纳税人房屋大修停用半年以上需要免征房产税的，应在房屋大修前向主管税务机关报送相关的证明材料，包括大修房屋的名称、坐落地点、产权证编号、房产原值、用途、房屋大修的原因、大修合同及大修的起止时间等信息和资料，以备税务机关查验。

3）在基建工地为基建工地服务的各种工棚、材料棚、休息棚和办公室、食堂、茶炉房、汽车房等临时性房屋，施工期间一律免征房产税。但工程结束后，施工企业将这种临时性房屋交还或估价转让给基建单位的，应从基建单位接收的次月起，照章纳税。

4）对房管部门经租的居民住房，在房租调整改革之前收取租金偏低的，可暂缓征收房产税。对房管部门经租的其他非营业用房，是否给予照顾，由各省、自治区、直辖市根据当地具体情况按税收管理体制的规定办理。

5）对高校学生公寓免征房产税。

6）对非营利性医疗机构、疾病控制机构和妇幼保健机构等卫生机构自用的房产，免征房产税。

7）老年服务机构自用的房产免征房产税。老年服务机构是指专门为老年人提供生活照料、文化、护理、健身等多方面服务的福利性、非营利性的机构，主要包括老年社会福利院、敬老院（养老院）、老年服务中心、老年公寓（含老年护理院、康复中心、托老所）等。

8）对公共租赁住房免征房产税。公共租赁住房经营单位应单独核算公共租赁住房租金收入，未单独核算的，不得享受免征房产税优惠政策。

对廉租住房经营管理单位按照政府规定价格、向规定保障对象出租廉租住房的租金收入，免征房产税。

对个人出租住房，不区分用途，按 4% 的税率征收房产税；对企事业单位、社会团体以及其他组织按市场价格向个人出租用于居住的住房，减按 4% 的税率征收房产税。

9）国家机关、军队、人民团体、财政补助事业单位、居民委员会、村民委员会拥有的体育场馆，用于体育活动的房产，免征房产税。

经费自理事业单位、体育社会团体、体育基金会、体育类民办非企业单位拥有并运营管理的体育场馆，符合相关条件的，其用于体育活动的房产，免征房产税。

企业拥有并运营管理的大型体育场馆，其用于体育活动的房产，减半征收房产税。

享受上述税收优惠体育场馆的运动场地用于体育活动的天数不得低于全年自然天数的 70%。

## 八、房产税征收管理

### （一）纳税义务发生时间

（1）纳税人将原有房产用于生产经营，从生产经营之月起，缴纳房产税。

（2）纳税人自行新建房屋用于生产经营，从建成之次月起，缴纳房产税。

（3）纳税人委托施工企业建设的房屋，从办理验收手续之次月起，缴纳房产税。

（4）纳税人购置新建商品房，自房屋交付使用之次月起，缴纳房产税。

（5）纳税人购置存量房，自办理房屋权属转移、变更登记手续及房地产权属登记机关签发房屋权属证书之次月起，缴纳房产税。

（6）纳税人出租、出借房产，自交付出租、出借本企业房产之次月起，缴纳房产税。

（7）房地产开发企业自用、出租、出借本企业建造的商品房，自房屋使用或交付之次月起，缴纳房产税。

（8）纳税人因房产的实物或权利状态发生变化而依法终止房产税纳税义务的，其应纳税款的计算截止到房产的实物或权利状态发生变化的当月月末。

### （二）纳税地点

房产税由房产所在地的税务机关征收。房产不在同一地的纳税人，应按房产的坐落地点，分别向房产所在地的税务机关缴纳房产税。

### （三）纳税期限

房产税实行按年计算、分期缴纳的征收办法，纳税期限由省、自治区、直辖市人民政府确定。

# 第三节　契税法律制度

## 一、契税的概念

契税，是指国家在办理土地、房屋权属转移时，按照当事人双方签订的合同（契约）以及所确定价格的一定比例，向权属承受人征收的一种税。

1997 年 7 月 7 日国务院颁布的《中华人民共和国契税暂行条例》（简称《契税暂行条例》），同年 10 月 28 日财政部印发的《中华人民共和国契税暂行条例实施细则》（简称《契税暂行条例实施细则》），以及国家财政、税务主管部门陆续发布的一些有关契税的规定、办法共同构成了我国契税法律制度。

## 二、契税纳税人

契税的纳税人，是指在我国境内承受土地、房屋权属转移的单位和个人。

契税由权属的承受人缴纳。这里所说的“承受”，是指以受让、购买、受赠、交换等方式取得土地、房屋权属的行为。土地、房屋权属，是指土地使用权和房屋所有权；单位，是指企业单位、事业单位、国家机关、军事单位和社会团体以及其他组织；个人，是指个体经营者和其他个人。

## 三、契税征税范围

契税以在我国境内转移土地、房屋权属的行为作为征税对象。土地、房屋权属未发生转移的，不征收契税。契税的征税范围主要包括：

（1）国有土地使用权出让。国有土地使用权出让，是指土地使用者向国家交付土地使用权出让费用，国家将国有土地使用权在一定年限内让予土地使用者的行为。

（2）土地使用权转让。土地使用权转让是指土地使用者以出售、赠予、交换或者其他方式将土地使用权转移给其他单位和个人的行为。土地使用权的转让不包括农村集体土地承包经营权的转移。

（3）房屋买卖。房屋买卖是指房屋所有者将其房屋出售，由承受者交付货币、实物、无形资产或者其他经济利益的行为。

（4）房屋赠予。房屋赠予是指房屋所有者将其房屋无偿转让给受赠者的行为。

（5）房屋交换。房屋交换是指房屋所有者之间相互交换房屋的行为。

（6）其他形式。在实际中还有其他一些转移土地、房屋权属的形式。例如，以土地、房屋权属作价投资、入股，以土地、房屋权属抵债；以获奖方式承受土地、房屋权属；以预购方式或者预付集资建房款方式承受土地、房屋权属等。对于这些转移土地、房屋权属的形式，可以分别视同土地使用权转让、房屋买卖或者房屋赠予征收契税。再如，土地使用权受让人通过完成土地使用权转让方约定的投资额度或投资特定项目，以此获取低价转让或无偿赠予的土地使用权的，属于契税征收范围，其计税价格由征收机关参照纳税义务发生时当地的市场价格核定。此外，公司增资扩股中，对以土地、房屋权属作价入股或作为出资投入企业的，征收契税；企业破产清算期间，对非债权人承受破产企业土地、房屋权属的，征收契税。

土地、房屋典当、继承、分拆（分割）、抵押以及出租等行为，不属于契税的征税范围。

## 四、契税税率

契税采用比例税率，实行3%~5%的幅度税率。具体税率由各省、自治区、直辖市人民政府在幅度税率规定范围内，按照本地区的实际情况确定，以适应不同地区纳税人的负担水平和调控房地产交易的市场价格。

## 五、契税计税依据

依据土地、房屋权属转移的形式或定价方法的不同，契税的计税依据有以下规定。

（1）国有土地使用权出让、土地使用权出售、房屋买卖，以成交价格作为计税依据。成交价格是指土地、房屋权属转移合同确定的价格，包括承受者应交付的货币、实物、无形资产或者其他经济利益。计征契税的成交价格不含增值税。

（2）土地使用权赠予、房屋赠予，由征收机关参照土地使用权出售、房屋买卖的市场价格核定。

（3）土地使用权交换、房屋交换，以交换土地使用权、房屋的价格差额为计税依据。

计税依据只考虑其价格的差额，交换价格不相等的，由多交付货币、实物、无形资产或其他经济利益的一方缴纳契税；交换价格相等的，免征契税。土地使用权与房屋所有权之间相互交换，也应按照上述办法确定计税依据。

（4）以划拨方式取得土地使用权的，经批准转让房地产时，应由房地产转让者补缴契税。其计税依据为补缴的土地使用权出让费用或者土地收益。

此外，如果成交价格明显低于市场价格且无正当理由的，或者所交换土地使用权、房屋的价格的差额明显不合理且无正当理由的，由征收机关参照市场价格核定。

重点提示

导入案例中，企业因转让办公用房给 A 企业，A 企业作为受让人应当缴纳契税；此外，因转让房屋而签订的买卖合同会涉及缴纳印花税。张某与赵某交换住房，并向赵某支付房屋差价 50 万元，张某作为多支付货币一方，是契税的纳税人，计税依据为房屋的差价。

## 六、契税应纳税额的计算

契税应纳税额的计算应依照省、自治区、直辖市人民政府确定的计税依据和适用税率来计征。计算公式为：

$$契税应纳税额 = 计税依据 \times 税率$$

经典案例

2018 年，王某单位奖励其房屋一套。王某得到该房后与李某拥有的一套房屋进行交换。经房地产评估机构评估，王某的房屋价值 30 万元，李某房屋价值 35 万元。两人协商后，王某实际向李某支付房屋交换价格差额 5 万元。经税务机关核定，王某的房屋价值 28 万元。已知当地规定的契税税率为 4%。计算王某应纳契税税额。

【解析】以获奖方式取得房屋权属的，应视同房屋赠予征收契税，计税依据为税务机关参照市场价格核定的价格，即 28 万元。房屋交换且交价格不相等的，应由多支付货币的一方缴纳契税，计税依据为所交换的房屋价格的差额，即 5 万元。因此，王某应就其获奖承受该房屋权属行为和房屋交换行为分别缴纳契税。

（1）王某获奖承受房屋权属应纳契税税额 =280 000 × 4%=11 200（元）。

（2）王某交换房屋应纳契税税额 =50 000 × 4%=2 000（元）。

（3）王某实际应纳契税税额 =11 200+2 000=13 200（元）。

## 七、契税税收优惠

（1）国家机关、事业单位、社会团体、军事单位承受土地、房屋用于办公、教学、医疗、科研和军事设施的，免征契税。

（2）城镇职工按规定第一次购买公有住房的，免征契税。

（3）因不可抗力灭失住房而重新购买住房的，酌情准予减征或者免征契税。

（4）土地、房屋被县级以上人民政府征用、占用后，重新承受土地、房屋权属的，是否减征或者免征契税，由省、自治区、直辖市人民政府确定。

（5）纳税人承受荒山、荒沟、荒丘、荒滩土地使用权，用于农、林、牧、渔业生产的，免征契税。

（6）依照我国有关法律规定以及我国缔结或参加的双边和多边条约或协定的规定应当予以免税的外国驻华使馆、领事馆、联合国驻华机构及其外交代表、领事官员和其他外交人员承受土地、房屋权属的，经外交部确认，可以免征契税。

经批准减征、免征契税的纳税人，改变有关土地、房屋的用途的，就不再属于减征、免征契税范围，并且应当补缴已经减征、免征的税款。

## 八、契税征收管理

### 1. 纳税义务发生时间

契税的纳税义务发生时间是纳税人签订土地、房屋权属转移合同的当天，或者纳税人取得其他具有土地、房屋权属转移合同性质凭证的当天。

### 2. 纳税地点

契税实行属地征收管理。纳税人发生契税纳税义务时，应向土地、房屋所在地的税务征收机关申报纳税。

### 3. 纳税期限

纳税人应当自纳税义务发生之日起 10 日内，向土地、房屋所在地的税收征收机关办理纳税申报，并在税收征收机关核定的期限内缴纳税款。

# 第四节　土地增值税法律制度

## 一、土地增值税的概念

土地增值税，是指对依法转让国有土地使用权、地上建筑物及其附着物并取得收入的单位和个人，就其转让房地产而取得的增值额征收的一种税。

1993 年 12 月国务院颁布的《中华人民共和国土地增值税暂行条例》（简称《土地增值税暂行条例》），1995 年 1 月财政部印发的《中华人民共和国土地增值税暂行条例实施细则》（简称《土地增值税暂行条例实施细则》），以及后来财政部、国家税务总局等部门根据经济发展实际制定和颁布的与土地增值税有关的办法、规定等，共同构成了我国土地增值税法律制度。

## 二、土地增值税纳税人

土地增值税的纳税义务人为转让国有土地使用权、地上的建筑物及其附着物（简称转让房地产）并取得收入的单位和个人。单位，是指各类企业单位、事业单位、国家机关和社会团体及其他组织。个人，包括个体经营者和其他个人。此外，还包括外商投资企业、外国企业、外国驻华机构及海外华侨、港澳台同胞和外国公民。

## 三、土地增值税征税范围

### （一）征税范围的一般规定

#### 1. 土地增值税只对转让国有土地使用权的行为征税，对出让国有土地的行为不征税

国有土地使用权，是指土地使用人根据国家法律、合同等规定，对国家所有的土地享有的使用权利。土地增值税只对企业、单位和个人转让国有土地使用权的行为征税。

国有土地出让，是指国家以土地所有者的身份将土地使用权在一定年限内让与土地使用者，并且由土地使用者向国家支付土地出让金的行为。由于土地使用权的出让方是国家，出让收入在性质上属于政府凭借所有权在土地一级市场上收取的租金，所以，政府出让土地的行为及取得的收入也不在土地增值税的征税范围之内。

#### 2. 土地增值税既对转让国有土地使用权的行为征税，也对转让地上建筑物及其他附着物产权的行为征税

所谓地上建筑物，是指建于土地上的一切建筑物，包括地上地下的各种附属设施，如厂房、仓库、商店、医院、住宅、地下室、围墙、烟囱、电梯、中央空调、管道等。所谓附着物是指附着于土地上、不能移动，一经移动即遭损坏的种植物、养植物及其他物品。

税法规定，纳税人转让地上建筑物和其他附着物的产权，取得的增值性收入，也应计算缴纳土地增值税。换言之，纳入土地增值税征税范围的增值额，是纳税人转让房地产所取得的全部增值额，而不仅仅是土地使用权转让的收入。

#### 3. 土地增值税只对有偿转让的房地产征税，对以继承、赠予等方式无偿转让的房地产，不予征税

不征收土地增值税的房地产赠予行为包括以下两种情况：

（1）房产所有人、土地使用权所有人将房屋产权、土地使用权赠予直系亲属或承担直接赡养义务人的行为。

（2）房产所有人、土地使用权所有人通过中国境内非营利的社会团体、国家机关将房屋产权、土地使用权赠予教育、民政和其他社会福利、公益事业的行为。社会团体是指中国青少年发展基金会、希望工程基金会、宋庆龄基金会、减灾委员会、中国红十字会、中国残疾人联合会、全国老年基金会、老区促进会，以及经民政部门批准成立的其他非

营利的公益性组织。

重点提示

导入案例中，张某赠予其子一套房屋，根据法律规定，免征土地增值税。但其子因受赠房屋，需要缴纳的相应契税，免征个人所得税。

### （二）征税范围的特殊规定

#### 1. 企业改制重组

（1）按照《中华人民共和国公司法》的规定，非公司制企业整体改建为有限责任公司或者股份有限公司，有限责任公司（股份有限公司）整体改建为股份有限公司（有限责任公司）。对改建前的企业将国有土地、房屋权属转移、变更到改建后的企业，暂不征土地增值税。

（2）按照法律规定或者合同约定，两个或两个以上企业合并为一个企业，并且原企业投资主体存续的，对原企业将国有土地、房屋权属转移、变更到合并后的企业，暂不征土地增值税。

（3）按照法律规定或者合同约定，企业分设为两个或两个以上与原企业投资主体相同的企业，对原企业将国有土地、房屋权属转移、变更到分立后的企业，暂不征土地增值税。

（4）单位、个人在改制重组时以国有土地、房屋进行投资，对其将国有土地、房屋权属转移、变更到被投资的企业，暂不征土地增值税。

（5）上述改制重组有关土地增值税政策不适用于房地产开发企业。

#### 2. 房地产开发企业将开发的部分房地产转为企业自用或用于出租等商业用途时，如果产权未发生转移，不征收土地增值税

#### 3. 房地产交换

房地产交换这种行为既发生了房产产权、土地使用权的转移，交换双方又取得了实物形态的收入，属于土地增值税的征税范围。但对个人之间互换自有居住用房地产的，经当地税务机关核实，可以免征土地增值税

#### 4. 合作建房

对于一方出地，另一方出资金，双方合作建房，建成后按比例分房自用的，暂免征收土地增值税；建成后转让的，应征收土地增值税。

#### 5. 房地产出租

房地产出租，出租人虽取得了收入，但没有发生房产产权、土地使用权的转让，因此，不属于土地增值税的征税范围。

#### 6. 房地产抵押

房地产抵押，是指房产所有者或土地使用者作为债务人或第三人向债权人提供不动

产作为清偿债务的担保而不转移权属的法律行为。这种情况下房产的产权、土地使用权在抵押期间并没有发生权属的变更，因此，对房地产的抵押，在抵押期间不征收土地增值税。待抵押期满后，视该房地产是否被转移占有而确定是否征收土地增值税。对于以房地产抵债而发生房地产权属转移的，应列入土地增值税的征税范围。

### 7. 房地产代建

房地产代建，是指房地产开发公司代客户进行房地产的开发，开发完成后向客户收取代建收入的行为。对于房地产开发公司而言，虽然取得了收入，但没有发生房地产权属的转移，其收入属于劳务收入性质，故不属于土地增值税的征税范围。

### 8. 房地产的重新评估

国有企业在清产核资时对房地产进行重新评估而产生的评估增值，因其既没有发生房地产权属的转移，房产产权、土地使用权人也未取得收入，所以不属于土地增值税的征税范围。

### 9. 土地使用者处置土地使用权

土地使用者转让、抵押或置换土地，无论其是否取得了该土地的使用权属证书，无论其在转让、抵押或置换土地过程中是否与对方当事人办理了土地使用权属证书变更登记手续，只要土地使用者享有占有、使用、收益或处分该土地的权利，并且有合同等证据表明其实质转让、抵押或置换了土地并取得了相应的经济利益，土地使用者及其对方当事人就应当依照税法规定缴纳增值税、土地增值税和契税等。

**重点提示**

导入案例中，企业转让办公用房取得收入，因涉及房屋权属转移，应当缴纳土地增值税；此外，企业因转让房屋的行为会涉及缴纳增值税、企业所得税及印花税。

## 四、土地增值税税率

土地增值税实行四级超率累进税率。

（1）增值额未超过扣除项目金额 50% 的部分，税率为 30%。

（2）增值额超过扣除项目金额 50%、未超过扣除项目金额 100% 的部分，税率为 40%。

（3）增值额超过扣除项目金额 100%、未超过扣除项目金额 200% 的部分，税率为 50%。

（4）增值额超过扣除项目金额 200% 的部分，税率为 60%。

上述所列四级超率累进税率，每级“增值额未超过扣除项目金额”的比例，均包括本比例数。土地增值税四级超率累进税率如表 6-1 所示。

表 6-1 土地增值税四级超率累进税率表

| 级 数 | 增值额与扣除项目金额的比率 | 税率（%） | 速算扣除系数（%） |
|---|---|---|---|
| 1 | 不超过 50% 的部分 | 30 | 0 |
| 2 | 超过 50% 至 100% 的部分 | 40 | 5 |
| 3 | 超过 100% 至 200% 的部分 | 50 | 15 |
| 4 | 超过 200% 的部分 | 60 | 35 |

## 五、土地增值税计税依据

土地增值税的计税依据是纳税人因转让房地产而取得的增值额。增值额即转让房地产取得的收入减去税法规定的扣除项目金额后的余额。土地增值额的大小，取决于转让房地产的收入额和扣除项目金额两个因素。

### （一）应税收入的确定

根据《中华人民共和国土地增值税暂行条例》及其实施细则的规定，纳税人转让房地产取得的应税收入，应包括转让房地产的全部价款及有关经济收益。从收入的形式来看，包括货币收入、实物收入和其他收入。纳税人转让房地产取得的收入不含增值税。

#### 1. 货币收入

货币收入是指纳税人转让房地产而取得的现金、银行存款和国库券、金融债券、企业债券、股票等有价证券。

#### 2. 实物收入

实物收入是指纳税人转让房地产而取得的各种实物形态的收入，如钢材、水泥等建材，房屋、土地等不动产等。对于这些实物收入一般要按照公允价值确认应税收入。

#### 3. 其他收入

其他收入是指纳税人转让房地产而取得的无形资产收入或具有财产价值的权利，如专利权、商标权、著作权、专有技术使用权、土地使用权、商誉权等。对于这些无形资产收入一般要进行专门的评估，按照估价确认应税收入。

### （二）扣除项目及其金额

根据《土地增值税暂行条例》的规定，准予纳税人从房地产转让收入额减除的扣除项目金额具体包括以下内容。

#### 1. 取得土地使用权所支付的金额

取得土地使用权所支付的金额包括以下两方面的内容：

（1）纳税人为取得土地使用权所支付的地价款。地价款的确定有三种方式：①以协议、招标、拍卖等出让方式取得土地使用权的，地价款为纳税人所支付的土地出让金；②以行政划拨方式取得土地使用权的，地价款为按照国家有关规定补交的土地出让金；

③以转让方式取得土地使用权的，地价款为向原土地使用权人实际支付的地价款。

（2）纳税人在取得土地使用权时按国家统一规定缴纳的有关费用和税金。这是指纳税人在取得土地使用权过程中为办理有关手续，必须按国家统一规定缴纳的有关登记、过户手续费和契税。

### 2. 房地产开发成本

房地产开发成本，是指纳税人开发房地产项目实际发生的成本。具体包括以下内容：

（1）土地征用及拆迁补偿费，包括土地征用费、耕地占用税、劳动力安置费及有关地上、地下附着物拆迁补偿的净支出、安置动迁用房支出等。

（2）前期工程费，包括规划、设计、项目可行性研究和水文、地质、勘察、测绘、“三通一平”等支出。

（3）建筑安装工程费，是指以出包方式支付给承包单位的建筑安装工程费，以自营方式发生的建筑安装工程费。

（4）基础设施费，包括开发小区内道路、供水、供电、供气、排污、排洪、通信、照明、环卫、绿化等工程发生的支出。

（5）公共配套设施费，包括不能有偿转让的、开发小区内公共配套设施发生的支出。

（6）开发间接费用，是指直接组织、管理开发项目发生的费用，包括工资、职工福利费、折旧费、修理费、办公费、水电费、劳动保护费、周转房摊销等。

### 3. 房地产开发费用

房地产开发费用，是指与房地产开发项目有关的销售费用、管理费用和财务费用。根据现行财务会计制度的规定，这三项费用作为期间费用，按照实际发生额直接计入当期损益。但在计算土地增值税时，房地产开发费用并不是按照纳税人实际发生额进行扣除的，应分别根据以下两种情况扣除。

（1）财务费用中的利息支出，凡能够按转让房地产项目计算分摊并提供金融机构证明的，允许据实扣除，但最高不能超过按商业银行同类同期贷款利率计算的金额。其他房地产开发费用，按规定（取得土地使用权所支付的金额和房地产开发成本，下同）计算的金额之和的5%以内计算扣除。计算公式为：

允许扣除的房地产开发费用＝利息＋（取得土地使用权所支付的金额＋房地产开发成本）×5%

（2）财务费用中的利息支出，凡不能按转让房地产项目计算分摊利息支出或不能提供金融机构证明的，房地产开发费用按规定计算的金额之和的10%以内计算扣除。计算扣除的具体比例，由各省、自治区、直辖市人民政府规定。计算公式为：

允许扣除的房地产开发费用＝（取得土地使用权所支付的金额＋房地产开发成本）×10%

财政部、国家税务总局对扣除项目金额中利息支出的计算问题做了两点专门规定：一是利息的上浮幅度按国家的有关规定执行，超过上浮幅度的部分不允许扣除；二是对于超过贷款期限的利息部分和加罚的利息不允许扣除。

#### 4. 与转让房地产有关的税金

与转让房地产有关的税金是指在转让房地产时缴纳的城市维护建设税、印花税。因转让房地产缴纳的教育费附加，也可视同税金予以扣除。《土地增值税暂行条例》等规定的土地增值税扣除项目涉及的增值税进项税额，允许在销项税额中计算抵扣的，不计入扣除项目；不允许在销项税额中计算抵扣的，可以计入扣除项目。

房地产开发企业按照《施工、房地产开发企业财务制度》有关规定，其在转让时缴纳的印花税已列入管理费用中，故不允许单独再扣除。其他纳税人缴纳的印花税允许在此扣除。

#### 5. 财政部确定的其他扣除项目

对从事房地产开发的纳税人可按规定计算的金额之和，加计 20% 的扣除。此条优惠只适用于从事房地产开发的纳税人，除此之外的纳税人不适用。

#### 6. 旧房及建筑物的扣除金额

（1）按评估价格扣除。旧房及建筑物的评估价格，是指在转让已使用的房屋及建筑物时，由政府批准设立的房地产评估机构评定的重置成本价乘以成新度折扣率后的价格。评估价格须经当地税务机关确认。转让旧房应按房屋及建筑物的评估价格、取得土地使用权所支付的地价款和按国家统一规定缴纳的有关费用，以及在转让环节缴纳的税金作为扣除项目金额计征土地增值税。对取得土地使用权时未支付地价款或不能提供已支付的地价款凭据的，在计征土地增值税时不允许扣除。

（2）按购房发票金额计算扣除。纳税人转让旧房及建筑物，凡不能取得评估价格，但能提供购房发票的，经当地税务部门确认，《土地增值税暂行条例》所规定的扣除项目的金额可按发票所载金额并从购买年度起至转让年度止每年加计 5% 计算。对于纳税人购房时缴纳的契税，凡能够提供契税完税凭证的，准予作为“与转让房地产有关的税金”予以扣除，但不作为加计 5% 的基数。

#### 7. 计税依据的特殊规定

（1）隐瞒、虚报房地产成交价格的。隐瞒、虚报房地产成交价格，是指纳税人不报或有意低报转让土地使用权、地上建筑物及其附着物价款的行为。对于纳税人隐瞒、虚报房地产成交价格的，应由评估机构参照同类房地产的市场交易价格进行评估，税务机关根据评估价格确定转让房地产的收入。

（2）提供扣除项目金额不实的。提供扣除项目金额不实，是指纳税人在纳税申报时，不据实提供扣除项目金额，而是虚增被转让房地产扣除项目的内容或金额，使税务机关无法从纳税人方面了解计征土地增值税所需的正确的扣除项目金额，以达到虚增成本偷税的目的。对于纳税人申报扣除项目金额不实的，应由评估机构对该房屋按照评估出的房屋重置成本价，乘以房屋的成新度折扣率，确定房产的扣除项目金额，并以该房产所坐落土地取得时的基准地价或标准地价来确定土地的扣除项目金额，房产和土地的扣除项目金额之和即该房地产的扣除项目金额。

（3）转让房地产的成交价格低于房地产评估价格且无正当理由的。转让房地产的成交价格低于房地产评估价格且无正当理由，是指纳税人申报的转让房地产的成交价低于房地产评估机构通过市场比较法进行房地产评估时所确定的正常市场交易价，纳税人又不能提供有效凭据或无正当理由进行解释的行为。对于这种情况，应按评估的市场交易价确定其实际成交价，并以此作为转让房地产的收入计算征收土地增值税。

（4）非直接销售和自用房地产收入的确定。房地产开发企业将开发产品用于职工福利、奖励、对外投资、分配给股东或投资人、抵偿债务、换取其他单位和个人的非货币性资产等，发生所有权转移时应视同销售房地产，其收入按下列方法和顺序确认：①按本企业在同一地区、同一年度销售的同类房地产的平均价格确定；②由主管税务机关参照当地当年、同类房地产的市场价格或评估价值确定。

## 六、土地增值税应纳税额的计算

### （一）应纳税额的计算公式

土地增值税按照纳税人转让房地产所取得的增值额和规定的税率计算征收。计算公式为：

土地增值税应纳税额 = ∑（每级距的增值额 × 适用税率）

由于分步计算比较烦琐，一般可以采用速算扣除法计算。即计算土地增值税税额，可按增值额乘以适用的税率减去扣除项目金额乘以速算扣除系数的简便方法计算，具体公式如下：

（1）增值额未超过扣除项目金额的 50%

土地增值税税额 = 增值额 ×30%

（2）增值额超过扣除项目金额的 50%，未超过 100%

土地增值税税额 = 增值额 ×40%– 扣除项目金额 ×5%

（3）增值额超过扣除项目金额的 100%，未超过 200%

土地增值税税额 = 增值额 ×50%– 扣除项目金额 ×15%

（4）增值额超过扣除项目金额的 200%

土地增值税税额 = 增值额 ×60%– 扣除项目金额 ×35%

### （二）应纳税额的计算步骤

#### 1. 计算增值额

增值额 = 房地产转让收入 – 扣除项目金额

#### 2. 计算增值率

增值率 = 增值额 ÷ 扣除项目金额 ×100%

#### 3. 确定适用税率

按照计算出的增值率，从土地增值税税率表中确定适用税率。

#### 4. 计算应纳税额

土地增值税应纳税额 = 增值额 × 适用税率 – 扣除项目金额 × 速算扣除系数

经典案例

2018 年，某国有商业企业利用库房空地进行住宅商品房开发，按照国家有关规定补交土地出让金 2 840 万元，缴纳相关税费 160 万元；住宅开发成本 2 800 万元，其中含装修费用 500 万元；房地产开发费用中的利息支出为 300 万元（不能提供金融机构证明）；当年住宅全部销售完毕，取得不含增值税销售收入 9 000 万元；缴纳城市维护建设税和教育费附加 45 万元；缴纳印花税 4.5 万元。已知：该公司所在省人民政府规定的房地产开发费用的计算扣除比例为 10%。计算该企业销售住宅应纳土地增值税税额。

【解析】根据税法规定，非房地产开发企业缴纳的印花税允许作为税金扣除；非房地产开发企业不允许按照取得土地使用权所支付金额和房地产开发成本合计数的 20% 加计扣除。具体计算步骤如下：

（1）住宅销售收入为 9 000 万元。

（2）确定转让房地产的扣除项目金额包括：

取得土地使用权所支付的金额 =2 840+160=3 000（万元）。

住宅开发成本为 2 800 万元。

房地产开发费用 =（3 000+2 800）×10%=580（万元）。

与转让房地产有关的税金 =45+4.5=49.5（万元）。

转让房地产的扣除项目金额 =3 000+2 800+580+49.5=6 429.5（万元）。

（3）转让房地产的增值额 =9 000–6 429.5=2 570.5（万元）。

（4）增值额与扣除项目金额的比率 =2 570.5 ÷ 6 429.5 × 100% ≈ 39.98%

（5）增值额与扣除项目金额的比率未超过 50%，适用税率为 30%，应纳土地增值税税额 =2 570.5 × 30%=771.15（万元）。

## 七、土地增值税税收优惠

（1）纳税人建造、出售普通标准住宅，增值额未超过扣除项目金额 20% 的，予以免税；

超过 20% 的，应按全部增值额缴纳土地增值税。对于纳税人既建造普通标准住宅又进行其他房地产开发的，应分别核算增值额。不分别核算增值额或不能准确核算增值额的，其建造的普通标准住宅不能适用这一免税规定。

（2）因国家建设需要依法征用、收回的房地产，免征土地增值税。因城市实施规划、国家建设的需要而搬迁，由纳税人自行转让原房地产的，免征土地增值税。

（3）企事业单位、社会团体以及其他组织转让旧房作为公共租赁住房房源且增值额未超过扣除项目金额 20% 的，免征土地增值税。

（4）自 2008 年 11 月 1 日起，对居民个人转让住房一律免征土地增值税。

重点提示

导入案例中，张某转让自有住房一套，涉及缴纳增值税、个人所得税及印花税，对居民个人转让住房免征土地增值税。另外，请思考：如果张某想免征增值税和个人所得税，应分别满足什么条件？

## 八、土地增值税征收管理

### （一）纳税申报

纳税人应在转让房地产合同签订后 7 日内，到房地产所在地主管税务机关办理纳税申报，并向税务机关提交房屋及建筑物产权、土地使用权证书，土地转让、房产买卖合同、房地产评估报告及其他与转让房地产有关的资料，然后在税务机关规定的期限内缴纳土地增值税。

纳税人因经常发生房地产转让而难以在每次转让后申报的，经税务机关审核同意后，可以按月或按季定期进行纳税申报，具体期限由主管税务机关根据情况确定。

纳税人采取预售方式销售房地产的，对在项目全部竣工结算前转让房地产取得的收入，税务机关可以预征土地增值税。具体办法由各省、自治区、直辖市税务机关根据当地情况制定。

对于纳税人预售房地产所取得的收入，凡当地税务机关规定预征土地增值税的，纳税人应当到主管税务机关办理纳税申报，并按规定比例预交，待办理完纳税清算后，多退少补。

### （二）纳税清算

#### 1. 土地增值税的清算单位

土地增值税以国家有关部门审批的房地产开发项目为单位进行清算。对于分期开发的项目，以分期项目为单位清算。开发项目中同时包含普通住宅和非普通住宅的，应分别计算增值额。

#### 2. 土地增值税的清算条件

（1）符合下列情形之一的，纳税人应进行土地增值税的清算：①房地产开发项目全部竣工、完成销售的。②整体转让未竣工决算房地产开发项目的。③直接转让土地使用权的。

（2）符合下列情形之一的，主管税务机关可要求纳税人进行土地增值税清算：①已竣工验收的房地产开发项目，已转让的房地产建筑面积占整个项目可售建筑面积的比例在 85% 以上，或该比例虽未超过 85%，但剩余的可售建筑面积已经出租或自用的。②取得销售（预售）许可证满 3 年仍未销售完毕的。③纳税人申请注销税务登记但未办理土地增值税清算手续的。④省级税务机关规定的其他情况。

### 3. 土地增值税清算应报送的资料

（1）房地产开发企业清算土地增值税书面申请、土地增值税纳税申报表。

（2）项目竣工决算报表、取得土地使用权所支付的地价款凭证、国有土地使用权出让合同、银行贷款利息结算通知单、项目工程合同结算单、商品房购销合同统计表等与转让房地产的收入、成本和费用有关的证明资料。

（3）主管税务机关要求报送的其他与土地增值税清算有关的证明资料等。

### 4. 清算后再转让房地产的处理

在土地增值税清算时未转让的房地产，清算后销售或有偿转让的，纳税人应按规定进行土地增值税的纳税申报，扣除项目金额按清算时的单位建筑面积成本费用乘以销售或转让面积计算。其中，单位建筑面积成本费用计算公式为：

单位建筑面积成本费用 = 清算时的扣除项目总金额 ÷ 清算的总建筑面积

### 5. 土地增值税的核定征收

房地产开发企业有下列情形之一的，税务机关可以参照与其开发规模和收入水平相近的当地企业的土地增值税税负情况，按不低于预征率的征收率核定征收土地增值税。

（1）依照法律、行政法规的规定应当设置但未设置账簿的。

（2）擅自销毁账簿或者拒不提供纳税资料的。

（3）虽设置账簿，但账目混乱或者成本资料、收入凭证、费用凭证残缺不全，难以确定转让收入或扣除项目金额的。

（4）符合土地增值税清算条件，未按照规定的期限办理清算手续，经税务机关责令限期清算，逾期仍不清算的。

（5）申报的计税依据明显偏低且无正当理由的。

## （三）纳税地点

土地增值税纳税人发生应税行为应向房地产所在地主管税务机关缴纳税款。这里所称的房地产所在地是指房地产的坐落地。纳税人转让的房地产坐落在两个或两个以上地区的，应按房地产所在地分别申报纳税。具体又可分为以下两种情况：

（1）纳税人是法人的，当转让的房地产坐落地与其机构所在地或经营所在地一致时，则在办理税务登记的原管辖税务机关申报纳税即可；如果转让的房地产坐落地与其机构所在地或经营所在地不一致时，则应在房地产坐落地所管辖的税务机关申报纳税。

（2）纳税人是自然人的，当转让的房地产坐落地与其居住所在地一致时，则在居住所在地税务机关申报纳税；当转让的房地产坐落地与其居住所在地不一致时，在办理过户手续所在地的税务机关申报纳税。

# 第五节　城镇土地使用税法律制度

## 一、城镇土地使用税的概念

城镇土地使用税，是指国家对在城市、县城、建制镇、工矿区范围内，对使用土地的单位和个人，以其实际占用的土地面积为计税依据，按照规定的税额计算征收的一种税。

1988 年 9 月国务院颁布了《中华人民共和国城镇土地使用税暂行条例》（简称《城镇土地使用税暂行条例》），国务院分别于 2006 年 12 月、2011 年 1 月、2013 年 12 月对《城镇土地使用税暂行条例》做了三次修订。之后，财政部、国家税务总局根据经济发展实际又陆续颁布了一些关于城镇土地使用税的办法、规定。以上这些共同构成了我国城镇土地使用税法律制度。

## 二、城镇土地使用税纳税人

城镇土地使用税的纳税人，是指在城市、县城、建制镇、工矿区范围内使用土地的单位和个人。单位，包括国有企业、集体企业、私营企业、股份制企业、外商投资企业、外国企业以及其他企业和事业单位、社会团体、国家机关、军队以及其他单位。个人，包括个体工商户以及其他个人。

依据实际用地人的不同情形，城镇土地使用税纳税人具体确定如下：

（1）城镇土地使用税由拥有土地使用权的单位或个人缴纳。

（2）拥有土地使用权的纳税人不在土地所在地的，城镇土地使用税由代管人或实际使用人缴纳。

（3）土地使用权未确定或权属纠纷未解决的，城镇土地使用税由实际使用人纳税。

（4）土地使用权共有的，共有各方均为纳税人，依据共有各方实际使用土地面积占总面积的比例分别计算纳税。

## 三、城镇土地使用税征税范围

城镇土地使用税以城市、县城、建制镇、工矿区范围内的土地为征税范围。不论土地是属于国家所有还是属于集体所有，都属于城镇土地使用税的征税范围。

城市是指国务院批准设立的市。城市的征税范围包括市区和郊区。县城是指县人民政府所在地，县城的征税范围为县人民政府所在地的城镇。建制镇是经省级人民政府批准设立的。建制镇的征税范围为镇人民政府所在地的地区，但不包括镇政府所在地所辖行政村。工矿区，是指工商业比较发达，人口比较集中，符合国务院规定的建制镇标准，但尚未设立建制镇的大中型工矿企业所在地。工矿区的设立必须经省级人民政府批准。城市、县城、建制镇和工矿区虽然有行政区域和城建区域之分，但区域中的不同地方，其自然条件和经济繁荣程度各不相同，各省级人民政府可根据税法的规定，具体划定本地城市、县城、建制镇和工矿区的具体征税范围。

建立在城市、县城、建制镇和工矿区以外的工矿企业不需要缴纳城镇土地使用税。

自 2009 年 1 月 1 日起，公园、名胜古迹内的索道公司经营用地，应按规定缴纳城镇土地使用税。

## 四、城镇土地使用税税率

城镇土地使用税采用定额税率，按大、中等、小城市和县城、建制镇、工矿区分别规定每平方米城镇土地使用税年应纳税额。大、中等、小城市以公安部门登记在册的非农业正式户口人数为依据，按照国务院颁布的《中华人民共和国城市规划条例》中规定的标准划分。人口在 50 万以上的为大城市；人口在 20 万 ~50 万的为中等城市；人口在 20 万以下的为小城市。

城镇土地使用税每平方米年税额标准具体规定如下：大城市 1.5~30 元；中等城市 1.2~24 元；小城市 0.9~18 元；县城、建制镇、工矿区 0.6~12 元。

城镇土地使用税规定幅度税额，而且每个幅度税额的差距为 20 倍。这主要考虑我国各地存在着悬殊的土地级差收益，同一地区内不同地段的市政建设情况和经济发展程度也有较大的差别。省、自治区、直辖市人民政府，在上述规定的税额幅度内，根据市政建设情况、经济繁荣程度等条件，确定所辖地区的适用税额幅度。经济落后地区，城镇土地使用税的适用税额标准可适当降低，但降低幅度不得超过上述规定最低税额的 30%。经济发达地区，城镇土地使用税的适用税额可以适当提高，但须经财政部批准。这样，各地在确定不同地段的等级和适用税额时，就有选择的余地，尽可能做到平衡税负。

## 五、城镇土地使用税计税依据

城镇土地使用税的计税依据是纳税人实际占用的土地面积。土地面积以平方米为计量标准，具体按以下办法确定：

（1）凡由省级人民政府确定的单位组织测定土地面积的，以测定的土地面积为准。

（2）尚未组织测定，但纳税人持有政府部门核发的土地使用证书的，以证书确定的土地面积为准。

（3）尚未核发土地使用证书的，应由纳税人据实申报土地面积，并据以纳税，待核发土地使用证书后再做调整。

## 六、城镇土地使用税应纳税额的计算

城镇土地使用税是以纳税人实际占用的土地面积为计税依据，按照规定的适用税额计算征收的。其应纳税额计算公式为：

年城镇土地使用税应纳税额 = 实际占用应税土地面积（平方米）× 适用税额

经典案例

某企业实际占地面积为 25 000 平方米，经税务机关核定，该企业所在地段适用城镇土地使用税税率每平方米税额为 2 元。计算该企业全年应纳城镇土地使用税税额。

【解析】年应纳城镇土地使用税税额 =25 000×2=50 000（元）。

## 七、城镇土地使用税税收优惠

### （一）免征城镇土地使用税的规定

（1）国家机关、人民团体、军队自用的土地。

（2）由国家财政部门拨付事业经费的单位自用的土地。

（3）宗教寺庙、公园、名胜古迹自用的土地。

（4）市政街道、广场、绿化地带等公共用地。

（5）直接用于农、林、牧、渔业的生产用地。

（6）经批准开山填海整治的土地和改造的废弃土地，从使用月份起免缴土地使用税 5~10 年。

（7）由财政部另行规定免税的能源、交通、水利设施用地和其他用地。

### （二）税收优惠的特殊规定

#### 1. 城镇土地使用税与耕地占用税的征税范围衔接

为避免对一块土地同时征收耕地占用税和城镇土地使用税，凡是缴纳了耕地占用税的，从批准征用之日起满 1 年后征收城镇土地使用税；征用非耕地因不需要缴纳耕地占用税，应从批准征用之次月起征收城镇土地使用税。

#### 2. 免税单位与纳税单位之间无偿使用的土地

对免税单位无偿使用纳税单位的土地，如公安、海关等单位使用铁路、民航等单位的土地，免征城镇土地使用税；对纳税单位无偿使用免税单位的土地，纳税单位应照章缴纳城镇土地使用税。

#### 3. 房地产开发公司开发建造商品房的用地

房地产开发公司开发建造商品房的用地，除经批准开发建设经济适用房的用地外，对各类房地产开发用地一律不得减免城镇土地使用税。

#### 4. 基建项目在建期间的用地

对基建项目在建期间使用的土地，原则上应征收城镇土地使用税。但对有些基建项目，特别是国家产业政策扶持发展的大型基建项目占地面积大，建设周期长，在建期间又没有经营收入，纳税确有困难的，可由各省、自治区、直辖市税务机关根据具体情况予以免征或减征城镇土地使用税。对已经完工或已经使用的建设项目，其用地应照章征收城镇土地使用税。

5. 城镇内的集贸市场用地

城镇内的集贸市场用地，按规定应征收城镇土地使用税。为了促进集贸市场的发展及照顾各地的不同情况，各省、自治区、直辖市税务机关可根据具体情况，自行确定对集贸市场用地征收或者免征城镇土地使用税。

6. 防火、防爆、防毒等安全防范用地

对于各类危险品仓库、厂房所需的防火、防爆、防毒等安全防范用地，可由各省、自治区、直辖市税务机关确定，暂免征收城镇土地使用税；对仓库库区、厂房本身用地，应依法征收城镇土地使用税。

7. 搬迁企业的用地

企业搬迁后原场地不使用的、企业范围内荒山等尚未利用的土地，免征城镇土地使用税。免征税额由企业在申报缴纳城镇土地使用税时自行计算扣除，并在申报表附表或备注栏中做相应说明。此种情况下，企业申报暂免征收城镇土地使用税的，应事先向土地所在地的主管税务机关报送有关部门的批准文件或认定书等相关证明材料，以备税务机关查验。

企业按上述规定暂免征收城镇土地使用税的土地开始使用时，应从使用的次月起自行计算和申报缴纳城镇土地使用税。

8. 企业的铁路专用线、公路等用地

对企业的铁路专用线、公路等用地除另有规定外，在企业厂区（包括生产、办公及生活区）以内的，应照章征收城镇土地使用税；在厂区以外、与社会公用地段未加隔离的，暂免征收城镇土地使用税。

9. 企业范围内的荒山、林地、湖泊等占地

对 2014 年以前已按规定免征城镇土地使用税的企业范围内荒山、林地、湖泊等占地，自 2014 年 1 月 1 日至 2015 年 12 月 31 日，按应纳税额减半征收城镇土地使用税；自 2016 年 1 月 1 日起，全额征收城镇土地使用税。

10. 石油天然气（含页岩气、煤层气）生产企业用地

下列石油天然气生产建设用地暂免征收城镇土地使用税：①地质勘探、钻井、井下作业、油气田地面工程等施工临时用地；②企业厂区以外的铁路专用线、公路及输油（气、水）管道用地；③油气长输管线用地。此外，在城市、县城、建制镇以外工矿区内的消防、防洪排涝、防风、防沙设施用地，暂免征收城镇土地使用税。

除上述列举免税的土地外，其他油气生产及办公、生活区用地，依照规定征收城镇土地使用税。享受上述税收优惠的用地，用于非税收优惠用途的，不得享受税收优惠。

### 11. 林业系统用地

对林业系统用地的城镇土地使用税税收优惠规定主要有：①对林区的育林地、运材道、防火道、防火设施用地，免征城镇土地使用税。②林业系统的森林公园、自然保护区可比照公园免征城镇土地使用税。③对林业系统的林区贮木场、水运码头用地，为扶持其发展，暂免征收城镇土地使用税。

除上述列举免税的土地外，对林业系统的其他生产用地及办公、生活区用地，均应征收城镇土地使用税。

### 12. 盐场、盐矿用地

对盐场、盐矿用地的城镇土地使用税税收优惠规定主要有：①对盐场的盐滩、盐矿的矿井用地，暂免征收城镇土地使用税。②对盐场、盐矿的其他用地，由各省、自治区、直辖市税务机关根据实际情况，确定征收城镇土地使用税或给予定期减征、免征的照顾。

除上述规定外，对盐场、盐矿的生产厂房、办公、生活区用地，应照章征收城镇土地使用税。

### 13. 矿山企业用地

对矿山企业用地的城镇土地使用税税收优惠规定主要有：①矿山的采矿场、排土场、尾矿库、炸药库的安全区，以及运矿运岩公路、尾矿输送管道及回水系统用地，免征城镇土地使用税。②对位于城镇土地使用税征税范围内的煤炭企业已取得土地使用权而未利用的塌陷地，征收城镇土地使用税。

除上述规定外，对矿山企业的其他生产用地及办公、生活区用地，均应征收城镇土使用税。

### 14. 电力行业用地

对电力行业用地的城镇土地使用税税收优惠规定主要有：①对火电厂厂区围墙内的用地均应征收城镇土地使用税。对厂区围墙外的灰场、输灰管、输油（气）管道、铁路专用线用地，免征城镇土地使用税；厂区围墙外的其他用地，应照章征税。②对水电站的发电厂房用地（包括坝内、坝外式厂房），生产、办公、生活用地，应征收城镇土地使用税；对其他用地给予免税照顾。③对供电部门的输电线路用地、变电站用地，免征城镇土地使用税。

### 15. 水利设施用地

对水利设施用地的城镇土地使用税税收优惠规定主要有：①对水利设施及其管护用地，如水库库区、大坝、堤防、灌渠、泵站等用地，免征城镇土地使用税。②对水利设施其他用地，如生产、办公、生活用地，应照章征收城镇土地使用税。③对兼有发电的水利设施用地的城镇土地使用税的征免，具体办法比照电力行业征免城镇土地使用税的有关规定办理。

### 16. 交通部门港口用地

对交通部门港口用地的城镇土地使用税税收优惠规定主要有：①对港口的码头（泊位，包括岸边码头、伸入水中的浮码头、堤岸、堤坝、栈桥等）用地，免征城镇土地使用税。②对港口的露天堆货场用地，原则上应征收城镇土地使用税。企业纳税确有困难的，可由各省、自治区、直辖市税务机关根据其实际情况，给予定期减征或免征城镇土地使用税的照顾。

除上述规定外，港口的其他用地，应按规定征收城镇土地使用税。

### 17. 民航机场用地

对民航机场用地的城镇土地使用税税收优惠规定主要有：①对机场飞行区（包括跑道、滑行道、停机坪、安全带、夜航灯光区）用地、场内外通信导航设施用地和飞行区四周排水防洪设施用地，免征城镇土地使用税。②在机场道路中，场外道路用地免征城镇土地使用税；场内道路用地依照规定征收城镇土地使用税。

除上述规定外，对机场工作区（包括办公、生产和维修用地及候机楼、停车场）用地、生活区用地、绿化用地，均须依照规定征收城镇土地使用税。

### 18. 老年服务机构自用土地

老年服务机构，是指专门为老年人提供生活照料、文化、护理、健身等多方面服务的福利性、非营利性的机构，主要包括老年社会福利院、敬老院（养老院）、老年服务中心、老年公寓（含老年护理院、康复中心、托老所）等。老年服务机构自用土地免征城镇土地使用税。

### 19. 邮政部门用地

对邮政部门坐落在城市、县城、建制镇、工矿区范围内的土地，应当依法征收城镇土地使用税；对坐落在城市、县城、建制镇、工矿区范围以外的，尚在县邮政局内核算的土地，在单位财务账中划分清楚的，不征收城镇土地使用税。

### 20. 体育场馆用地

对体育场馆用地的城镇土地使用税税收优惠规定主要有：①国家机关、军队、人民团体、财政补助事业单位、居民委员会、村民委员会拥有的体育场馆，用于体育活动的土地，免征城镇土地使用税。②经费自理事业单位、体育社会团体、体育基金会、体育类民办非企业单位拥有并运营管理的体育场馆，符合相关条件的，其用于体育活动的土地，免征城镇土地使用税。③企业拥有并运营管理的大型体育场馆，其用于体育活动的土地，减半征收城镇土地使用税。

享受上述税收优惠体育场馆的运动场地用于体育活动的天数不得低于全年自然天数

的 70%。

## 八、城镇土地使用税征收管理

### （一）纳税义务发生时间

（1）纳税人购置新建商品房，自房屋交付使用之次月起，缴纳城镇土地使用税。

（2）纳税人购置存量房，自办理房屋权属转移、变更登记手续，房地产权属登记机关签发房屋权属证书之次月起，缴纳城镇土地使用税。

（3）纳税人出租、出借房产，自交付出租、出借房产之次月起，缴纳城镇土地使用税。

（4）以出让或转让方式有偿取得土地使用权的，应由受让方从合同约定交付土地时间的次月起缴纳城镇土地使用税；合同未约定交付土地时间的，由受让方从合同签订的次月起缴纳城镇土地使用税。

（5）纳税人新征用的耕地，自批准征用之日起满 1 年时开始缴纳城镇土地使用税。

（6）纳税人新征用的非耕地，自批准征用次月起缴纳城镇土地使用税。

### （二）纳税地点

城镇土地使用税在土地所在地缴纳。

纳税人使用的土地不属于同一省、自治区、直辖市管辖的，由纳税人分别向土地所在地税务机关缴纳城镇土地使用税；在同一省、自治区、直辖市管辖范围内，纳税人跨地区使用的土地，其纳税地点由各省、自治区、直辖市税务机关确定。

### （三）纳税期限

城镇土地使用税按年计算、分期缴纳，具体纳税期限由省、自治区、直辖市人民政府确定。

# 第六节　车船税法律制度

## 一、车船税的概念

车船税，是指对在中国境内车船管理部门登记的车辆、船舶依法征收的一种税。

2011 年 2 月 25 日第十一届全国人民代表大会常务委员会第十九次会议通过了《中华人民共和国车船税法》（简称《车船税法》），2011 年 12 月 5 日国务院发布了《中华人民共和国车船税法实施条例》（简称《车船税法实施条例》），以上这些法律、法规构成我国车船税法律制度。

## 二、车船税纳税人

车船税纳税人，是指在我国境内属于税法规定的车辆、船舶（简称车船）的所有人或管理人。从事机动车第三者责任强制保险业务的保险机构为机动车车船税的扣缴义务人。

## 三、车船税征税范围

车船税的征税范围限于应税车辆和船舶，具体包括：

（1）依法应当在车船登记管理部门登记的机动车辆和船舶。

（2）依法不需要在车船登记管理部门登记的在单位内部场所行驶或者作业的机动车辆和船舶。

车船管理部门，是指公安、交通运输、农业、渔业、军队、武装警察部队等依法具有车船登记管理职能的部门和船舶检验机构。单位，是指依照中国法律、行政法规规定，在中国境内成立的行政机关、企业、事业单位、社会团体以及其他组织。

## 四、车船税税目

车船税的税目共计 5 大类，包括乘用车、商用车、其他车辆、摩托车和船舶。

乘用车为核定载客人数 9 人（含）以下的车辆；商用车包括客车和货车，其中，客车为核定载客人数 9 人（含）以上的车辆（包括电车），货车包括半挂牵引车、挂车、客货两用汽车、三轮汽车和低速载货汽车等；其他车辆包括专用作业车和轮式专用机械车等（不包括拖拉机）。船舶包括机动船舶、非机动驳船、拖船和游艇。具体含义如下：

（1）乘用车，是指在设计和技术特性上主要用于载运乘客及随身行李，核定载客人数包括驾驶员在内不超过 9 人的汽车。

（2）商用车，是指除乘用车外，在设计和技术特性上用于载运乘客、货物的汽车，划分为客车和货车。

（3）半挂牵引车，是指装备有特殊装置用于牵引半挂车的商用车。

（4）三轮汽车，是指最高设计车速不超过每小时 50 千米，具有三个车轮的货车。

（5）低速载货汽车，是指以柴油机为动力，最高设计车速不超过每小时 70 千米，具有四个车轮的货车。

（6）挂车，是指就其设计和技术特性，需由汽车或者拖拉机牵引才能正常使用的一种无动力的道路车辆。

（7）专用作业车，是指在其设计和技术特性上用于特殊工作的车辆。

（8）轮式专用机械车，是指有特殊结构和专门功能，装有橡胶车轮可以自行行驶，最高设计车速大于每小时 20 千米的轮式工程机械车。

（9）摩托车，是指无论采用何种驱动方式，最高设计车速大于每小时 50 千米，或者使用内燃机，其排量大于 50 毫升的两轮或者三轮车辆。

（10）船舶，是指各类机动、非机动船舶以及其他水上移动装置，但是船舶上装备的救生艇筏和长度小于 5 米的艇筏除外。其中，机动船舶是指用机器推进的船舶；拖船是指专门用于拖（推）动运输船舶的专业作业船舶；非机动驳船，是指在船舶登记管理部门登记为驳船的非机动船舶；游艇是指具备内置机械推进动力装置，长度在 90 米以下，主要用于游览观光、休闲娱乐、水上体育运动等活动，并且应当具有船舶检验证书和适航证书的船舶。

## 五、车船税税率

车船税采用定额税率。根据《车船税法》的规定，对应税车船实行有幅度的定额税率，即对各类车船分别规定一个最低到最高限度的年税额。车辆的具体适用税额由省、自治区、直辖市人民政府依照《车船税法》所附《车船税税目税额表》规定的税额幅度和国务院的规定确定并报国务院备案。船舶的具体适用税额由国务院在《车船税法》所附《车船税税目税额表》规定的税额幅度内确定。

车船税税目税额如表 6-2 所示。

表 6-2　车船税税目税额表

| 税目 | | 计税单位 | 年基准税额（元） | 备注 |
|---|---|---|---|---|
| 乘用车［按发动机汽缸容量（排气量）分档］ | 1.0 升（含）以下的 | 每辆 | 60~360 | 核定载客人数 9 人（含）以下 |
| | 1.0 升以上至 1.6 升（含）的 | | 300~540 | |
| | 1.6 升以上至 2.0 升（含）的 | | 360~660 | |
| | 2.0 升以上至 2.5 升（含）的 | | 660~1200 | |
| | 2.5 升以上至 3.0 升（含）的 | | 1 200~2 400 | |
| | 3.0 升以上至 4.0 升（含）的 | | 2 400~3 600 | |
| | 4.0 升以上的 | | 3 600~5 400 | |
| 商用车 | 客车 | 每辆 | 480~1 440 | 核定载客人数 9 人以上，包括电车 |
| | 货 车 | 整备质量每吨 | 16~120 | （1）包括半挂牵引车、挂车、三轮汽车和低速载货汽车等。（2）挂车按照货车税额的 50% 计算 |
| 其他车辆 | 专用作业车 | 整备质量每吨 | 16~120 | 不包括拖拉机 |
| | 轮式专用机械车 | | 16~120 | |
| 摩托车 | | 每辆 | 36~180 | |
| 船舶 | 机动船舶 | 净吨位每吨 | 3~6 | 拖船、非机动驳船分别按照机动船舶税额的 50% 计算 |
| | 游艇 | 艇身长度每米 | 600~2 000 | |

有关车船税税率适用的具体规定有：

（1）机动船舶具体适用税额为：

1）净吨位不超过 200 吨的，每吨 3 元；

2）净吨位超过 200 吨但不超过 2 000 吨的，每吨 4 元；

3）净吨位超过 2 000 吨但不超过 10 000 吨的，每吨 5 元；

4）净吨位超过 10 000 吨的，每吨 6 元。

拖船按照发动机功率每千瓦折合净吨位 0.67 吨计算征收车船税。

（2）游艇具体适用税额为：

1）艇身长度不超过 10 米的，每米 600 元；

2）艇身长度超过 10 米但不超过 18 米的，每米 900 元；

3）艇身长度超过 18 米但不超过 30 米的，每米 1 300 元；

4）艇身长度超过 30 米的，每米 2 000 元；

5）辅助动力帆艇，每米 600 元。

（3）排气量、整备质量、核定载客人数、净吨位、千瓦、艇身长度，以车船登记管理部门核发的车船登记证书或者行驶证所载数据为准。

依法不需要办理登记的车船和依法应当登记而未办理登记或者不能提供车船登记证书、行驶证的车船，以车船出厂合格证明或者进口凭证标注的技术参数、数据为准；不能提供车船出厂合格证明或者进口凭证的，由主管税务机关参照国家相关标准核定，没有国家相关标准的参照同类车船核定。

## 六、车船税计税依据

车船税以车船的计税单位数量为计税依据。《车船税法》按车船的种类和性能，分别以辆数、整备质量吨位数、净吨位数和艇身长度为计税单位。具体如下：

（1）乘用车、商用客车和摩托车，以辆数为计税依据。

（2）商用货车、专用作业车和轮式专用机械车，以整备质量吨位数为计税依据。

（3）机动船舶、非机动驳船、拖船，以净吨位数为计税依据。

（4）游艇以艇身长度为计税依据。

## 七、车船税应纳税额的计算

车船税各税目应纳税额的计算公式为：

乘用车、客车、摩托车车船税应纳税额 = 辆数 × 适用年基准税额

商用货车、专业作业车、轮式专用机械车车船税应纳税额 = 整备质量吨位数 × 适用年基准税额

机动船舶应纳车船税税额 = 净吨位数 × 适用年基准税额

非机动驳船、拖船应纳车船税税额 = 净吨位数 × 适用年基准税额 ×50%

游艇应纳车船税税额 = 艇身长度 × 适用年基准税额

购置的新车船，购置当年的应纳税额自纳税义务发生的当月起按月计算。车船税应纳税额计算公式为：

车船税应纳税额 = 适用年基准税额 ÷12× 应纳税月份数

经典案例

某公司 2018 年拥有机动船舶 8 艘，每艘净吨位为 200 吨；非机动驳船 6 艘，每艘净吨位为 100 吨。该公司于 2018 年 5 月 12 日新购买了一辆乘用车。已知机动船舶适用年基准税额为 3 元 / 吨，乘用车适用年基准税额 480 元。计算该公司当年应纳车船税税额。

【解析】机动船舶应纳车船税税额 =8×200×3+6×100×3×50%=5 700（元）

乘用车应纳车船税税额 =480÷12×8=320（元）

当年车船税应纳税额 =5 700+320=6 020（元）

## 八、车船税税收优惠

### （一）免征车船税的车船

（1）捕捞、养殖渔船。捕捞、养殖渔船是指在渔业船舶登记管理部门登记为捕捞船或者养殖船的渔业船舶。

（2）军队、武装警察部队专用的车船。军队、武装警察部队专用的车船是指按照规定在军队、武装警察部队车船登记管理部门登记并领取军队、武警牌照的车船。

（3）警用车船。警用车船是指公安机关、国家安全机关、监狱、劳动教养管理机关和人民法院、人民检察院领取警用牌照的车辆和执行警务的专用船舶。

（4）依照法律规定应当予以免税的外国驻华使领馆、国际组织驻华代表机构及其有关人员的车船。

（5）新能源车船。免征车船税的新能源汽车是指纯电动商用车、插电式（含增程式）混合动力汽车、燃料电池商用车。免征车船税的新能源汽车，必须符合国家有关标准。

（6）临时入境的外国车船和香港特别行政区、澳门特别行政区、台湾地区的车船，不征收车船税。

（7）按照规定缴纳船舶吨税的机动船舶，自《车船税法》实施之日起 5 年内免征车船税。

（8）依法不需要在车船登记管理部门登记的机场、港口、铁路站场内部行驶或者作业的车船，自《车船税法》实施之日起 5 年内免征车船税。

### （二）车船税其他税收优惠

（1）对节约能源车船，减半征收车船税。减半征收车船税的节约能源乘用车、商用车应符合国家有关标准。

（2）对受地震、洪涝等严重自然灾害影响，纳税困难以及其他特殊原因确需减免税的车船，可以在一定期限内减征或者免征车船税。具体减免期限和数额由省、自治区、直辖市人民政府确定，报国务院备案。

（3）省、自治区、直辖市人民政府根据当地实际情况，可以对公共交通车船以及农村居民拥有并主要在农村地区使用的摩托车、三轮汽车和低速载货汽车定期减征或者免征车船税。

## 九、车船税征收管理

### （一）纳税义务发生时间

车船税纳税义务发生时间为取得车船所有权或者管理权的当月。以购买车船的发票或其他证明文件所载日期的当月为准。

车船税的纳税义务发生时间，为车船管理部门核发的车船登记证书或者行驶证书所记载日期的当月。纳税人未按照规定到车船管理部门办理应税车船登记手续的，以车船购置发票所载开具时间的当月为车船税的纳税义务发生时间。对未办理车船登记手续且无法提供车船购置发票的，由主管地方税务机关核定纳税义务发生时间。

### （二）纳税地点

车船税由地方税务机关负责征收。车船税的纳税地点为车船的登记地或者车船税扣缴义务人所在地。

（1）扣缴义务人代收代缴车船税的，纳税地点为扣缴义务人所在地。

（2）纳税人自行申报缴纳车船税的，纳税地点为车船登记地的主管税务机关所在地。

（3）依法不需要办理登记的车船，车船税的纳税地点为车船的所有人或者管理人所在地。

### （三）纳税申报

车船税按年申报，分月计算，一次性缴纳。纳税年度为公历 1 月 1 日至 12 月 31 日。具体申报纳税期限由省、自治区、直辖市人民政府规定。

（1）从事机动车第三者责任强制保险业务的保险机构为机动车车船税的扣缴义务人，应当在收取保险费时依法代收车船税，并出具代收税款凭证。

（2）已完税或者依法减免税的车辆，纳税人应当向扣缴义务人提供登记地的主管税务机关出具的完税凭证或者减免税证明。纳税人没有按照规定期限缴纳车船税的，扣缴义务人在代收代缴税款时，可以一并代收代缴欠缴税款的滞纳金。

（3）扣缴义务人已代收代缴车船税的，纳税人不再向车辆登记地的主管税务机关申报缴纳车船税。

（4）没有扣缴义务人的，纳税人应当向主管税务机关自行申报缴纳车船税。

（5）已缴纳车船税的车船在同一纳税年度内办理转让过户的，不另纳税，也不退税。

知识窗

在一个纳税年度内，已完税的车船被盗抢、报废、灭失的，纳税人可以凭有关管理机关出具的证明和完税凭证，向纳税所在地的主管税务机关申请退还自被盗抢、报废、灭失月份起至该纳税年度终了期间的税款。已办理退税的被盗抢车船失而复得的，纳税人应当从公安机关出具相关证明的当月起计算缴纳车船税。

# 第七节　印花税法律制度

## 一、印花税的概念

印花税，是指对订立、领受具有法律效力的应税凭证或者在我国境内进行证券交易的单位和个人征收的一种税。

1988 年 8 月国务院颁布《中华人民共和国印花税暂行条例》，同年 9 月财政部印发《中华人民共和国印花税暂行条例施行细则》，同年 12 月原国家税务局印发《关于印花税若干具体问题的规定》。在这些法规、规章、办法的基础上，财政部起草了《中华人民共和国印花税法（征求意见稿）》（简称《印花税法（征求意见稿）》），并于 2018 年 11 月 1 日向社会公开征求意见，所有这些共同构成我国目前的印花税法律制度。

## 二、印花税纳税人

订立、领受在中华人民共和国境内具有法律效力的应税凭证，或者在中华人民共和国境内进行证券交易的单位和个人，为印花税的纳税人，应当依法缴纳印花税。应税凭证，是指依《印花税税目税率表》规定的书面形式的合同、产权转移书据、营业账簿和权利、许可证照。证券交易，是指在依法设立的证券交易所上市交易或者在国务院批准的其他证券交易场所转让公司股票和以股票为基础发行的存托凭证。

单位和个人，是指国内各类企业、事业单位、国家机关、社会团体、部队以及中外合资经营企业、中外合作经营企业、外资企业、外国企业和其他经济组织及其在华机构等单位和个人。如果一份应税凭证由两方或两方以上当事人共同签订，签订应税凭证的各方都是纳税人，应就其所持应税凭证的计税金额履行纳税义务。

根据订立、领受应税凭证的不同，纳税人可分为立合同人、立账簿人、立据人、领受人和使用人等。

（1）立合同人。立合同人是指合同的当事人，但不包括合同的担保人、证人、鉴定人。

（2）立账簿人。立账簿人是指开立并使用营业账簿的单位和个人。

（3）立据人。立据人是指书立产权转移书据的单位和个人。

（4）领受人。领受人是指领取并持有权利、许可证照的单位和个人。

（5）使用人。使用人是指在国外书立、领受，但在国内使用应税凭证的单位和个人。

## 三、印花税征税范围

印花税的征税范围为书面形式的合同、产权转移书据、营业账簿和权利、许可证照以及证券交易。

### （一）合同

所谓合同，是指根据《中华人民共和国合同法》的规定订立的各类合同。《印花税税目税率表》中列举的应征印花税的合同包括以下 11 大类。

（1）买卖合同，包括供应、预购、采购、购销结合及协作、调剂、补偿、易货等合同，还包括各出版单位与发行单位（不包括订阅单位和个人）之间订立的图书、报刊、音像征订凭证。对纳税人以电子形式签订的各类应税凭证按规定征收印花税。

（2）借款合同，包括银行及其他金融组织和借款人（不包括银行同业拆借）所签订的借款合同。

（3）融资租赁合同。

（4）租赁合同，包括租赁房屋、船舶、飞机、机动车辆、机械、器具、设备等合同，还包括企业、个人出租门店、柜台等所签订的合同，但不包括企业与主管部门签订的租赁承包合同。

（5）承揽合同，包括加工、定做、修缮、修理、印刷、广告、测绘、测试等合同。

（6）建设工程合同，包括勘察、设计、建筑、安装工程合同的总包合同、分包合同和转包合同。

（7）运输合同，包括民用航空运输、铁路运输、海上运输、内河运输、公路运输和联运合同。

（8）技术合同，包括技术开发、转让、咨询、服务等合同。其中，技术转让合同包括专利申请转让、非专利技术转让所书立的合同，但不包括专利权转让、专利实施许可所书立的合同；后者适用于“产权转移书据”合同。技术咨询合同是合同当事人就有关项目的分析、论证、评价、预测和调查订立的技术合同，而一般的法律、会计、审计等方面的咨询不属于技术咨询，所立合同不贴印花。技术服务合同的征税范围包括技术服务合同、技术培训合同和技术中介合同。

（9）保管合同，包括保管合同或作为合同使用的仓单、栈单（或称入库单）。对某些使用不规范的凭证不便计税的，可就其结算单据作为计税贴花的凭证。

（10）仓储合同。

（11）财产保险合同，包括财产、责任、保证、信用等保险合同。

### （二）产权转移书据

产权转移即财产权利关系的变更行为，表现为产权主体发生变更。产权转移书据是在产权的买卖、交换、继承、赠予、分割等产权主体变更过程中，由产权出让人和受让人订立的民事法律文书。

我国印花税税目中的产权转移书据包括：土地使用权出让和转让书据；房屋等建筑物、构筑物所有权转让书据；股权（不包括上市和挂牌公司股票）转让书据；商标专用权、著作权、专利权、专有技术使用权转让书据。

### （三）营业账簿

印花税税目中的营业账簿归属于财务会计账簿，是按照财务会计制度的要求设置的，反映生产经营活动的账册。属于印花税征税范围的营业账簿指记载资金的账簿（简称资金账簿），资金账簿是反映生产经营单位“实收资本”和“资本公积”金额增减变化的账簿。

### （四）权利、许可证照

权利、许可证照是政府授予单位、个人某种法定权利和准予从事特定经济活动的各种证照的统称，包括不动产权证书、营业执照、商标注册证、专利证书。

### （五）证券交易

证券交易，是指在依法设立的证券交易所上市交易或者在国务院批准的其他证券交易场所转让公司股票和以股票为基础发行的存托凭证。

《印花税法》（征求意见稿）将以股票为基础发行的存托凭证纳入证券交易印花税的征收范围，主要考虑国务院已明确开展创新企业境内发行存托凭证试点，存托凭证以境外股票为基础在中国境内发行，并在境内证券交易所上市交易，将其纳入印花税征收范围，适用与股票相同的政策，这样有利于保持税制统一和税负公平。

## 四、印花税税率

印花税有比例税率和定额税率两种形式。

### （一）比例税率

对载有金额的凭证，如各类合同以及具有合同性质的凭证（包括电子形式）、产权转移书据、资金账簿等，采用比例税率。按照凭证所标明的、确定的金额按比例计算应纳税额。在印花税 15 个税目中，各类合同以及具有合同性质的凭证、产权转移书据、营业账簿、证券交易，适用比例税率。

（1）借款合同、融资租赁合同，适用税率为 0.5‰。

（2）营业账簿，适用税率为 2.5‰。

（3）买卖合同、承揽合同、建设工程合同、运输合同、技术合同等，适用税率为 3‰。

（4）土地使用权出让和转让书据及房屋等建筑物、构筑物所有权、股权（不包括上市和挂牌公司股票）、商标专用权、著作权、专利权、专有技术使用权转让书据，适用税率为 5‰。

（5）租赁合同、保管合同、仓储合同、财产保险合同、证券交易，适用税率为 1‰。

### （二）定额税率

为了简化征管手续，便于操作，对无法计算金额的凭证，采用定额税率，以件为单位缴纳一定数额的税款。不动产权证书营业执照、商标注册证、专利证书，均按件贴花，单位税额为每件 5 元。

印花税税目、税率具体如表 6-3 所示。

表 6-3　印花税税目、税率

| 税目 | | 税率 | 备注 |
|---|---|---|---|
| 合同 | 买卖合同 | 支付价款的 3‰ | 指动产买卖合同 |
| | 借款合同 | 借款金额的 0.5‰ | 指银行业金融机构和借款人（不包括银行同业拆借）订立的借款合同 |
| | 融资租赁合同 | 租金的 0.5‰ | |
| | 租赁合同 | 租金的 1‰ | |
| | 承揽合同 | 支付报酬的 3‰ | |
| | 建设工程合同 | 支付价款的 3‰ | |
| | 运输合同 | 运输费用的 3‰ | 指货运合同和多式联运合同（不包括管道运输合同） |
| | 技术合同 | 支付价款、报酬或者使用费的 3‰ | |
| | 保管合同 | 保管费的 1‰ | |
| | 仓储合同 | 仓储费的 1‰ | |
| | 财产保险合同 | 保险费的 1‰ | 不包括再保险合同 |
| 产权转移书据 | 土地使用权出让和转让书据；房屋等建筑物、构筑物所有权、股权（不包括上市和挂牌公司股票）、商标专用权、著作权、专利权、专有技术使用权转让书据 | 支付价款的 5‰ | |
| 权利、许可证照 | 不动产权证书、营业执照、商标注册证、专利证书 | 每件 5 元 | |
| 营业账簿 | | 实收资本（股本）、资本公积合计金额的 2.5‰ | |
| 证券交易 | | 成交金额的 1‰ | 对证券交易的出让方征收，不对证券交易的受让方征收 |

## 五、印花税计税依据

### （一）一般规定

印花税的计税依据，按照下列方法确定：

（1）应税合同的计税依据，为合同列明的价款或者报酬，不包括增值税税款；合同中价款或者报酬与增值税税款未分开列明的，按照合计金额确定。

（2）应税产权转移书据的计税依据，为产权转移书据列明的价款，不包括增值税税款；产权转移书据中价款与增值税税款未分开列明的，按照合计金额确定。

（3）应税营业账簿的计税依据，为营业账簿记载的实收资本（股本）、资本公积合计金额。

（4）应税权利、许可证照的计税依据，按件确定。

（5）证券交易的计税依据，为成交金额。

### （二）特殊规定

（1）应税合同、产权转移书据未列明价款或者报酬的，按照下列方法确定计税依据：①按照订立合同、产权转移书据时的市场价格确定；依法应当执行政府定价的，按照其规定确定。②不能按照上述规定的方法确定的，按照实际结算的价款或者报酬确定。

（2）以非集中交易方式转让证券时无转让价格的，按照办理过户登记手续前一个交易日收盘价计算确定计税依据；办理过户登记手续前一个交易日无收盘价的，按照证券面值计算确定计税依据。

（3）纳税人有以下情形的，税务机关可以核定纳税人印花税计税依据：①未按规定建立印花税应税凭证登记簿，或者未如实登记和完整保存应税凭证的；②拒不提供应税凭证或不如实提供应税凭证致使计税依据明显偏低的；③采用按期汇总缴纳办法的，未按税务机关规定的期限报送汇总缴纳印花税情况报告，经税务机关责令限期报告，逾期仍不报告的或者税务机关在检查中发现纳税人有未按规定汇总缴纳印花税情况的。

## 六、印花税应纳税额的计算

（1）应税合同的印花税应纳税额为价款或者报酬乘以适用税率，其计算公式为：

印花税应纳税额＝价款或者报酬 × 适用税率

（2）应税产权转移书据的印花税应纳税额为价款乘以适用税率，其计算公式为：

印花税应纳税额＝价款 × 适用税率

（3）应税营业账簿的印花税应纳税额为实收资本（股本）、资本公积合计金额乘以适用税率，其计算公式为：

印花税应纳税额＝实收资本（股本）、资本公积合计金额 × 适用税率

（4）应税权利、许可证照的印花税应纳税额为应税凭证的件数乘以适用税额，其计算公式为：

印花税应纳税额＝应税凭证的件数 × 定额税率

（5）证券交易的印花税应纳税额为成交金额或者依法确定的计税依据乘以适用税率，其计算公式为：

印花税应纳税额＝成交金额或者依法确定的计税依据 × 适用税率

同时应当注意，同一应税凭证载有两个或者两个以上经济事项并分别列明价款或者报酬的，按照各自适用税目、税率计算印花税应纳税额；未分别列明价款或者报酬的，

按税率高的计算印花税应纳税额。同一应税凭证由两方或者两方以上当事人订立的，应当按照各自涉及的价款或者报酬分别计算印花税应纳税额。

经典案例

某化妆品生产厂家与某运输公司签订了两份运输保管合同，第一份合同载明的合同金额为 50 万元（运费和保管费未分别列明）；第二份合同中注明运费 30 万元、保管费 10 万元。已知运输合同印花税税率为 3‱，保管合同印花税税率为 1‰。计算该厂家就这两份合同的应纳印花税税额。

【解析】同一应税凭证载有两个或者两个以上经济事项并分别列明价款或者报酬的，按照各自适用税目、税率计算应纳税额；未分别列明价款或者报酬的，按税率高的计算印花税应纳税额。

印花税应纳税额 =500 000 × 1‰+30 000 × 3‱+100 000 × 1‰=690（元）

## 七、印花税税收优惠

根据《印花税法（征求意见稿）》的规定，下列情形应免征或者减征印花税。

（1）应税凭证的副本或者抄本，免征印花税；

（2）农民、农民专业合作社、农村集体经济组织、村民委员会购买农业生产资料或者销售自产农产品订立的买卖合同和农业保险合同，免征印花税；

（3）无息或者贴息借款合同、国际金融组织向我国提供优惠贷款订立的借款合同、金融机构与小型微型企业订立的借款合同，免征印花税；

（4）财产所有权人将财产赠予政府、学校、社会福利机构订立的产权转移书据，免征印花税；

（5）军队、武警部队订立、领受的应税凭证，免征印花税；

（6）转让、租赁住房订立的应税凭证，免征个人（不包括个体工商户）应当缴纳的印花税；

（7）国务院规定免征或者减征印花税的其他情形。

## 八、印花税征收管理

### （一）纳税义务发生时间

印花税纳税义务发生时间为纳税人订立、领受应税凭证或者完成证券交易的当日。

证券登记结算机构为证券交易印花税的扣缴义务人。证券交易印花税扣缴义务发生时间为证券交易完成的当日。

### （二）纳税地点

单位纳税人应当向其机构所在地的主管税务机关申报缴纳印花税；个人纳税人应当向应税凭证订立、领受地或者居住地的税务机关申报缴纳印花税。

纳税人出让或者转让不动产产权的，应当向不动产所在地的税务机关申报缴纳印花税。

证券交易印花税的扣缴义务人应当向其机构所在地的主管税务机关申报缴纳扣缴的税款。

### （三）纳税期限

印花税按季、按年或者按次计征。实行按季、按年计征的，纳税人应当于季度、年度终了之日起 15 日内申报并缴纳税款。实行按次计征的，纳税人应当于纳税义务发生之日起 15 日内申报并缴纳税款。

证券交易印花税按周解缴。证券交易印花税的扣缴义务人应当于每周终了之日起 5 日内申报解缴税款及孳息。

已缴纳印花税的凭证所载价款或者报酬增加的，纳税人应当补缴印花税；已缴纳印花税的凭证所载价款或者报酬减少的，纳税人可以向主管税务机关申请退还印花税税款。

# 第八节　资源税法律制度

## 一、资源税的概念

资源税是对在我国境内从事应税矿产品开采或者生产盐的单位和个人征收的一种税。

1993 年 12 月国务院令第 139 号颁布、2011 年 9 月国务院令第 605 号修订《中华人民共和国资源税暂行条例》（简称《资源税暂行条例》）。经国务院批准，自 2014 年 12 月 1 日起，财政部、国家税务总局对原油、天然气资源税进行了从价计征改革。随后，财政部、国家税务总局又陆续对资源税税率和计税依据进行了调整。2016 年 7 月 1 日，将 27 种资源品目和未列举名称的其他金属矿实行从价计征。2017 年 11 月，财政部、国家税务总局、水利部印发《扩大水资源税改革试点实施办法》的通知。2017 年 11 月 20 日，财政部、国家税务总局起草了《中华人民共和国资源税法（征集意见稿）》（简称《资源税法（征集意见稿）》）并向社会公开征集意见。

所有上述这些涉及资源税的法规、规章、办法等构成了我国现行资源税法律制度。

## 二、资源税纳税人

资源税的纳税人，是指在中华人民共和国领域及管辖海域开采矿产品或者生产盐（简称开采或者生产应税矿产品）的单位和个人。单位，是指国内各类企业、事业单位、国家机关、社会团体、军事单位及其他单位；个人，是指个体经营者和其他个人。

收购未税矿产品的单位为资源税的扣缴义务人。收购未税矿产品的单位，是指独立矿山、联合企业及其他单位。

## 三、资源税征税范围

我国目前资源税的征税范围仅涉及矿产品（原矿和选矿产品）和盐两大类。具体包括：

（1）原油。开采的天然原油征税，人造石油不征税。

（2）天然气。开采的天然气和与原油同时开采的天然气征税。

（3）煤炭。包括原煤和以未税原煤加工的洗选煤。

（4）其他非金属矿。包括石墨、硅藻土、高岭土、萤石、石灰石、硫铁矿、磷矿、氯化钾、硫酸钾、井矿盐、湖盐、提取地下卤水晒制的盐、煤层（成）气。

（5）金属矿。包括铁矿、金矿、铜矿、铝土矿、铅锌矿、镍矿、锡矿及其他金属矿产品等。

（6）海盐。

纳税人开采或者生产应税产品，自用于连续生产应税产品的，不缴纳资源税；纳税人将应税产品用于投资、分配、抵债、赠予、以物易物以及连续生产非应税产品等方面的，视同销售，依法缴纳资源税。

自 2016 年 7 月 1 日起，在河北省开展水资源税试点。各省、自治区、直辖市人民政府可以结合本地实际，根据森林、草场、滩涂等资源开发利用情况提出征收资源税的具体方案建议，报国务院批准后实施。

## 四、资源税税目

现行资源税税目包括能源矿产、金属矿产、非金属矿产和盐。

资源税的税目、税率依照《资源税税目税率表》执行。《资源税税目税率表》规定幅度税率的应税产品的具体适用税率，由省、自治区、直辖市人民政府统筹考虑本地区应税产品的资源品位、开采条件等情况，在《资源税税目税率表》规定的税率幅度内提出，报同级人民代表大会常务委员会决定，并报全国人民代表大会常务委员会和国务院备案。对《资源税税目税率表》未列举名称的、新探明的矿产品，由国务院提出税目、税率建议，报全国人民代表大会常务委员会决定。

## 五、资源税税率

资源税采用比例税率和定额税率两种形式。资源税一般实行从价计征。对《资源税税目税率表》规定实行从价计征或者从量计征的应税产品，由省、自治区、直辖市人民政府提出具体计征方式建议，报同级人民代表大会常务委员会决定。

资源税税目、税率如表 6-4 所示。

表 6-4　资源税税目、税率

| 税　　目 | | 税　　率 |
|---|---|---|
| 实行从价计征的应税产品 | | |
| 能源矿产 | 原油 | 6% |
| | 天然气 | 6% |
| | 煤 | 2%~10% |
| | 煤成气 | 1%~4% |
| | 铀、钍 | 4% |
| | 油页岩、油砂、天然沥青、石煤 | 1%~4% |

续表

| 税目 | | | 税　率 |
|---|---|---|---|
| 实行从价计征的应税产品 | | | |
| 金属矿产 | 黑色金属 | 铁、锰、铬、钒、钛 | 1%~6% |
| | 有色金属 | 铜 | 2%~8% |
| | | 铅、锌、锡、镍 | 2%~6% |
| | | 铝土矿 | 3%~10% |
| | | 钨 | 6.5% |
| | | 钼 | 11% |
| | | 汞 | 20% |
| | | 锑、镁、钴、铋 | 2%~6% |
| | 贵重金属 | 金、银 | 3%~6% |
| | | 铂族（铂、钯、钌、锇、铱、铑） | 5%~10% |
| | 稀土金属 | 轻稀土 | 7%~12% |
| | | 中重稀土 | 27% |
| | 稀有及分散元素金属 | 铍、锂、锆、锶、铷、铯、铌、钽、分散元素（锗、镓、铟、铊、铪、铼、镉、硒、碲） | 2%~10% |
| 非金属矿产 | 矿物类 | 石墨 | 3%~10% |
| | | 磷矿 | 3%~10% |
| | | 高岭土 | 2%~8% |
| | | 萤石、硫铁矿、自然硫 | 1%~6% |
| | | 天然石英砂、脉石英、粉石英、水晶、工业用金刚石、冰洲石、蓝晶石、硅线石、红柱石、石榴子石、刚玉、菱镁矿、颜料矿物、天然碱、芒硝、钠硝石、明矾石、砷、硼、碘、溴 | 2%~15% |
| | | 膨润土、硅藻土、陶瓷土、耐火黏土、铁矾土、凹凸棒石黏土、海泡石黏土、伊利石黏土、累托石黏土 | 2%~12% |
| | | 叶腊石、硅灰石、透辉石、珍珠岩、云母、长石、沸石、重晶石、毒重石、方解石、滑石、蛭石、透闪石、工业用电气石、白垩、石棉、蓝石棉、石膏 | 4%~12% |
| | 岩石类 | 大理岩、花岗岩、白云岩、石英岩、砂岩、辉绿岩、安山岩、闪长岩、板岩、玄武岩、片麻岩、角闪岩、页岩、浮石、凝灰岩、黑曜岩、霞石正长岩、蛇纹岩、麦饭石、泥灰岩、含钾岩石、含钾砂页岩、天然油石、橄榄岩、松脂岩、粗面岩、火山灰、火山渣、泥炭 | 2%~10% |
| | 宝玉石类 | 宝石、玉石、宝石级金刚石、玛瑙、黄玉、碧玺 | 5%~20% |
| | 水气类 | 二氧化碳气、硫化氢气、氦气、氡气 | 2%~5% |
| 盐 | 矿盐类 | 钠盐、钾盐、镁盐、锂盐 | 3%~15% |
| | 海盐类 | 海盐 | 2%~5% |

续表

| 税目 | | | 税率 |
|---|---|---|---|
| 实行从价计征或者从量计征的应税产品 | | | |
| 非金属矿产 | 矿物类 | 石灰岩 | 5%~15% 或者<br>1~10 元 / 立方米 |
| | | 其他黏土 | 1%~5% 或者<br>1~10 元 / 立方米 |
| | 岩石类 | 砂石（天然砂、卵石、机制砂石） | 1%~5% 或者<br>1~10 元 / 立方米 |
| | 水气类 | 地热、矿泉水 | 2%~10% 或者不超过<br>200 元 / 立方米 |
| 盐 | 矿盐类 | 天然卤水 | 3%~15% 或者<br>1~10 元 / 吨 |

## 六、资源税计税依据

资源税以纳税人开采或者生产应税矿产品的销售额或者销售数量为计税依据。销售额和销售数量的确定方法如下：

（1）纳税人销售原矿的，按照原矿的销售额或者销售数量确定；

（2）纳税人销售选矿产品的，按照选矿产品的销售额或者销售数量确定；

（3）纳税人销售盐的，按照盐的销售额或者销售数量确定。

## 七、资源税应纳税额的计算

### 1. 从价计征

实行从价计征的应税产品，资源税应纳税额按照应税产品的销售额乘以具体适用的比例税率计算。其计算公式为：

资源税应纳税额 = 应税产品的销售额 × 适用的比例税率

### 2. 从量计征

对实行从量计征的应税产品，资源税应纳税额按照应税产品的销售数量乘以具体适用的定额税率计算。其计算公式为：

资源税应纳税额 = 应税产品的销售数量 × 适用的定额税率

纳税人开采或者生产不同税目应税产品的，应当分别核算不同税目应税产品的销售额或者销售数量；未分别核算或者不能准确提供不同税目应税产品的销售额或者销售数量的，从高适用税率。

## 八、资源税税收优惠

下列情形，免征或者减征资源税：

（1）对开采原油以及油田范围内运输原油过程中用于加热的原油、天然气，免征资源税；

（2）从深水油气田开采的原油、天然气，减征 30% 资源税；

（3）从衰竭期矿山开采的矿产品，经国土资源等主管部门认定，减征 30% 资源税；

（4）从低丰度油气田、低品位矿、尾矿、废石中采选的矿产品，经国土资源等主管部门认定，减征 20% 资源税。

此外，国务院可以根据国民经济和社会发展的需要规定其他免征或者减征资源税情形，报全国人民代表大会常务委员会备案。

纳税人的减税、免税项目，应当单独核算销售额或者销售数量；未单独核算或者不能准确提供销售额或者销售数量的，不予减税或者免税。

## 九、资源税征收管理

### （一）纳税义务发生时间

纳税人销售应税产品，纳税义务发生时间为收讫销售款或者取得索取销售款凭据的当日；自产自用的应税产品，纳税义务发生时间为移送使用的当日。

### （二）纳税地点

纳税人应当向矿产品开采地或者盐生产地的税务机关申报缴纳资源税。

### （三）纳税期限

资源税按季申报缴纳。不能按固定期限计算缴纳的，可以按次申报缴纳。

纳税人按季申报缴纳的，应当自季度终了之日起 15 日内，向税务机关办理纳税申报并缴纳税款。纳税人按次申报缴纳的，应当自纳税义务发生之日起 15 日内，向税务机关办理纳税申报并缴纳税款。

# 第九节　其他相关税收法律制度

## 一、城市维护建设税和教育费附加

### （一）城市维护建设税

城市维护建设税是以纳税人实际缴付的增值税、消费税税额为计税依据所征收的一种税，主要目的是筹集城镇设施建设和维护资金。

2018 年 10 月 19 日，财政部、国家税务总局起草并发布了关于《中华人民共和国城市维护建设税法（征求意见稿）》（简称《城市维护建设税法（征求意见稿）》）。

### 1. 纳税人

城市维护建设税的纳税人，是指在中华人民共和国境内缴纳增值税、消费税的单位和个人。单位，是指各类企业、行政单位、事业单位、军事单位、社会团体及其他单位；个人，是指个体工商户和其他个人。

城市维护建设税扣缴义务人为负有增值税、消费税扣缴义务的单位和个人。

### 2. 税率

城市维护建设税采用比例税率，税率如下：

（1）纳税人所在地在市区的，税率为 7%；

（2）纳税人所在地不在市区的，税率为 5%。

### 3. 计税依据

城市维护建设税的计税依据为纳税人实际缴纳的增值税、消费税税额，以及出口货物、劳务或者跨境销售服务、无形资产增值税免抵税额。

### 4. 应纳税额的计算

城市维护建设税的应纳税额按照纳税人实际缴纳的增值税、消费税税额和出口货物、劳务或者跨境销售服务、无形资产增值税免抵税额乘以税率计算。其计算公式为：

城市维护建设税应纳税额＝实际缴纳的增值税、消费税税额和出口货物、
劳务或者跨境销售服务、无形资产增值税免抵税额 × 适用税率

对实行增值税期末留抵退税的纳税人，允许其从城市维护建设税的计税依据中扣除退还的增值税税额。

经典案例

北京市东城区某国有企业，2018 年 11 月应缴纳增值税 100 000 元，实际缴纳增值税 70 000 元；应缴纳消费税 70 000 元，实际缴纳消费税 60 000 元。已知适用的城市维护建设税税率为 7%。计算该企业当月应纳城市维护建设税税额。

【解析】城市维护建设税应纳税额＝（70 000+60 000）×7%=9 100（元）

### 5. 税收优惠

城市维护建设税属于增值税、消费税的一种附加税，原则上不单独规定税收减免条款。如果税法规定减免增值税、消费税，也就相应地减免了城市维护建设税。现行城市维护建设税的减免规定如下：

（1）对进口货物或者境外单位和个人向境内销售劳务、服务、无形资产缴纳的增值税、消费税税额，不征收城市维护建设税。

（2）对出口货物、劳务和跨境销售服务、无形资产以及因优惠政策退还增值税、消费税的，不退还已缴纳的城市维护建设税。

（3）对增值税、消费税实行先征后返、先征后退、即征即退办法的，除另有规定外，对随增值税、消费税附征的城市维护建设税，一律不予退（返）还。

#### 6. 征收管理

（1）纳税义务发生时间。城市维护建设税纳税义务发生时间为缴纳增值税、消费税的当日。城市维护建设税扣缴义务发生时间为扣缴增值税、消费税的当日。

（2）纳税地点。城市维护建设税纳税地点为实际缴纳增值税、消费税的地点。扣缴义务人应当向其机构所在地或者居住地的主管税务机关申报缴纳其扣缴的税款。

（3）纳税期限。城市维护建设税按月或者按季计征。不能按固定期限计征的，可以按次计征。实行按月或者按季计征的，纳税人应当于月度或者季度终了之日起 15 日内申报并缴纳税款。实行按次计征的，纳税人应当于纳税义务发生之日起 15 日内申报并缴纳税款。

扣缴义务人解缴税款的期限，依照上述规定执行。

### （二）教育费附加

#### 1. 纳税人

教育费附加以实际缴付增值税、消费税的单位和个人为纳税人。

#### 2. 计税依据

教育费附加以纳税人实际缴纳的增值税、消费税税额之和为计税依据。

#### 3. 征收比率

现行教育费附加征收比率为 3%。

#### 4. 计算与缴纳

教育费附加的计算公式为：

应纳教育费附加 = 实际缴纳的增值税、消费税税额之和 × 征收比率

教育费附加分别与增值税、消费税税款同时缴纳。

#### 5. 减免规定

教育费附加的减免，原则上比照增值税、消费税的减免规定。如果税法规定增值税、消费税减免，教育费附加也就相应减免。主要减免规定如下：

（1）对海关进口产品征收的增值税、消费税，不征收教育费附加。

（2）对由于减免增值税、消费税而发生退税的，可同时退还已征收的教育费附加。但对出口产品退还增值税、消费税的，不退还已征收的教育费附加。

## 二、环境保护税

环境保护税，是指对在我国领域和管辖的其他海域，直接向环境排放应税污染物的企业单位和其他生产经营者征收的一种税。《中华人民共和国环境保护税法》（简称《环境保护税法》）已由中华人民共和国第十二届全国人民代表大会常务委员会第二十五次会议于 2016 年 12 月 25 日通过，自 2018 年 1 月 1 日起施行。

### （一）纳税人

在中华人民共和国领域和中华人民共和国管辖的其他海域，直接向环境排放应税污染物的企业事业单位和其他生产经营者为环境保护税的纳税人，应当依法缴纳环境保护税。

### （二）征税范围

环境保护税的征税范围是指《环境保护税法》所附《环境保护税税目税额表》《应税污染物和当量值表》规定的大气污染物、水污染物、固体废物和噪声等应税污染物。

有下列情形之一的，不属于直接向环境排放污染物，不缴纳相应污染物的环境保护税。

（1）企业事业单位和其他生产经营者向依法设立的污水集中处理场所、生活垃圾集中处理场所排放应税污染物的；

（2）企业事业单位和其他生产经营者在符合国家和地方环境保护标准的设施、场所储存或者处置固体废物的。

依法设立的城乡污水集中处理、生活垃圾集中处理场所超过国家和地方规定的排放标准向环境排放应税污染物的，应当缴纳环境保护税。

企业事业单位和其他生产经营者储存或者处置固体废物不符合国家和地方环境保护标准的，应当缴纳环境保护税。

### （三）税率

环境保护税实行定额税率。税目、税额依照《环境保护税税目税额表》执行，如表 6-5 所示。

表 6-5　环境保护税税目、税额

| 税　目 | | 计税单位 | 税　额 | 备　注 |
| --- | --- | --- | --- | --- |
| 大气污染物 | | 每污染当量 | 1.2~12 元 | |
| 水污染物 | | 每污染当量 | 1.4~14 元 | |
| 固体废物 | 煤矸石 | 每吨 | 5 元 | |
| | 尾矿 | 每吨 | 15 元 | |
| | 危险废物 | 每吨 | 1 000 元 | |
| | 冶炼渣、粉煤灰、炉渣、其他固体废物（含半固态、液态废物） | 每吨 | 25 元 | |

续表

| 税　目 | | 计税单位 | 税　额 | 备　注 |
|---|---|---|---|---|
| 噪声 | 工业噪声 | 超标 1~3 分贝 | 每月 350 元 | 1. 一个单位边界上有多处噪声超标，根据最高一处超标声级计算应纳税额；如果沿边界长度超过 100 米有两处以上噪声超标，按照两个单位计算应纳税额。<br>2. 一个单位有不同地点作业场所的，应当分别计算应纳税额，合并计征。<br>3. 昼、夜均超标的环境噪声，昼、夜分别计算应纳税额，累计计征。<br>4. 声源一个月内超标不足 15 天的，减半计算应纳税额。<br>5. 夜间频繁突发和夜间偶然突发厂界超标噪声，按等效声级和峰值噪声两种指标中超标分贝值高的一项计算应纳税额 |
| | | 超标 4~6 分贝 | 每月 700 元 | |
| | | 超标 7~9 分贝 | 每月 1 400 元 | |
| | | 超标 10~12 分贝 | 每月 2 800 元 | |
| | | 超标 13~15 分贝 | 每月 5 600 元 | |
| | | 超标 16 分贝以上 | 每月 11 200 元 | |

应税大气污染物和水污染物的具体适用税额的确定和调整，由省、自治区、直辖市人民政府统筹考虑本地区环境承载能力、污染物排放现状和经济社会生态发展目标要求，在《环境保护税税目税额表》规定的税额幅度内提出，报同级人民代表大会常务委员会决定，并报全国人民代表大会常务委员会和国务院备案。

### （四）计税依据

应税污染物的计税依据，按照下列方法确定：

（1）应税大气污染物按照污染物排放量折合的污染当量数确定；

（2）应税水污染物按照污染物排放量折合的污染当量数确定；

（3）应税固体废物按照固体废物的排放量确定；

（4）应税噪声按照超过国家规定标准的分贝数确定。

### （五）应纳税额的计算

环境保护税应纳税额按照下列公式计算：

应税大气污染物的应纳税额 = 污染当量数 × 适用税额

应税水污染物的应纳税额 = 污染当量数 × 适用税额

应税固体废物的应纳税额 = 固体废物的排放量 × 适用税额

应税噪声的应纳税额 = 超过国家规定标准的分贝数对应的具体适用税额

应税大气污染物、水污染物、固体废物的排放量和噪声的分贝数，按照下列方法和顺序计算：

（1）纳税人安装使用符合国家规定和监测规范的污染物自动监测设备的，按照污染物自动监测数据计算；

（2）纳税人未安装使用污染物自动监测设备的，按照监测机构出具的符合国家有关规定和监测规范的监测数据计算；

（3）因排放污染物种类多等原因不具备监测条件的，按照国务院生态环境主管部门规定的排污系数、物料衡算方法计算；

（4）不能按照上述第 1 项至第 3 项规定的方法计算的，按照省、自治区、直辖市人民政府生态环境主管部门规定的抽样测算的方法核定计算。

### （六）税收优惠

下列情形，暂予免征环境保护税：

（1）农业生产（不包括规模化养殖）排放应税污染物的；

（2）机动车、铁路机车、非道路移动机械、船舶和航空器等流动污染源排放应税污染物的；

（3）依法设立的城乡污水集中处理、生活垃圾集中处理场所排放的相应应税污染物，不超过国家和地方规定的排放标准的；

（4）纳税人综合利用的固体废物，符合国家和地方环境保护标准的；

（5）国务院批准免税的其他情形。

纳税人排放的应税大气污染物或者水污染物的浓度值低于国家和地方规定的污染物排放标准 30% 的，减按 75% 征收环境保护税。纳税人排放的应税大气污染物或者水污染物的浓度值低于国家和地方规定的污染物排放标准 50% 的，减按 50% 征收环境保护税。

### （七）征收管理

#### 1. 纳税义务发生时间

纳税义务发生时间为纳税人排放应税污染物的当日。

#### 2. 纳税地点

纳税人应当向应税污染物排放地的税务机关申报缴纳环境保护税。

#### 3. 纳税期限

环境保护税按月计算，按季申报缴纳。不能按固定期限计算缴纳的，可以按次申报缴纳。

纳税人申报缴纳时，应当向税务机关报送所排放应税污染物的种类、数量，大气污染物、水污染物的浓度值，以及税务机关根据实际需要要求纳税人报送的其他纳税资料。

纳税人按季申报缴纳的，应当自季度终了之日起 15 日内，向税务机关办理纳税申报并缴纳税款。纳税人按次申报缴纳的，应当自纳税义务发生之日起 15 日内，向税务机关办理纳税申报并缴纳税款。

知识窗

**环境保护税税收主管机关**

环境保护税由税务机关依照《中华人民共和国税收征收管理法》和《中华人民共和国环境保护税法》的有关规定征收管理。生态环境主管部门依照法律、法规的规定负责对污染物进行监测管理。县级以上地方人民政府应当建立税务机关、生态环境主管部门和其他相关单位分工协作工作机制，加强环境保护税征收管理，保障税款及时足额入库。

生态环境主管部门和税务机关应当建立涉税信息共享平台和工作配合机制。生态环境主管部门应当将排污单位的排污许可、污染物排放数据、环境违法和受行政处罚情况等环境保护相关信息，定期交送税务机关。税务机关应当将纳税人的纳税申报、税款入库、减免税额、欠缴税款以及风险疑点等环境保护税涉税信息，定期交送生态环境主管部门。

## 三、车辆购置税

车辆购置税是对中华人民共和国境内购置应税车辆的单位和个人征收的一种税。2018 年 12 月 29 日，第十三届全国人大常委会第七次会议表决通过了《中华人民共和国车辆购置税法》（简称《车辆购置税法》），自 2019 年 7 月 1 日起施行。这标志着税收法定进程又向前迈进了一大步。

### （一）纳税人

在中华人民共和国境内购置汽车、有轨电车、汽车挂车、排气量超过 150 毫升的摩托车（统称应税车辆）的单位和个人，为车辆购置税的纳税人，应当依法缴纳车辆购置税。

所谓购置，是指以购买、进口、自产、受赠、获奖或者其他方式取得并自用应税车辆的行为。单位，包括各类企业、事业单位、社会团体、国家机关、军队及其他单位。个人，包括个体工商户及其他个人。

重点提示

导入案例中，企业进口小汽车需要向海关缴纳关税；进口并自用两辆汽车，属于车辆购置税的征税范围，需要缴纳车辆购置税；转让的一辆汽车，由于企业没有自用，所以不缴纳车辆购置税，但取得转让收入，会涉及企业所得税的缴纳。

### （二）征税范围

车辆购置税的征税范围具体包括：汽车、有轨电车、汽车挂车、排气量超过 150 毫升的摩托车。车辆购置税实行一次性征收。购置已征车辆购置税的车辆，不再征收车辆购置税。

### （三）税率

车辆购置税采用比例税率，税率为 10%。

### （四）计税依据

车辆购置税的计税依据是应税车辆的计税价格。计税价格按照下列规定确定：

（1）纳税人购买自用应税车辆的计税价格，为纳税人实际支付给销售者的全部价款，不包括增值税税款。

（2）纳税人进口自用应税车辆的计税价格，为关税完税价格加上关税和消费税，计算公式为：

$$计税价格 = 关税完税价格 + 关税 + 消费税$$

（3）纳税人自产自用应税车辆的计税价格，按照纳税人生产的同类应税车辆的销售价格确定，不包括增值税税款。

（4）纳税人以受赠、获奖或者其他方式取得自用应税车辆的计税价格，按照购置应税车辆时相关凭证载明的价格确定，不包括增值税税款。

纳税人申报的应税车辆计税价格明显偏低且无正当理由的，由税务机关依照《中华人民共和国税收征收管理法》的规定核定其应纳税额。

### （五）应纳税额的计算

车辆购置税应纳税额的计算公式为：

$$车辆购置税应纳税额 = 计税价格 \times 税率$$

### （六）税收优惠

下列车辆免征车辆购置税：

（1）依照法律规定应当予以免税的外国驻华使馆、领事馆和国际组织驻华机构及其有关人员自用的车辆；

（2）中国人民解放军和中国人民武装警察部队列入装备订货计划的车辆；

（3）悬挂应急救援专用号牌的国家综合性消防救援车辆；

（4）设有固定装置的非运输专用作业车辆；

（5）城市公交企业购置的公共汽电车辆。

根据国民经济和社会发展的需要，国务院可以规定减征或者其他免征车辆购置税的情形，报全国人民代表大会常务委员会备案。

### （七）征收管理

#### 1. 纳税义务发生时间

车辆购置税的纳税义务发生时间为纳税人购置应税车辆的当日。

#### 2. 纳税地点

车辆购置税由税务机关负责征收。纳税人购置应税车辆，应当向车辆登记地的主管税务机关申报缴纳车辆购置税；购置不需要办理车辆登记的应税车辆的，应当向纳税人所在地的主管税务机关申报缴纳车辆购置税。

#### 3. 纳税期限

纳税人应当自纳税义务发生之日起 60 日内申报缴纳车辆购置税。

纳税人应当在向公安机关交通管理部门办理车辆注册登记前，缴纳车辆购置税。公安机关交通管理部门办理车辆注册登记，应当根据税务机关提供的应税车辆完税或者免税电子信息对纳税人申请登记的车辆信息进行核对，核对无误后依法办理车辆注册登记。

免税、减税车辆因转让、改变用途等原因不再属于免税、减税范围的，纳税人应当在办理车辆转移登记或者变更登记前缴纳车辆购置税。计税价格以免税、减税车辆初次办理纳税申报时确定的计税价格为基准，每满 1 年扣减 10%。

纳税人将已征车辆购置税的车辆退回车辆生产企业或者销售企业的，可以向主管税务机关申请退还车辆购置税。退税额以已缴税款为基准，自缴纳税款之日至申请退税之日，每满一年扣减 10%。

## 四、船舶吨税

船舶吨税是对自中华人民共和国境外港口进入境内港口的船舶征收的一种税。2017 年 12 月 27 日，第十二届全国人民代表大会常务委员会第三十一次会议通过《中华人民共和国船舶吨税法》（简称《船舶吨税法》），自 2018 年 7 月 1 日起施行。

### （一）纳税人

对自中华人民共和国境外港口进入境内港口的船舶（简称应税船舶）征收船舶吨税（简称吨税），以应税船舶负责人为纳税人。

### （二）税目、税率

吨税税目按船舶净吨位划分为 4 档：不超过 2 000 净吨、2 000~10 000 净吨、1 万~5 万净吨、超过 5 万净吨。税率根据船舶净吨位和吨税执照期限长短分别设置，并分为普通税率和优惠税率。中华人民共和国籍的应税船舶，船籍国（地区）与中华人民共和国签订含有相互给予船舶税费最惠国待遇条款的条约或者协定的应税船舶，适用优惠税率。其他应税船舶，适用普通税率。吨税税目、税率如表 6-6 所示。

表 6-6　吨税税目、税率

<table>
<tr><th rowspan="3">税目（按船舶净吨位划分）</th><th colspan="6">税率（元、净吨）</th><th rowspan="3">备　注</th></tr>
<tr><th colspan="3">普通税率</th><th colspan="3">优惠税率</th></tr>
<tr><th>1 年</th><th>90 日</th><th>30 日</th><th>1 年</th><th>90 日</th><th>30 日</th></tr>
<tr><td>不超过 2 000 净吨</td><td>12.6</td><td>4.2</td><td>2.1</td><td>9.0</td><td>3.0</td><td>1.5</td><td rowspan="4">1. 拖船按照发动机功率每千瓦折合净吨位 0.67 吨。<br>2. 无法提供净吨位证明文件的游艇，按照发动机功率每千瓦折合净吨位 0. 05 吨。<br>3. 拖船和非机动驳船分别按相同净吨位船舶税率的 50% 计征税款</td></tr>
<tr><td>2 000~10 000 净吨</td><td>24.0</td><td>8.0</td><td>4.0</td><td>17.4</td><td>5.8</td><td>2.9</td></tr>
<tr><td>10 000~50 000 净吨</td><td>27.6</td><td>9.2</td><td>4.6</td><td>19.8</td><td>6.6</td><td>3.3</td></tr>
<tr><td>超过 50 000 净吨</td><td>31.8</td><td>10.6</td><td>5.3</td><td>22.8</td><td>7.6</td><td>3.8</td></tr>
</table>

### （三）计税依据

吨税以船舶的净吨位为计税依据。

吨税按照船舶净吨位和吨税执照期限征收，应税船舶负责人在每次申报纳税时，可以按照《吨税税目税率表》选择申领一种期限的吨税执照。

### （四）应纳税额的计算

吨税的应纳税额按照船舶净吨位乘以适用税率计算。计算公式为：

吨税应纳税额 = 净吨位 × 适用税率

### （五）税收优惠

下列船舶免征吨税：

（1）应纳税额在人民币 50 元以下的船舶；

（2）自境外以购买、受赠、继承等方式取得船舶所有权的初次进口到港的空载船舶；

（3）吨税执照期满后 24 小时内不上下客货的船舶；

（4）非机动船舶（不包括非机动驳船）；

（5）捕捞、养殖渔船；

（6）避难、防疫隔离、修理、改造、终止运营或者拆解，并不上下客货的船舶；

（7）军队、武装警察部队专用或者征用的船舶；

（8）警用船舶；

（9）依照法律规定应当予以免税的外国驻华使领馆、国际组织驻华代表机构及其有关人员的船舶；

（10）国务院规定的其他船舶。

### （六）征收管理

#### 1. 纳税义务发生时间

吨税纳税义务发生时间为应税船舶进入港口的当日。

应税船舶在吨税执照期满后尚未离开港口的，应当申领新的吨税执照，自上一次执照期满的次日起续缴吨税。

应税船舶在进入港口办理入境手续时，应当向海关申报纳税领取吨税执照，或者交验吨税执照（或者申请核验吨税执照电子信息）。应税船舶在离开港口办理出境手续时，应当交验吨税执照（或者申请核验吨税执照电子信息）。

应税船舶负责人申领吨税执照时，应当向海关提供下列文件：①船舶国籍证书或者海事部门签发的船舶国籍证书收存证明；②船舶吨位证明。

应税船舶因不可抗力在未设立海关地点停泊的，船舶负责人应当立即向附近海关报告，并在不可抗力原因消除后，依照法律规定向海关申报纳税。

#### 2. 纳税地点

吨税由海关负责征收。海关征收吨税应当制发缴款凭证。应税船舶负责人缴纳吨税或者提供担保后，海关按照其申领的执照期限填发吨税执照。

#### 3. 纳税期限

应税船舶负责人应当自海关填发吨税缴款凭证之日起 15 日内缴清税款。未按期缴清税款的，自滞纳税款之日起至缴清税款之日止，按日加收滞纳税款 5‱ 的税款滞纳金。

海关发现少征或者漏征税款的，应当自应税船舶应当缴纳税款之日起 1 年内，补征税款。但因应税船舶违反规定造成少征或者漏征税款的，海关可以自应当缴纳税款之日起 3 年内追征税款，并自应当缴纳税款之日起按日加征少征或者漏征税款 5‱ 的税款滞纳金。

海关发现多征税款的，应当在 24 小时内通知应税船舶办理退还手续，并加算银行同期活期存款利息。应税船舶发现多缴税款的，可以自缴纳税款之日起 3 年内以书面形式要求海关退还多缴的税款并加算银行同期活期存款利息；海关应当自受理退税申请之日起 30 日内查实并通知应税船舶办理退还手续。

## 五、耕地占用税

耕地占用税，是为了合理利用土地资源，加强土地管理，保护耕地，对占用耕地建房或者从事非农业建设的单位或者个人征收的一种税。2018 年 12 月 29 日，第十三届全国人民代表大会常务委员会第七次会议通过《中华人民共和国耕地占用税法》(简称《耕地占用税法》)，自 2019 年 9 月 1 日起施行。

### （一）纳税人

在中华人民共和国境内占用耕地建设建筑物、构筑物或者从事非农业建设的单位和个人，为耕地占用税的纳税人，应当依法缴纳耕地占用税。单位，包括企业、事业单位、社会团体、国家机关、部队及其他单位；个人，包括个体工商户、农村承包经营户以及其他个人。

### （二）征税范围

耕地占用税的征税范围是纳税人为建设建筑物、构筑物或者从事非农业建设而占用的耕地。所谓耕地，是指用于种植农作物的土地。

占用耕地建设农田水利设施的，不缴纳耕地占用税。占用园地、林地、草地、农田水利用地、养殖水面、渔业水域滩涂以及其他农用地建设建筑物、构筑物或者从事非农业建设的，应按规定缴纳耕地占用税，适用税额可以适当低于本地区适用税额。但占用上述农用地建设直接为农业生产服务的生产设施的，不缴纳耕地占用税。

### （三）税率

耕地占用税实行定额税率，具体税额如下：

（1）人均耕地不超过 1 亩的地区（以县、自治县、不设区的市、市辖区为单位，下同），每平方米为 10~50 元；

（2）人均耕地超过 1 亩但不超过 2 亩的地区，每平方米为 8~40 元；

（3）均耕地超过 2 亩但不超过 3 亩的地区，每平方米为 6~30 元；

（4）人均耕地超过 3 亩的地区，每平方米为 5~25 元。

各地区耕地占用税的适用税额，由省、自治区、直辖市人民政府根据人均耕地面积和经济发展等情况，在规定的税额幅度内提出，报同级人民代表大会常务委员会决定，并报全国人民代表大会常务委员会和国务院备案。各省、自治区、直辖市耕地占用税适用税额的平均水平，不得低于国务院规定的本地区平均税额。

占用基本农田的，应当按照国务院规定的当地适用税额，加按 150% 征收。

### （四）计税依据

耕地占用税以纳税人实际占用的耕地面积为计税依据，按照规定的适用税额一次性征收。

### （五）应纳税额的计算

耕地占用税的应纳税额为纳税人实际占用的耕地面积（平方米）乘以适用税额。计算公式为：

耕地占用税的应纳税额 = 实际占用的耕地面积（平方米）× 适用税额

### （六）税收优惠

（1）军事设施、学校、幼儿园、社会福利机构、医疗机构占用耕地，免征耕地占用税。

（2）铁路线路、公路线路、飞机场跑道、停机坪、港口、航道、水利工程占用耕地，减按每平方米 2 元的税额征收耕地占用税。

（3）农村居民在规定用地标准以内占用耕地新建自用住宅，按照当地适用税额减半征收耕地占用税；其中农村居民经批准搬迁，新建自用住宅占用耕地不超过原宅基地面积的部分，免征耕地占用税。

（4）农村烈士遗属、因公牺牲军人遗属、残疾军人以及符合农村最低生活保障条件的农村居民，在规定用地标准以内新建自用住宅，免征耕地占用税。

（5）纳税人因建设项目施工或者地质勘查临时占用耕地，应当依照规定缴纳耕地占用税。纳税人在批准临时占用耕地期满之日起 1 年内依法复垦，恢复种植条件的，全额退还已经缴纳的耕地占用税。

（6）按照规定免征或者减征耕地占用税后，纳税人改变原占地用途，不再属于免征或者减征耕地占用税情形的，应当按照当地适用税额补缴耕地占用税。

### （七）征收管理

#### 1. 纳税义务发生时间

耕地占用税的纳税义务发生时间为纳税人收到自然资源主管部门办理占用耕地手续的书面通知的当日。

### 2. 纳税地点

耕地占用税由税务机关负责征收。纳税人占用耕地或其他农用地，应当向耕地或其他农用地所在地申报纳税。

### 3. 纳税期限

纳税人应当自纳税义务发生之日起 30 日内申报缴纳耕地占用税。自然资源主管部门凭耕地占用税完税凭证或者免税凭证和其他有关文件发放建设用地批准书。

## 六、烟叶税

烟叶税是向收购烟叶的单位征收的一种税。2017 年 12 月 27 日，第十二届全国人民代表大会常务委员会第三十一次会议通过《中华人民共和国烟叶税法》，自 2018 年 7 月 1 日起施行。

### （一）纳税人

在中华人民共和国境内，依照《中华人民共和国烟草专卖法》的规定收购烟叶的单位为烟叶税的纳税人。

### （二）征税范围

烟叶税征税范围包括烤烟叶、晾晒烟叶。

### （三）税率

烟叶税实行比例税率，税率为 20%。

### （四）计税依据

烟叶税的计税依据为纳税人收购烟叶实际支付的价款总额，包括纳税人支付给烟叶生产销售单位和个人的烟叶收购价款和价外补贴。其中，价外补贴统一按烟叶收购价款的 10% 计算。价格总额的计算公式为：

价款总额 = 收购价款 ×（1+10%）

### （五）应纳税额的计算

烟叶税应纳税额按照纳税人收购烟叶实际支付的价款总额乘以税率计算。计算公式为：

烟叶税应纳税额 = 价款总额 × 税率

= 收购价款 ×（1+10%）× 税率

经典案例

某烟草公司（增值税一般纳税人）收购烟叶，支付烟叶生产者收购价款 3 万元，货款全部付清。已知烟叶税税率为 20%。计算烟叶税应纳税额。

【解析】烟叶税应纳税额 =3×（1+10%）×20%=0.66（万元）

### （六）征收管理

烟叶税的纳税义务发生时间为纳税人收购烟叶的当日。纳税人应当向烟叶收购地的主管税务机关申报缴纳烟叶税。烟叶税按月计征，纳税人应当于纳税义务发生月终了之日起 15 日内申报并缴纳税款。

重点提示

导入案例中，该国有企业因转让房产行为会涉及缴纳增值税、企业所得税、土地增值税；因进口小汽车行为会涉及缴纳关税、车辆购置税、车船税；因拥有生产经营用厂房并占用土地，会涉及缴纳房产税、城镇土地使用税；因占用耕地会涉及缴纳耕地占用税；因经济行为而签订一系列相关合同会涉及缴纳印花税。

## 本章小结

关税，是指中华人民共和国海关以准许进出境的货物、物品为征税对象而征收的一种税。关税的纳税人是进口货物的收货人、出口货物的发货人、进出境物品的所有人。关税采用从价计征、从量计征或者国家规定的其他方式征收。其中，从价计征以货物的完税价格为计税依据。

房产税是一种以房屋为征税对象，依据房屋的计税价值或房屋的租金，对产权所有人、承典人、房屋代管人或使用人征收的一种财产税。房产税的征税范围为城市、县城、建制镇和工矿区的房屋，我国现行房产税采用比例税率，从价计征和从租计征实行不同标准的比例税率，分别以房产的计税价值或房产租金收入为计税依据。

契税，是指国家在办理土地、房屋权属转移时，按照当事人双方订的合同（契税）以及所确定价格的一定比例，向权属承受人征收的一种税。契税以在我国境内转移土地、房屋权属的行为作为征税对象，采用比例税率。依据土地、房屋权属转移的形式或定价方法的不同，契税的计税依据也有不同的规定。

土地增值税，是指对依法转让国有土地使用权、地上建筑物及其附着物并取得收入的单位和个人，就其转让房地产而取得的增值额征收的一种税。土地增值税的征税范围一般包括土地出让、有偿转让房地产等，对企业改制重组、房地产交换、合作建房、房地产出租、房地产抵押、房地产代建、房地产的重新评估等行为是否属于土地增值税的征税范围也做出了具体规定。土地增值税实行四级超率累进税率，以纳税人因转让房地产而取得的增值额为计税依据，即转让房地产取得的收入减去税法规定的扣除项目金额后的余额。其中，应税收入包括货币收入、实物收入和其他收入。扣除项目及其金额包括取得土地使用权所支付的金额、房地产开发成本、房地产开发费用、与转让房地产有关的税金、财政部确定的其他扣除项目等。符合条件的纳税人应进行土地增值税的清算，及时缴纳土地增值税。

城镇土地使用税，是指国家对在城市、县城、建制镇、工矿区范围内，对使用土地的单位和个人，以其实际占用的土地面积为计税依据，按照规定的税额计算征收的一种税。

车船税，是指对在中国境内车船管理部门登记的车辆、船舶依法征收的一种税。应税车船的所有人或管理人是车船税的纳税人，从事机动车第三者责任强制保险业务的保险机构为机动车车船税的扣缴义务人。车船税的税目包括乘用车、商用车、其他车辆、摩托车和船舶，采用定额税率。车船税以车船的计税单位数量为计税依据，按车船的种类和性能，分别以辆数、整备质量吨位数、净吨位数和艇身长度为计税单位。

印花税是指对订立、领受具有法律效力的应税凭证或者在我国境内进行证券交易的单位和个人征收的一种税。印花税的征税范围为书面形式的合同、产权转移书据、营业账簿和权利、许可证照以及证券交易。对载有金额的凭证采用比例税率，对无法计算金额的凭证采用定额税率。

资源税是对在我国境内从事应税矿产品开采或者生产盐的单位和个人征收的一种税。资源税采用比例税率和定额税率两种形式，以纳税人开采或者生产应税矿产品的销售额或者销售数量为计税依据。

城市维护建设税是以纳税人实际缴付的增值税、消费税税额为计税依据所征收的一种税，采用比例税率，以纳税人实际缴纳的增值税、消费税税额，以及出口货物、劳务或者跨境销售服务、无形资产增值税免抵税额为计税依据。

环境保护税，是指对在我国领域和管辖的其他海域，直接向环境排放应税污染物的企业事业单位和其他生产经营者征收的一种税。环境保护税的征税范围包括大气污染物、水污染物、固体废物和噪声等应税污染物，实行定额税率。

车辆购置税是对中华人民共和国境内购置应税车辆的单位和个人征收的一种税。所谓购置，是指以购买、进口、自产、受赠、获奖或者其他方式取得并自用应税车辆的行为。车辆购置税实行一次性征收，采用比例税率，计税依据是应税车辆的计税价格。

船舶吨税是对自中华人民共和国境外港口进入境内港口的船舶征收的一种税，以应税船舶负责人为纳税人。税率根据船舶净吨位和吨税执照期限长短分别设置，并分为普通税率和优惠税率。吨税以船舶的净吨位为计税依据。

耕地占用税，是为了合理利用土地资源，加强土地管理，保护耕地，对占用耕地建房或者从事非农业建设的单位或者个人征收的一种税。所谓耕地是指用于种植农作物的土地。耕地占用税实行定额税率，以纳税人实际占用的耕地面积为计税依据，按照规定的适用税额一次性征收。

烟叶税是向收购烟叶的单位征收的一种税。烟叶税征税范围包括烤烟叶、晾晒烟叶，实行比例税率，以纳税人收购烟叶实际支付的价款总额为计税依据。

## 基础知识测评

1. 什么是关税？简要叙述关税的纳税人和征税范围。

2. 进口关税的税率分为哪几种？如何适用？

3. 如何确定出口货物的完税价格？

4. 什么是房产税？简要叙述房产税的纳税人和征税范围。

5. 如何确定房产税的计税依据？

6. 什么是契税？简要叙述契税的纳税人和征税范围。

7. 如何确定契税的计税依据？

8. 什么是土地增值税？简要叙述土地增值税的纳税人和征税范围。

9. 在征税范围上，契税和土地增值税有什么区别？

10. 在计算土地增值税时，如何确定扣除项目及其金额？

11. 什么是城镇土地使用税？简要叙述城镇土地使用税的纳税人、征税范围和计税依据。

12. 什么是车船税？简要叙述车船税的纳税人、征税范围和计税依据。

13. 什么是印花税？简要叙述印花税的纳税人、征税范围和计税依据。

14. 什么是资源税？简要叙述资源税的纳税人、征税范围和计税依据。

15. 什么是车船税？简要叙述车船税的纳税人、征税范围和计税依据。

16. 简要叙述城市维护建设税、环境保护税、车辆购置税、船舶吨税、耕地占用税、烟叶税的纳税人、征税范围和计税依据。

17. 个人转让住房、出租住房、赠予住房，双方当事人分别需要缴纳哪些税？为什么？

## 岗位能力测评

甲公司是增值税一般纳税人，2018 年 3 月发生以下经营业务：

1. 购进油漆、零配件一批，取得增值税专用发票，注明增值税税额为 8.5 万元。进口红木原木一批，取得海关进口增值税专用缴款书，注明增值税税额为 26 万元；向林业生产者收购桦木一批，开具农产品收购凭证，注明收购价款 50 万元；购进办公用耗材一批，取得普通发票，注明价税合计金额为 0.3 万元。

2. 销售自产的实木家具，取得不含税销售额为 1 260 万元，开具增值税专用发票，同时收取包装费 11.7 万元，开具普通发票。

3. 将自产实木地板一批用于对外投资入股，该批实木地板生产成本 10 万元，甲公司同等数量同类实木地板不含增值税最高销售价格为 16 万元、平均销售价格为 15 万元、最低销售价格为 14 万元。

4. 向代理商 A 赊销实木工艺筷子，签订书面合同约定不含增值税销售价为 5 万元，本月25日已经发货，合同约定全部款项下个月10日结算；向代理商B销售木制一次性筷子，签订书面合同约定不含增值税销售价为2万元，本月预收全部款项，约定下个月5日发货。

5. 甲公司占地面积5 000平方米，其中办公用房建筑面积4 000平方米，房产原值3 000万元，当地政府允许扣除比例为30%。2018年，甲公司将其中一半办公区租给乙公司使用，年租金30万元。

6. 2018年6月，甲公司斥资300万元（海关完税价格）进口10辆小轿车，其中，2辆留给公司高层使用，8辆用于销售，取得不含税销售额400万元。

7. 2018年10月，甲公司将自有办公用房100平方米抵给丙公司，并办理了权属转移，抵偿丙公司债务200万元。

要求：甲公司2018年全年需要申报哪些税？说明纳税申报时间，并分别计算应纳税额。

# 第七章
# 税收征收管理法律制度

## 岗位要求

### 知识目标

- 了解税收征收管理的含义和内容，税务管理的含义及内容，税款征收的含义，税务检查的含义，税务行政复议的法定程序，税务管理相对人及税务行政主体在税收征管过程中的法律责任。
- 理解"一照一码"税务登记制度，税务机关及纳税人在税务检查中的权利义务，税务行政复议的含义及管辖，"复议前置"的含义及范围，税务行政复议决定的种类。
- 掌握发票的种类及使用，纳税申报的方式，税款征收的方式及适用范围，税款征收措施及适用范围，税务行政复议的受案范围。

### 能力目标

- 能依法进行税务登记。
- 能依法进行账簿和凭证管理、发票管理，能依法保管涉税资料。
- 会结合实际选择合适的纳税申报方式。
- 会判断税务机关在税款征收过程中采取的征收方式和征收措施是否符合法律规定。
- 会判断税务机关在税务检查过程中是否有违法之处。
- 会依据法定的范围、管辖及程序提起税务行政复议，维护自身合法权益。

## 关键词

税收征管　税务管理　税务登记　一照一码　涉税资料　纳税申报　自行申报　邮寄申报　数据电文申报　税款征收　查账征收　查定征收　查验征收　定期定额征收　纳税担保　税收保全　税收强制执行　税务检查　税务行政复议　具体行政行为　复议前置

导入案例

2018 年 7 月 15 日，某基层税务所接到群众举报，辖区内 Q 服装厂开业两个月没有纳税。7 月 16 日，税务所对 Q 服装厂进行了税务检查。经查，该厂于 2018 年 5 月 10 日办理了营业执照，5 月 20 日正式投产运行，共生产销售服装 520 套，销售额 98 600 元，没有进行纳税申报。根据检查情况，税务所拟做出如下处理：责令服装厂补缴税款，加收滞纳金，并对未缴税款在《中华人民共和国税收征管法》规定的处罚范围内，处以 6 000 元罚款。

2018 年 7 月 25 日送达《税务处罚事项告知书》，8 月 1 日税务所按上述处理意见做出了《税务处理决定书》和《税务行政处罚决定书》，同时下发《限期缴纳税款通知书》，限该服装厂于 2018 年 8 月 20 日前缴纳税款和罚款，并于当天将两份文书送达服装厂。

服装厂认为本厂属于小微企业，满足减免税的条件，不需要进行纳税申报，并且刚开业两个月，产品为试销阶段，回款率低，资金十分紧张，请求税务所核减税款和罚款，被税务所拒绝。8 月 20 日该服装厂缴纳了部分税款。8 月 22 日税务所又下达了《催缴税款通知书》，催缴欠缴的税款、滞纳金和罚款。在两次催缴无效的情况下，经税务所所长会议研究决定，对服装厂采取强制执行措施。8 月 25 日，税务所扣押了服装厂 30 套服装，以变卖收入抵缴部分税款和罚款。服装厂在多次找税务所交涉没有结果的情况下，9 月 15 日书面向税务所的上级机关某县级税务所提出行政复议申请：要求撤销税务所对其做出的处理决定，并要求税务所赔偿因扣押服装给其造成的经济损失。

根据上述材料，分析回答下列问题：

1. Q 服装厂是否应进行纳税申报？说明理由。
2. 该基层税务所扣押服装并变卖以抵缴税款的行为，属于税款征收的哪种方式？
3. 在税款征收过程中，基层税务所在执法方面有无违法之处？
4. Q 服装厂能否不经县级税务机关行政复议，向法院提起诉讼？说明理由。

税收征收管理，是指税务机关根据有关法律、法规的规定，对税收工作实施管理、征收、检查等活动的总称。税务征收管理具体包括税务管理、税款征收、税务检查、税务行政复议及法律责任等内容。

1992 年 9 月 4 日，第七届全国人民代表大会常务委员会第二十七次会议通过的《中华人民共和国税收征收管理法》（简称《征管法》）是我国税收征管的基本法。该法经 1995 年 2 月 28 日第八届全国人民代表大会常务委员会第十二次会议、2001 年 4 月 28 日第九届全国人民代表大会常务委员会第二十一次会议、2015 年 4 月 24 日第十二届全国人民代表大会常务委员会第十四次会议先后三次修正。此外，2002 年 9 月 7 日以中华人民共和国国务院令第 362 号公布《中华人民共和国税收征收管理法实施细则》（简称《征管法实施细则》），该细则经三次修订，最终于 2016 年 2 月 6 日国务院令第 666 号发布。此外，财政部还发布了《中华人民共和国发票管理办法》，国家税务总局发布了《税务登记管理办法》《中华人民共和国发票管理办法实施细则》《税务代理业务规程（试行）》《涉税专业服务监管办法（试行）》等。在全国范围内推行营业税改征增值税试点后，国家税务总局又发布了《关于全面推开营业税改征增值税试点有关税收征收管理事项的公告》《关于增值税发票管理若干事项的公告》《关于增值税普通发票管理有关事项的公告》《关于启用增值税普通发票（卷票）有关事项的公告》等。以上这些共同构成了我国税收征收管理法律制度。

# 第一节　税务管理

## 一、税务管理的概念

税务管理，是指税收征收管理机关为了贯彻执行国家税收法律制度，加强税收工作，协调征税关系而对纳税人和扣缴义务人实施的基础性的管理制度和管理行为。税务管理是税收征收管理的重要内容，是税款征收的前提和基础。税务管理主要包括税务登记管理、账簿和凭证管理、发票管理和纳税申报管理等。

## 二、税务登记管理

税务登记是税务机关对纳税人的基本情况及生产经营项目进行登记管理的一项基本制度，是整个税收征收管理的起点。税务登记的作用在于掌握纳税人的基本情况和税源分布情况。从税务登记开始，纳税人的身份及征纳双方的法律关系即得到确认。

### （一）税务登记申请人

企业，企业在外地设立的分支机构和从事生产、经营的场所，个体工商户和从事生产、经营的事业单位，都应当办理税务登记（统称从事生产、经营的纳税人）。上述规定以外的纳税人，除国家机关、个人和无固定生产经营场所的流动性农村小商贩外，也应当办理税务登记（统称非从事生产经营但依照规定负有纳税义务的单位和个人）。

根据税收法律、行政法规的规定，负有扣缴税款义务的扣缴义务人（国家机关除外），应当办理扣缴税款登记。

### （二）税务登记主管机关

县以上（含本级，下同）税务局（分局）是税务登记的主管机关，负责税务登记的设立登记、变更登记、注销登记以及非正常户处理、报验登记等有关事项。

县以上税务局（分局）按照国务院规定的税收征收管理范围，实施属地管理，办理税务登记。有条件的城市，可以按照“各区分散受理、全市集中处理”的原则办理税务登记。

### （三）“多证合一”登记制度改革

自 2015 年 10 月 1 日起，登记制度改革在全国推行。随着国务院简政放权放管结合、优化服务的“放管服”改革不断深化，登记制度改革从“三证合一”推进为“五证合一”，又进一步推进为“多证合一，一照一码”。即在全面实施企业、农民专业合作社工商营业执照、组织机构代码证、税务登记证、社会保险登记证、统计登记证“五证合一，一照一码”登记制度改革和个体工商户工商营业执照、税务登记证“两证整合”的基础上，将涉及企业、个体工商户和农民专业合作社（统称企业）登记、备案等有关事项和各类证照进一步整合到营业执照上，实现“多证合一，一照一码”。使“一照一码”营业执照成为企业唯一的“身份证”，使统一社会信用代码成为企业唯一的身份代码。

## 三、账簿和凭证管理

账簿和凭证是纳税人进行生产经营活动和核算财务收支的重要资料，也是税务机关对纳税人进行征税、管理、核查的重要依据。纳税人所使用的凭证、登记的账簿、编制的报表及其所反映的内容是否真实可靠，直接关系计征税款依据的真实性，从而影响应纳税款及时足额入库。账簿、凭证管理是税收管理的基础性工作。

### （一）账簿的设置

纳税人、扣缴义务人应按照有关法律、行政法规和国务院财政、税务主管部门的规定设置账簿，依据合法、有效凭证记账，进行核算。

（1）从事生产、经营的纳税人应当自领取营业执照或者发生纳税义务之日起15日内，按照国家有关规定设置账簿。

（2）生产、经营规模小又确无建账能力的纳税人，可以聘请经批准从事会计代理记账业务的专业机构或者经税务机关认可的财会人员代为建账和办理账务。聘请上述机构或者人员有实际困难的，经县以上税务机关批准，可以按照税务机关的规定，建立收支凭证粘贴簿、进货销货登记簿或者使用税控装置。

（3）扣缴义务人应当自税收法律、行政法规规定的扣缴义务发生之日起10日内，按照所代扣、代收的税种，分别设置代扣代缴、代收代缴税款账簿。

纳税人、扣缴义务人会计制度健全，能够通过计算机正确、完整计算其收入和所得或者代扣代缴、代收代缴税款情况的，其计算机输出的完整的书面会计记录，可视同会计账簿。纳税人、扣缴义务人会计制度不健全，不能通过计算机正确、完整计算其收入和所得或者代扣代缴、代收代缴税款情况的，应当建立总账及与纳税或者代扣代缴、代收代缴税款有关的其他账簿。

### （二）纳税人财务会计制度及其处理办法

纳税人的财务会计制度及其处理办法，是其进行会计核算的依据，直接关系计税依据是否真实合理。

（1）纳税人使用计算机记账的，纳税人建立的会计电算化系统应当符合国家有关规定，并能正确、完整核算其收入或者所得。

（2）纳税人、扣缴义务人的财务、会计制度或者财务、会计处理办法与国务院或者国务院财政、税务主管部门有关税收的规定相抵触的，依照国务院或者国务院财政、税务主管部门有关税收的规定计算应纳税款、代扣代缴和代收代缴税款。

（3）账簿、会计凭证和报表，应当使用中文。民族自治地方可以同时使用当地通用的一种民族文字。外商投资企业和外国企业可以同时使用一种外国文字。

### （三）账簿、凭证等涉税资料的保存

从事生产、经营的纳税人、扣缴义务人必须按照国务院财政、税务主管部门规定的保管期限保管账簿、记账凭证、完税凭证及其他有关资料。账簿、记账凭证、报表、完税凭证、发票、出口凭证以及其他有关涉税资料应当保存10年，但是法律、行政法规另有规定的除外。账簿、记账凭证、完税凭证及其他有关资料不得伪造、变造或者擅自损毁。

## 四、发票管理

发票，是指在购销商品、提供或者接受服务以及从事其他经营活动中，开具、收取的收付款凭证。它是确定经济收支行为发生的法定凭证，是会计核算的原始依据。

### （一）发票的类型和适用范围

#### 1. 发票的类型

全国范围内全面推行“营改增”试点后，发票的类型主要是增值税专用发票和增值税普通发票，还有特定范围继续使用的其他发票。

（1）增值税专用发票，包括增值税专用发票和机动车销售统一发票。

（2）增值税普通发票，包括增值税普通发票（折叠票）、增值税电子普通发票和增值税普通发票（卷票）。

（3）其他发票，包括农产品收购发票、农产品销售发票、门票、过路（过桥）费发票、定额发票、客运发票和二手车销售统一发票等。

#### 2. 发票适用的范围

（1）增值税一般纳税人销售货物、提供加工修理修配劳务和发生应税行为，使用增值税发票管理新系统（简称新系统）开具增值税专用发票、增值税普通发票、机动车销售统一发票、增值税电子普通发票。自2018年4月1日起，二手车交易市场和二手车经销企业、经纪机构和拍卖企业应当通过新系统开具二手车销售统一发票。通过新系统开具的二手车销售统一发票与现行二手车销售统一发票票样保持一致。

单位和个人可以登录国家税务总局全国增值税发票查验平台对新系统开具的发票信息进行查验。

（2）增值税小规模纳税人销售货物、提供加工修理修配劳务月销售额超过3万元（按

季纳税 9 万元)，或者销售服务、无形资产月销售额超过 3 万元 ( 按季纳税 9 万元)，使用新系统开具增值税普通发票、机动车销售统一发票、增值税电子普通发票。自 2018 年 2 月 1 日起，月销售额超过 3 万元 ( 或季销售额超过 9 万元 ) 的工业以及信息传输软件和信息技术服务业增值税小规模纳税人发生增值税应税行为，需要开具增值税专用发票的，可以通过新系统自行开具。上述纳税人销售其取得的不动产，需要开具增值税专用发票的，应当按照有关规定向税务机关申请代开。

( 3 ) 自 2017 年 1 月 1 日起启用的增值税普通发票 ( 卷票 )，分为两种规格 ( 57mm×177.8mm 和 76mm×177.8mm，均为单联 )。增值税普通发票 ( 卷票 ) 由纳税人自愿选择使用，重点在生活性服务业纳税人中推广。

纳税人可依法书面向税务机关要求使用印有本单位名称的增值税普通发票 ( 折叠票 ) 或增值税普通发票 ( 卷票 ),税务机关按规定确认印有该单位名称发票的种类和数量。纳税人通过新系统开具印有本单位名称的增值税普通发票 ( 折叠票 ) 或增值税普通发票 ( 卷票 )。

( 4 ) 门票、过路 ( 过桥 ) 费发票、定额发票、客运发票和二手车销售统一发票继续使用。

( 5 ) 餐饮行业增值税一般纳税人购进农业生产者自产农产品，可以使用税务机关监制的农产品收购发票，按照现行规定计算抵扣进项税额。

( 6 ) 采取汇总纳税的金融机构及其在省、自治区所辖地市以下的分支机构可以使用地市级机构统一领取的增值税专用发票、增值税普通发票、增值税电子普通发票;直辖市、计划单列市所辖区县及以下分支机构可以使用直辖市、计划单列市机构统一领取的增值税专用发票、增值税普通发票、增值税电子普通发票。

( 7 ) 税务机关使用新系统代开增值税专用发票和增值税普通发票。代开增值税专用发票使用六联票，代开增值税普通发票使用五联票。

## (二) 发票的开具和使用

### 1. 发票的开具

销售商品、提供服务以及从事其他经营活动的单位和个人，对外发生经营业务收取款项，收款方应当从付款方开具发票；特殊情况下，由付款方向收款方开具发票。特殊情况包括：收购单位和扣缴义务人支付个人款项时；国家税务总局认为其他需要由付款方向收款方开具发票的。

所有单位和从事生产、经营活动的个人在购买商品、接受服务以及从事其他经营活动支付款项时，应当从收款方取得发票。取得发票时，不得要求变更品名称和金额。

开具发票应当按照规定的时限、顺序、栏目，全部联次一次性如实开具，并加盖发票专用章。不符合规定的发票，不得作为财务报销凭证，任何单位和个人有权拒收。

任何单位和个人不得有下列虚开发票的行为：①为他人、为自己开具与实际经营业务情况不符的发票。②让他人为自己开具与实际经营业务情况不符的发票。③介绍他人开具与实际经营业务情况不符的发票。

### 2. 发票的使用和保管

任何单位和个人应当按照发票管理规定使用发票，不得有下列行为：①转借、转让、介绍他人转让发票、发票监制章和发票防伪专用品。②知道或者应当知道是私自印制、伪造、变造、非法取得或者废止的发票而受让、开具、存放、携带、邮寄、运输。③拆本使用发票。④扩大发票使用范围。⑤以其他凭证代替发票使用。

开具发票的单位和个人应当建立发票使用登记制度，设置发票登记簿，并定期向主管税务机关报告发票使用情况。开具发票的单位和个人应当在办理变更或者注销税务登记的同时，办理发票和发票领购簿的变更、缴销手续。开具发票的单位和个人应当按照税务机关的规定存放和保管发票，不得擅自损毁。已经开具的发票存根联和发票登记簿应当保存5年。保存期满，报经税务机关查验后销毁。

## （三）增值税发票开具和使用的特别规定

（1）国家税务总局编写了《商品和服务税收分类与编码》，并在新系统中增加了编码相关功能。增值税纳税人应使用新系统选择相应的编码开具增值税发票。

（2）自2017年7月1日起，购买方为企业（包括公司、非公司制企业法人、企业分支机构、个人独资企业、合伙企业和其他企业）的，索取增值税普通发票时，应向销售方提供纳税人识别号或统一社会信用代码；销售方为其开具增值税普通发票时，应在“购买方纳税人识别号”栏填写购买方的纳税人识别号或统一社会信用代码。不符合规定的发票，不得作为税收凭证。

（3）销售方开具增值税发票时，发票内容应按照实际销售情况如实开具，不得根据购买方的要求填开与实际交易不符的内容。销售方开具发票时，通过销售平台系统与增值税发票税控系统后台对接，导入相关信息开票的，系统导入的开票数据内容应与实际交易相符，如不相符应及时修改，完善销售平台系统。

## （四）发票的检查

税务机关在发票管理中有权进行下列检查：①检查印制、领购、开具、取得、保管和缴销发票的情况。②调出发票查验。③查阅、复制与发票有关的凭证、资料。④向当事各方询问与发票有关的问题和情况。⑤在查处发票案件时，对与案件有关的情况和资料，可以记录、录音、录像、照相和复制。

印制、使用发票的单位和个人，必须接受税务机关依法检查，如实反映情况，提供有关资料，不得拒绝、隐瞒。税务人员进行检查时，应当出示税务检查证。

税务机关需要将已开具的发票调出查验时，应当向被查验的单位和个人开具发票换票证。发票换票证与所调出查验的发票有同等效力。被调出查验发票的单位和个人不得拒绝接受。税务机关需要将空白发票调出查验时，应当开具收据；经查无问题的，应当及时返还。

## 五、纳税申报管理

纳税申报，是指纳税人按照税法规定，定期就计算缴纳税款的有关事项向税务机关提交书面报告的法定手续。纳税申报是确定纳税人是否履行纳税义务，界定法律责任的主要依据。

### （一）纳税申报的内容

纳税人、扣缴义务人的纳税申报或者代扣代缴、代收代缴税款报告表的主要内容包括：税种、税目；应纳税项目或者应代扣代缴、代收代缴税款项目；计税依据；扣除项目及标准；适用税率或者单位税额；应退税项目及税额、应减免税项目及税额；应纳税额或者应代扣代缴、代收代缴税额；税款所属期限、延期缴纳税款、欠税、滞纳金等。

### （二）纳税申报的方式

#### 1. 自行申报

自行申报也称直接申报，是指纳税人、扣缴义务人在规定的申报期限内，自行到主管税务机关指定的办税服务场所办理纳税申报手续。这是一种传统的申报方式。

#### 2. 邮寄申报

邮寄申报，是指经税务机关批准，纳税人、扣缴义务人使用统一的纳税申报专用信封，通过邮政部门办理交寄手续，并以邮政部门收据作为申报凭据的纳税申报方式。邮寄申报以寄出的邮戳日期为实际申报日期。

#### 3. 数据电文申报

数据电文申报，是指经税务机关批准，纳税人、扣缴义务人以税务机关确定的电话语音、电子数据交换和网络传输等电子方式进行纳税申报。这种方式运用了新的电子信息技术，代表着纳税申报方式的发展方向，使用范围逐渐扩大。纳税人、扣缴义务人采取数据电文方式办理纳税申报的，其申报日期以税务机关计算机网络系统收到该数据电文的时间为准，与数据电文相对应的纸质申报资料的报送期限由税务机关确定。

#### 4. 其他方式

实行定期定额缴纳税款的纳税人，可以采取简易申报、简并征期等方式申报纳税。

### （三）纳税申报的其他要求

（1）纳税人在纳税期内没有应纳税款的，也应当按照规定办理纳税申报。

（2）纳税人享受减税、免税待遇的，在减税、免税期间应当按照规定办理纳税申报。

（3）纳税人、扣缴义务人按照规定的期限办理纳税申报或者报送代扣代缴、代收代缴税款报告表确有困难，需要延期的，应当在规定的期限内向税务机关提出书面延期申请，经税务机关核准，在核准的期限内办理。经核准延期办理纳税申报的、报送事项的，应当在纳税期内按照上期实际缴纳的税额或者税务机关核定的税额预缴税款，并在核准的延期内办理税款结算。

重点提示

导入案例中，Q服装厂属于小微企业，满足减免税的条件，但根据《中华人民共和国税收征管法》规定，纳税人在纳税期内没有应纳税款的，也应当按照规定办理纳税申报；纳税人享受减税、免税待遇的，在减税、免税期间应当按照规定办理纳税申报。据此可知，Q服装厂应当进行纳税申报。

# 第二节　税款征收与税务检查

## 一、税款征收

税款征收是税务机关依照税收法律、法规的规定，将纳税人依法应当缴纳的税款组织入库的一系列活动的总称。它是税收征收管理工作的中心环节，是全部税收征管工作的目的和归宿。

### （一）税款征收的方式

#### 1. 查账征收

查账征收，是指针对财务会计制度健全的纳税人，税务机关依据其报送的纳税申报表、财务会计报表和其他有关纳税资料，依照适用税率，计算其应缴纳税款的税款征收方式。这种征收方式较为规范，符合税收法定的基本原则，适用于财务会计制度健全、能够如实核算和提供生产经营情况，并能正确计算应纳税款和如实履行纳税义务的纳税人。扩大查账征收纳税人的范围一直是税务管理的努力方向。

#### 2. 查定征收

查定征收，是指针对账务不全，但能控制其材料、产量或进销货物的纳税单位或个人，税务机关依据正常条件下的生产能力对其生产的应税产品查定产量、销售额并据以确定其应缴纳税款的税款征收方式。这种征收方式适用于生产经营规模较小、产品零星、税源分散、会计账册不健全，但能控制原材料或进销货的小型厂矿和作坊。

#### 3. 查验征收

查验征收，是指税务机关对纳税人的应税商品、产品，通过查验数量，按市场一般销售单价计算其销售收入，并据以计算其应缴纳税款的税款征收方式。这种征收方式适用于纳税人财务制度不健全、生产经营不固定、零星分散、流动性大的税源。

#### 4. 定期定额征收

定期定额征收，是指税务机关对小型个体工商户在一定经营地点、一定经营时期、一定经营范围内的应纳税经营额（包括经营数量）或所得额进行核定，并以此为计税依据，确定其应缴纳税额的一种税款征收方式。这种征收方式适用于经主管税务机关认定和县以上税务机关（含县级）批准的生产、经营规模小，达不到《个体工商户建账管理暂行办法》规定设置账簿标准，难以查账征收，不能准确计算计税依据的个体工商户（包括个人独资企业，简称定期定额户）。

### （二）应纳税额的核定

#### 1. 核定应纳税额的情形

纳税人有下列情形之一的，税务机关有权核定其应纳税额：①依照法律、行政法规的规定可以不设置账簿的。②依照法律、行政法规的规定应当设置但未设置账簿的。③擅自销毁账簿或者拒不提供纳税资料的。④虽设置账簿，但账目混乱或者成本资料、收入凭证、费用凭证残缺不全，难以查账的。⑤发生纳税义务，未按照规定的期限办理纳税申报，经税务机关责令限期申报，逾期仍不申报的。⑥纳税人申报的计税依据明显偏低且无正当理由的。

#### 2. 核定应纳税额的方法

为了减少核定应纳税额的随意性，使核定的税额更接近纳税人实际情况和法定负担水平，税务机关有权采用下列任何一种方法核定应纳税额：①参照当地同类行业或者类似行业中经营规模和收入水平相近的纳税人的税负水平核定。②按照营业收入或者成本加合理的费用和利润的方法核定。③按照耗用的原材料、燃料、动力等推算或者测算核定。④按照其他合理方法核定。

当其中一种方法不足以正确核定应纳税额时，可以同时采取两种以上的方法核定。纳税人对税务机关采取上述方法核定的应纳税额有异议的，应当提供相关证据，经税务机关认定后，调整应纳税额。

### （三）税款征收措施

#### 1. 责令缴纳

（1）纳税人未按照规定期限缴纳税款及扣缴义务人未按照规定期限解缴税款的，税务机关可责令限期缴纳，并从滞纳税款之日起，按日加收滞纳税款5‱的滞纳金。逾期仍未缴纳的，税务机关可以采取税收强制执行措施。加收滞纳金的起止时间，为法律、行政法规规定或者税务机关依照法律、行政法规的规定确定的税款缴纳期限届满次日起至纳税人、扣缴义务人实际缴纳或者解缴税款之日止。

（2）对未按照规定办理税务登记的从事生产、经营的纳税人，以及临时从事经营的纳税人，税务机关核定其应纳税额，责令其缴纳应纳税款。纳税人不缴纳的，税务机关可以扣押其价值相当于应纳税款的商品、货物。扣押后缴纳应纳税款的，税务机关必须立即解除扣押，并归还所扣押的商品、货物；扣押后仍不缴纳应纳税款的，经县以上税务局（分局）局长批准，依法拍卖或者变卖所扣押的商品、货物，以拍卖或者变卖所得抵缴税款。

（3）税务机关有根据认为从事生产、经营的纳税人有逃避纳税义务行为，可在规定的纳税期之前责令其限期缴纳应纳税款。逾期仍未缴纳的，税务机关有权采取其他税款征收措施。

（4）纳税担保人未按照规定的期限缴纳所担保的税款，税务机关可责令其限期缴纳应纳税款。逾期仍未缴纳的，税务机关有权采取其他税款征收措施。

### 2. 责令提供纳税担保

纳税担保，是指经税务机关同意或确认，纳税人或其他自然人、法人、经济组织以保证、抵押、质押的方式，为纳税人应当缴纳的税款及滞纳金提供担保的行为。纳税担保包括经税务机关认可的有纳税担保能力的保证人为纳税人提供的纳税保证，以及纳税人或者第三人以其未设置或者未全部设置担保物权的财产提供的担保。

（1）适用纳税担保的情形如下：

①税务机关有根据认为从事生产、经营的纳税人有逃避纳税义务行为，在规定的纳税期之前经责令其限期缴纳应纳税款，在限期内发现纳税人有明显的转移、隐匿其应纳税的商品、货物，以及其他财产或者应纳税收入的迹象，责成纳税人提供纳税担保的。

②欠缴税款、滞纳金的纳税人或者其法定代表人需要出境的。

③纳税人同税务机关在纳税上发生争议而未缴清税款，需要申请行政复议的。

④税收法律、行政法规规定可以提供纳税担保的其他情形。

（2）纳税担保的范围如下：

纳税担保范围包括税款、滞纳金和实现税款、滞纳金的费用。费用包括抵押、质押登记费用，质押保管费用，以及保管、拍卖、变卖担保财产等相关费用支出。

用于纳税担保的财产、权利的价值不得低于应当缴纳的税款、滞纳金，并要考虑相关费用。纳税担保的财产价值不足以抵缴税款、滞纳金的，税务机关应当向提供担保的纳税人或纳税担保人继续追缴。用于纳税担保的财产、权利的价格估算，除法律、行政法规另有规定外，参照同类商品的市场价、出厂价或者评估价估算。

### 3. 税收保全措施

税务机关责令具有税法规定情形的纳税人提供纳税担保而纳税人拒绝提供纳税担保或无力提供纳税担保的，经县以上税务局（分局）局长批准，税务机关可以采取下列税收保全措施：

①书面通知纳税人开户银行或者其他金融机构冻结纳税人的金额相当于应纳税款的存款。

②扣押、查封纳税人的价值相当于应纳税款的商品、货物或者其他财产。其他财产包括纳税人的房地产、现金、有价证券等不动产和动产。

个人及其所扶养家属维持生活必需的住房和用品，不在税收保全措施的范围之内。需要注意的是，个人及其所扶养家属维持生活必需的住房和用品不包括机动车辆、金银饰品、古玩字画、豪华住宅或者一处以外的住房。个人所扶养家属，是指与纳税人共同居住生活的配偶、直系亲属以及无生活来源并由纳税人扶养的其他亲属。

税务机关对单价 5 000 元以下的其他生活用品，不采取税收保全措施。

### 4. 税收强制执行措施

（1）适用强制执行的情形及措施。从事生产、经营的纳税人、扣缴义务人未按照规定的期限缴纳或者解缴税款，纳税担保人未按照规定的期限缴纳所担保的税款，由税务机关责令限期缴纳，逾期仍未缴纳的，经县以上税务局（分局）局长批准，税务机关可以采取下列强制执行措施。

①强制扣款，即书面通知其开户银行或者其他金融机构从其存款中扣缴税款。

②拍卖变卖，即扣押、查封、依法拍卖或者变卖其价值相当于应纳税款的商品、货物或者其他财产，以拍卖或者变卖所得抵缴税款。

税务机关采取强制执行措施时，对上述纳税人、扣缴义务人、纳税担保人未缴纳的滞纳金同时强制执行。个人及其所扶养家属维持生活必需的住房和用品，不在强制执行措施的范围之内。税务机关对单价 5 000 元以下的其他生活用品，不采取强制执行措施。

（2）抵税财物的拍卖与变卖。抵税财物，是指被税务机关依法实施税收强制执行而扣押、查封或者按照规定应强制执行的已设置纳税担保物权的商品、货物、其他财产或者财产权利。

抵税财物适用拍卖、变卖的情形包括：

①采取税收保全措施后，限期期满仍未缴纳税款的。

②设置纳税担保后，限期期满仍未缴纳所担保的税款的。

③逾期不按规定履行税务处理决定的。

④逾期不按规定履行复议决定的。

⑤逾期不按规定履行税务行政处罚决定的。

⑥其他经责令限期缴纳税款，逾期仍未缴纳税款的。

对上述第③项至第⑥项情形进行强制执行时，在拍卖、变卖之前（或同时）进行扣押、查封，办理扣押、查封手续。

### 5. 阻止出境

欠缴税款的纳税人或者其法定代表人在出境前未按规定结清应纳税款、滞纳金或者提供纳税担保的，税务机关可以通知出境管理机关阻止其出境。

**重点提示**

导入案例中，该基层税务所扣押服装并变卖以抵缴税款的行为，属于税款征收的强制执行措施。根据《中华人民共和国税收征收管理法》规定，纳税人逾期不按规定履行税务处理决定、逾期不按规定履行税务行政处罚决定的，可以由税务机关扣押、查封、依法拍卖或者变卖其价值相当于应纳税款的商品、货物或者其他财产，以拍卖或者变卖所得抵缴税款。同时应注意，经县以上税务局（分局）局长批准，税务机关可以采取强制执行措施。案例中，基层税务所只是经所长会议研究就做出税收强制执行措施的决定，这一点违反了法律规定。

## 二、税务检查

税务检查，是指税务机关根据税收法律、行政法规的规定，对纳税人、扣缴义务人履行纳税义务、扣缴义务及其他有关税务事项进行审查、核实、监督活动的总称。它是税收征收管理工作的一项重要内容，是确保国家财政收入和税收法律法规贯彻落实的重要手段。

### （一）税务机关在税务检查中的职权和职责

#### 1. 税务机关税务检查的形式

（1）检查纳税人的账簿、记账凭证、报表和有关资料，检查扣缴义务人代扣代缴、代收代缴税款账簿、记账凭证和有关资料。

（2）到纳税人的生产、经营场所和货物存放地检查纳税人应纳税的商品、货物或者其他财产，检查扣缴义务人与代扣代缴、代收代缴税款有关的经营情况。

（3）责成纳税人、扣缴义务人提供与纳税或者代扣代缴、代收代缴税款有关的文件、证明材料和有关资料。

（4）询问纳税人、扣缴义务人与纳税或者代扣代缴、代收代缴税款有关的问题和情况。

（5）到车站、码头、机场、邮政企业及其分支机构检查纳税人托运、邮寄应纳税商品、货物或者其他财产的有关单据、凭证和有关资料。

（6）经县以上税务局（分局）局长批准，指定专人负责，凭全国统一格式的检查存款账户许可证明，查询从事生产、经营的纳税人、扣缴义务人在银行或者其他金融机构的存款账户，并有责任为被检查人保守秘密。税务机关在调查税收违法案件时，经设区的市、自治州以上税务局（分局）局长批准，可以查询案涉嫌人员的储蓄存款。税务机关查询所获得的资料，不得用于税收以外的用途。

#### 2. 税务机关税务检查的职权

（1）税务机关对从事生产、经营的纳税人以前纳税期的纳税情况依法进行税务检查时，发现纳税人有逃避纳税义务行为，并有明显的转移、隐匿其应纳税的商品、货物以及其他财产或者应纳税的收入的迹象的，可以按照《征管法》规定的批准权限采取税收保全措施或者强制执行措施。税务机关采取税收保全措施的期限一般不得超过 6 个月；重大案件需要延长的，应当报国家税务总局批准。

（2）税务机关调查税务违法案件时，对与案件有关的情况和资料，可以记录、录音、录像、照相和复制。

（3）税务机关依法进行税务检查时，有权向有关单位和个人调查纳税人、扣缴义务人和其他当事人与纳税或者代扣代缴、代收代缴税款有关的情况。

（4）税务机关派出的人员在进行税务检查时，应当出示税务检查证和税务检查通知书，并有责任为被检查人保守秘密；未出示税务检查证和税务检查通知书的，被检查人有权拒绝检查。

#### （二）被检查人的义务

（1）纳税人、扣缴义务人必须接受税务机关依法进行的税务检查，如实反映情况，提供有关资料，不得拒绝、隐瞒。

（2）税务机关依法进行税务检查，向有关单位和个人调查纳税人、扣缴义务人和其他当事人与纳税或者代扣代缴、代收代缴税款有关的情况时，有关单位和个人有义务向税务机关如实提供有关资料及证明材料。

## 第三节　税务行政复议

### 一、税务行政复议的概念

税务行政复议，是指纳税人和其他税务当事人对税务机关的税务行政行为不服，依法向上级税务机关提出申诉，请求上一级税务机关对原具体行政行为的合理性、合法性做出审议，而后复议机关依法对原行政行为的合理性、合法性做出裁决的行政司法活动。实行税务行政复议制度的目的是维护和监督税务机关依法行使税收执法权，防止和纠正违法或者不当的税务具体行政行为，保护纳税人和其他当事人的合法权益。

2010 年 2 月 10 日，国家税务总局令第 21 号公布了《税务行政复议规则》，进一步有效地防止和纠正了违法的或者不当的行政行为，监督和保障税务机关依法行使职权，保护公民、法人和其他组织的合法权益。

### 二、税务行政复议范围

纳税人及其他当事人（简称申请人）认为税务机关（简称被申请人）的具体行政行为侵犯其合法权益，可依法向税务行政复议机关申请行政复议。税务行政复议机关（称复议机关），是指依法受理税务行政复议申请，对具体行政行为进行审查并做出行政复议决定的税务机关。

申请人对税务机关下列具体行政行为不服的，可以提出行政复议申请：

（1）税务机关做出的征税行为，包括确认纳税主体、征税对象、征税范围、减税、免税、退税、抵扣税款、适用税率、计税依据、纳税环节、纳税期限、纳税地点和税款征收方式等具体行政行为，征收税款、加收滞纳金，扣缴义务人、受税务机关委托的单位和个人做出的代扣代缴、代收代缴、代征行为等。

（2）行政许可、行政审批行为。

（3）发票管理行为，包括发售、收缴、代开发票等。

（4）税收保全措施、强制执行措施。

（5）行政处罚行为：①罚款；②没收财物和违法所得；③停止出口退税权。

（6）税务机关不依法履行下列职责的行为：①开具、出具完税凭证；②行政赔偿；③行政奖励；④其他不依法履行职责的行为。

（7）资格认定行为。

（8）不依法确认纳税担保行为。

（9）政府公开信息工作中的具体行政行为。

（10）纳税信用等级评定行为。

（11）税务机关通知出入境管理机关阻止出境行为。

（12）税务机关做出的其他具体行政行为。

申请人认为税务机关的具体行政行为所依据的下列规定不合法，对具体行政行为申请行政复议时，可以一并向复议机关提出对该规定（不含规章）的审查申请：①国家税务总局和国务院其他部门的规定；②其他各级税务机关的规定；③地方各级人民政府的规定；④地方人民政府工作部门的规定。

申请人对具体行政行为提出行政复议申请时不知道该具体行政行为所依据的规定的，可以在行政复议机关做出行政复议决定以前提出对该规定的审查申请。

## 三、税务行政复议管辖

### （一）复议管辖的一般规定

（1）对各级税务局的具体行政行为不服的，向其上一级税务局申请行政复议。

（2）对计划单列市税务局的具体行政行为不服的，向国家税务总局申请行政复议。

（3）对税务所（分局）、各级税务局的稽查局的具体行政行为不服的，向其所属税务局申请行政复议。

（4）对国家税务总局的具体行政行为不服的，向国家税务总局申请行政复议。对行政复议决定不服的，可以向人民法院提起行政诉讼，也可以向国务院申请裁决。国务院的裁决为最终裁决。

### （二）复议管辖的特殊规定

（1）对两个以上税务机关以共同的名义做出的具体行政行为不服的，向共同上一级税务机关申请行政复议；对税务机关与其他行政机关以共同的名义做出的具体行政行为不服的，向其共同上一级行政机关申请行政复议。

（2）对被撤销的税务机关在撤销以前所做出的具体行政行为不服的，向继续行使其职权的税务机关的上一级税务机关申请行政复议。

（3）对税务机关做出逾期不缴纳罚款加处罚款的决定不服的，向做出行政处罚决定的税务机关申请行政复议。但是对已处罚款和加处罚款都不服的，一并向做出行政处罚决定的税务机关的上一级税务机关申请行政复议。

申请人向具体行政行为发生地的县级地方人民政府提交行政复议申请的，由接受申请的县级地方人民政府依法予以转送。

## 四、税务行政复议的申请和受理

### （一）税务行政复议申请

申请人可以在知道税务机关做出具体行政行为之日起60日内提出行政复议申请。因不可抗力或者被申请人设置障碍等原因耽误法定申请期限的，申请期限的计算应当扣除被耽误时间。

申请人对复议范围中第（1）项规定的行为不服的，应当先向复议机关申请行政复议，对行政复议决定不服的，可以再向人民法院提起行政诉讼。

申请人按前述规定申请行政复议的，必须依照税务机关根据法律、行政法规确定的税额、期限，先行缴纳或者解缴税款及滞纳金，或者提供相应的担保，方可在实际缴清税款和滞纳金后或者所提供的担保得到做出具体行政行为的税务机关确认之日起60日内提出行政复议申请。

申请人对复议范围中第（1）项规定以外的其他具体行政行为不服的，可以申请行政复议，也可以直接向人民法院提起行政诉讼。

申请人对税务机关做出逾期不缴纳罚款加处罚款的决定不服的，应当先缴纳罚款和加处罚款，再申请行政复议。

申请人申请行政复议，可以书面申请，也可以口头申请。书面申请的，可以采取当面递交、邮寄、传真或者电子邮件等方式提出行政复议申请。口头申请的，复议机关应当当场制作行政复议申请笔录，交申请人核对或者向申请人宣读，并由申请人确认。

### （二）税务行政复议受理

复议机关收到行政复议申请后，应当在5个工作日内进行审查，决定是否受理。对符合规定的行政复议申请，自行政复议机构收到之日起即受理，应当书面告知申请人。对不符合规定的行政复议申请，决定不予受理，应为书面告知申请人。对不属于本机关受理的行政复议申请，应当告知申请人向有关行政复议机关提出。复议机关收到行政复议申请以后未按照规定期限审查并做出不予受理决定的，视为受理。

对应当先向复议机关申请行政复议，对行政复议决定不服再向人民法院提起行政诉讼的具体行政行为，复议机关决定不予受理或者受理以后超过行政复议期限不做出答复的，申请人可以自收到不予受理决定书之日起或者行政复议期满之日起15日内，依法向人民法院提起行政诉讼。

申请人向复议机关申请行政复议，复议机关已经受理的，在法定行政复议期限内申请人不得向人民法院提起行政诉讼；申请人向人民法院提起行政诉讼，人民法院已经依法受理的，不得申请行政复议。

行政复议期间具体行政行为不停止执行。但有下列情形之一的，可以停止执行：①被申请人认为需要停止执行的；②复议机关认为需要停止执行的；③申请人申请停止执行，复议机关认为其要求合理，决定停止执行的；④法律规定停止执行的。

重点提示

导入案例中，对于基层税务所做出的补缴税款、加收滞纳金的行政行为需经复议，不能直接向人民法院提起诉讼；对于行政处罚的行政行为，可以不经复议，直接向人民法院提起诉讼。根据法律规定，纳税人对税务机关做出的征税行为、征收税款、加收滞纳金等行为不服的，应当先向复议机关申请行政复议，对行政复议决定不服的，可以再向人民法院提起行政诉讼。对于行政处罚行为，可以申请行政复议，也可以直接向人民法院提起行政诉讼。需要注意的，Q 服装厂如果提起税务行政复议，必须依法先行缴纳或者解缴税款及滞纳金，或者提供相应的担保，方可提出行政复议申请。

## 五、税务行政复议的审查和决定

### （一）税务行政复议审查

行政复议机构审理行政复议案件，应当由 2 名以上行政复议工作人员参加。行政复议工作人员应当具备与履行行政复议职责相适应的品行、专业知识和业务能力。税务机关中初次从事行政复议的人员，应当通过国家统一法律职业资格考试取得法律职业资格。

行政复议原则上采用书面审查的办法，但是申请人提出要求或者行政复议机构认为有必要时，应当听取申请人、被申请人和第三人的意见，并可以向有关组织和人员调查了解情况。

对重大、复杂的案件，申请人提出要求或者行政复议机构认为必要时，可以采取听证的方式审理。听证应当公开举行，但是涉及国家秘密、商业秘密或者个人隐私的除外。行政复议听证人员不得少于 2 人，听证主持人由行政复议机构指定。听证应当制作笔录，申请人、被申请人和第三人应当确认听证笔录内容。第三人不参加听证的，不影响听证的举行。

行政复议机关应当全面审查被申请人的具体行政行为所依据的事实证据、法律程序、法律依据和设定的权利义务内容的合法性、适当性。

申请人在行政复议决定做出以前撤回行政复议申请的，经行政复议机构同意，可以撤回。申请人撤回行政复议申请的，不得再以同一事实和理由提出行政复议申请。但是申请人能够证明撤回行政复议申请违背其真实意思表示的除外。

行政复议期间被申请人改变原具体行政行为的，不影响行政复议案件的审理。但是申请人依法撤回行政复议申请的除外。

行政复议机关审查被申请人的具体行政行为时，认为其依据不合法，本机关有权处理的，应当在30日内依法处理；无权处理的，应当在7个工作日内按照法定程序逐级转送有权处理的国家机关依法处理。处理期间，中止对具体行政行为的审查。

### （二）税务行政复议决定

行政复议机关应当对被申请人的具体行政行为提出审查意见，经复议机关负责人批准，按照下列规定做出行政复议决定：

（1）具体行政行为认定事实清楚，证据确凿，适用依据正确，程序合法，内容适当的，决定维持。

（2）被申请人不履行法定职责的，决定其在一定期限内履行。

（3）具体行政行为有下列情形之一的，决定撤销、变更或者确认该具体行政行为违法：

1）主要事实不清、证据不足的。

2）适用依据错误的。

3）违反法定程序的。

4）超越或者滥用职权的。

5）具体行政行为明显不当的。

决定撤销或者确认该具体行政行为违法的，可以责令被申请人在一定期限内重新做出具体行政行为。复议机关责令被申请人重新做出具体行政行为的，被申请人不得以同一事实和理由做出与原具体行政行为相同或者基本相同的具体行政行为；但复议机关以原具体行政行为违反法定程序而决定撤销的，被申请人重新做出具体行政行为的除外。

复议机关责令被申请人重新做出具体行政行为的，被申请人不得做出对申请人更为不利的决定；但是复议机关以原具体行政行为主要事实不清、证据不足或适用依据错误决定撤销的，被申请人重新做出具体行政行为的除外。

复议机关责令被申请人重新做出具体行政行为的，被申请人应当在60日内重新做出具体行政行为；情况复杂、不能在规定期限内重新做出具体行政行为的，经复议机关批准，可以适当延期，但是延期不得超过30日。

申请人对被申请人重新做出的具体行政行为不服的，可以依法申请行政复议，或者提起行政诉讼。

（4）被申请人不按照规定提出书面答复，提交当初做出具体行政行为的证据、依据和其他有关材料的，视为该具体行政行为没有证据、依据，决定撤销该具体行政行为。

复议机关应当自受理申请之日起60日内做出行政复议决定。情况复杂不能在规定期限内做出行政复议决定的，经复议机关负责人批准，可以适当延期，并告知申请人和被申请人；但延期不得超过30日。

复议机关做出行政复议决定，应当制作行政复议决定书，并加盖印章。行政复议书一经送达即发生法律效力。

## 第四节 税收法律责任

### 一、税务管理相对人实施税收违法行为的法律责任

#### （一）违反税务管理规定的法律责任

（1）纳税人有下列行为之一的，由税务机关责令限期改正，可以处 2 000 元以下的罚款；情节严重的，处 2 000 元以上 1 万元以下的罚款：

1）未按照规定设置、保管账簿或者保管记账凭证和有关资料的。

2）未按照规定将财务、会计制度或者财务、会计处理办法和会计核算软件报送税务机关备查的。

3）未按照规定将其全部银行账号向税务机关报告的。

4）未按照规定安装、使用税控装置，或者损毁或者擅自改动税控装置的。

（2）扣缴义务人未按照规定设置、保管代扣代缴、代收代缴税款账簿或者保管代扣代缴、代收代缴税款记账凭证及有关资料的，由税务机关责令限期改正，可以处 2 000 元以下的罚款；情节严重的，处 2 000 元以上 5 000 元以下的罚款。

（3）纳税人未按照规定的期限办理纳税申报和报送纳税资料的，或者扣缴义务人未按照规定的期限向税务机关报送代扣代缴、代收代缴税款报告表和有关资料的，由税务机关责令限期改正，可处 2 000 元以下的罚款；情节严重的，处 2 000 元以上 1 万元以下的罚款。

（4）非法印制、转借、倒卖、变造或者伪造完税凭证的，由税务机关责令改正，处 2 000 元以上 1 万元以下的罚款；情节严重的，处 1 万元以上 5 万元以下的罚款；构成犯罪的，依法追究刑事责任。

（5）银行和其他金融机构未依照《征管法》的规定在从事生产、经营的纳税人的账户中登录税务登记证件号码，或者未按规定在税务登记证件中登录从事生产、经营的纳税人的账户账号的，由税务机关责令其限期改正，处 2 000 元以上 2 万元以下的罚款；情节严重的，处 2 万元以上 5 万元以下的罚款。

（6）税务代理人违反税收法律、行政法规，造成纳税人未缴或者少缴税款的，除由纳税人缴纳或者补缴应纳税款、滞纳金外，对税务代理人处纳税人未缴或者少缴税款 50% 以上 3 倍以下的罚款。

#### （二）逃避税务机关追缴欠税行为的法律责任

纳税人欠缴应纳税款，采取转移或者隐匿财产的手段，妨碍税务机关追欠缴的税款

的，由税务机关追缴欠缴的税款、滞纳金，并处罚款；构成犯罪的，依法追究刑事责任。

扣缴义务人应扣未扣、应收而不收税款的，由税务机关向纳税人追缴税款，对扣缴义务人处以应扣未扣、应收而未收税款 50% 以上 3 倍以下的罚款。

### （三）偷税行为的法律责任

偷税，是指纳税人采取伪造，变造、隐匿、擅自销毁账簿、记账凭证，或者在账簿上多列支出或者不列、少列收入，或者经税务机关通知申报而拒不申报或者进行虚假的纳税申报的手段，不缴或者少缴应纳税款的行为。

纳税人偷税的，由税务机关追缴其不缴或者少缴的税款、滞纳金，并处罚款；构成犯罪的，依法追究刑事责任。

扣缴义务人采取上述偷税手段，不缴或者少缴已扣、已收税款，由税务机关追缴其不缴或者少缴的税款、滞纳金，并处罚款；构成犯罪的，依法追究刑事责任。

纳税人、扣缴义务人编造虚假计税依据的，由税务机关责令限期改正，并处罚款。

为纳税人、扣缴义务人非法提供银行账户、发票、证明或者其他方便，导致未缴、少缴税款的，税务机关除没收其违法所得外，可处以罚款。

### （四）抗税行为的法律责任

抗税，是指纳税人、扣缴义务人以暴力、威胁方法拒不缴纳税款的行为。

对抗税行为，除由税务机关追缴其拒缴的税款、滞纳金外，依法追究刑事责任。情节轻微、未构成犯罪的，由税务机关追缴其拒缴的税款、滞纳金，并处罚款。

### （五）骗税行为的法律责任

骗税，是指纳税人以假报出口或者其他欺骗手段，骗取国家出口退税款的行为。纳税人有骗税行为，由税务机关追缴其骗取的退税款，并处骗取税款 1 倍以上 5 倍以下的罚款；构成犯罪的，依法追究刑事责任。

对骗取国家出口退税款的，税务机关可以在规定期间内停止为其办理出口退税。

为纳税人、扣缴义务人非法提供银行账户、发票、证明或者其他方便，骗取国家出口退税款的，税务机关除没收其违法所得外，可以处未缴、少缴或者骗取的税款 1 倍以下的罚款。

### （六）纳税人、扣缴义务不配合税务检查的法律责任

税务检查期间，纳税人、扣缴义务人发生不配合税务机关进行税务检查的下列行为，由税务机关责令改正，可以处 1 万元以下的罚款；情节严重的，处 1 万元以上 5 万元以下的罚款。

（1）逃避、拒绝或者以其他方式阻挠税务机关检查的。

（2）提供虚假资料，不如实反映情况，或者拒绝提供有关资料的。

（3）拒绝或者阻止税务机关记录、录音、录像、照相和复制与案件有关的情况和资料的。

（4）转移、隐匿、销毁有关资料的。

（5）有不依法接受税务检查的其他情形的。

## 二、税务行政主体实施税收违法行为的法律责任

### （一）渎职行为的法律责任

（1）税务人员徇私舞弊，对依法应当移交司法机关追究刑事责任的不移交，情节严重的，依法追究刑事责任。

（2）税务人员利用职务上的便利，收受或者索取纳税人、扣缴义务人财物或者牟取其他不正当利益，构成犯罪的，依法追究刑事责任；未构成犯罪的，依法给予行政处分。

（3）税务人员徇私舞弊或者玩忽职守，不征或者少征应征税款，致使国家税收遭受重大损失，构成犯罪的，依法追究刑事责任；未构成犯罪的，依法给予行政处分。

（4）税务人员滥用职权，故意刁难纳税人、扣缴义务人的，调离税收工作岗位，并依法给予行政处分。

（5）税务人员对控告、检举税收违法行为的纳税人、扣缴义务人以及其他检举人进行打击报复的，依法给予行政处分；构成犯罪的，依法追究刑事责任。

### （二）其他违法行为的法律责任

（1）税务机关违反规定擅自改变税收征收管理范围和税款入库预算级次的，责令限期改正，对直接负责的主管人员和其他直接责任人员依法给予降级或者撤职的行政处分。

（2）税务人员在征收税款或者查处税收违法案件时，未按照《征管法》的规定进行回避的，对直接负责的主管人员和其他直接责任人员，依法给予行政处分。未按照《征管法》的规定为纳税人、扣缴义务人、检举人保密的，对直接负责的主管人员和其他直接责任人员，由所在单位或者有关单位依法给予行政处分。

（3）税务人员与纳税人、扣缴义务人勾结、唆使或者协助纳税人、扣缴义务人实施税收违法行为，构成犯罪的，依法追究刑事责任；未构成犯罪的，依法给予行政处分。

（4）税务人员私分扣押、查封的商品、货物或者其他财产，情节严重、构成犯罪的，依法追究刑事责任；未构成犯罪的，依法给予行政处分。

（5）违反法律、行政法规的规定提前征收、延缓征收或者摊派税款的，由其上级机关或者行政监察机关责令改正，对直接负责的主管人员和其他直接责任人员依法给予行政处分。

（6）违反法律、行政法规的规定，擅自做出税收的开征、停征或者减税、免税、退税、补税以及其他同税收法律、行政法规相抵触的决定的，除按《征管法》的规定撤销其擅自做出的决定外，补征应征未征税款，退还不应征收而征收的税款，并由上级机关追究直接负责的主管人员和其他直接责任人员的行政责任；构成犯罪的，依法追究刑事责任。

## 本章小结

税收征收管理是，指税务机关根据有关法律、法规的规定，对税收工作实施管理、征收、检查等活动的总称。税收征收管理具体包括税务管理、税款征收、税务检查、税务行政复议及法律责任等内容。

税务管理是，指税收征收管理机关为了贯彻执行国家税收法律制度，加强税收工作，协调征税关系而对纳税人和扣缴义务人实施的基础性的管理制度和管理行为，主要包括税务登记管理、账簿和凭证管理、发票管理和纳税申报管理。我国实行“多证合一，一照一码”税务登记制度。纳税人应依法设置账簿和保存账簿、凭证等涉税资料；依法开具、使用和保管发票；依法进行纳税申报。纳税申报的方式包括自行申报、邮寄申报、数据电文申报等。

税款征收是税务机关依照税收法律、法规的规定，将纳税人依法应当缴纳的税款组织入库的一系列活动的总称，主要有查账征收、查定征收、查验征收和定期定额征收等多种征收方式。税务机关可以在法定的范围内采用责令缴纳、责令提供纳税担保、税收保全措施、税收强制执行措施、阻止出境的税款征收措施。

税务检查，是指税务机关根据税收法律、行政法规的规定，对纳税人、扣缴义务人履行纳税义务、扣缴义务及其他有关税务事项进行审查、核实、监督活动的总称。它是税收征收管理工作的一项重要内容，是确保国家财政收入和税收法律法规贯彻落实的重要手段。

税务行政复议，是指纳税人和其他税务当事人对税务机关的税务行政行为不服，依法向上级税务机关提出申诉，请求上一级税务机关对原具体行政行为的合理性、合法性做出审议，而后复议机关依法对原行政行为的合理性、合法性做出裁决的行政司法活动。申请人对税务机关做出的具体行政行为不服的，可以提出行政复议申请；申请人认为税务机关的具体行政行为所依据的规定不合法，对具体行政行为申请行政复议时，可以一并向复议机关提出对该规定的审查申请。税务行政复议机关的管辖、申请和受理、审查和决定应符合法定程序。

税务管理相对人及税务行政主体实施税收违法行为的，均应依法承担相应的法律责任。

## 基础知识测评

1. 什么是税收征收管理？其主要内容包括哪些？
2. 什么是税务管理？我国的税务管理主要包括哪几方面？
3. 什么是发票？我国的发票有哪几类？
4. 什么是纳税申报？我国纳税申报的方式主要有哪几种？如何适用？

5. 什么是税款征收？我国税务机关税款征收方式主要有哪几种？如何适用？
6. 税务机关采取的税款征收措施有哪些？适用范围如何确定？
7. 什么是税务行政复议？税务行政复议的受案范围如何确定？
8. 哪些具体行政行为适用复议前置的法定程序？

## 岗位能力测评

2018 年 6 月 20 日，A 县税务机关查实某建筑企业 5 月采取虚假的纳税申报偷税 20 万元，依法定程序分别下达了《税务处理决定书》和《税务行政处罚决定书》，决定补缴税款 20 万元，按规定加收滞纳金，并处所偷税款一倍的罚款。该企业不服，在缴纳 10 万元税款后于 6 月 25 日向市税务机关申请行政复议，市税务机关于收到复议申请书后的第 8 天以“未缴纳罚款为由”决定不予受理。该纳税人在规定时间内未向人民法院提起诉讼，又不履行税务机关决定。县税务机关在屡催无效的情况下，该县税务机关所长同意，扣押、依法拍卖了该企业相当于应纳税款、滞纳金和罚款的财产，以拍卖所得抵缴了税款、滞纳金和罚款。

根据上述材料，分析回答下列问题：

1. 该建筑企业的行政复议申请是否符合规定？为什么？
2. 税务机关应按照什么标准计算滞纳金？应缴滞纳金期限如何确定？
3. A 县税务机关、市税务机关在案件处理过程中有哪些做法是不符合规定的？
4. 某建筑企业能否不经行政复议，直接向人民法院提起行政诉讼？为什么？